논리적으로 재미있게
배우는 장기 작전법

장기야 놀자

(II권 : 전략편)

구영모 지음

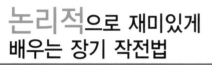

논리적으로 재미있게 배우는
장기 작전법 장기야 놀자 (II권 : 전략편)

초판 인쇄 : 2019년 04월 15일 **1판 2쇄** : 2023년 1월 1일 **발행처** : 두람북스 **발행인** : 김세영 **지은이** : 구영모
주소 : 서울특별시 강남구 언주로 544, 삼본빌딩 602호 **전화** :02-566-6433 **팩스** : 02-567-4308
등록번호 : 제2018-000219 **ISBN** : 979-11-965527-2-5 **가격** : 22,000원

장기게임이란 두 지성들 간의, 두 인격체 간의 대결이라 볼 수 있다.
최고 수준의 기사들이 치열한 싸움을 하면서 좋은 수를 위해
많은 아이디어를 내고, 다양하고 흥미로운 전략과 전술을 구사하는
장면들을 음미하고, 또 위기상황을 서로 적절히 대처해 가는
과정을 지켜보다 보면 삶의 지혜도 배우게 되고 인생을 더 깊이 생각하게 된다.
그래서 장기를 인생의 축소판이라고 하는가 보다.
장기는 애호가들에게 많은 즐거움을 주는 좋고 건전한 취미임에 틀림이 없다.

머리말

　많은 사람들이 "바둑은 수가 많은데 장기는 수가 적어서 단순하고 재미가 없다"고 합니다. 그래서 그런지 두뇌 스포츠 대열에서 바둑이나 체스보다도 폄하되는 경향이 없지 않은 것이 현실입니다. 바둑을 좀 둔다고 하면 좀 지적이라는 이미지를 받고, 장기를 둔다고 하면 고리타분하거나 상대적으로 품위가 떨어지는 듯한(?) 인상을 받곤 합니다. 저는 바둑과 장기에 대한 이런 비교를 어릴 적부터 오늘날까지도 쭉 들어왔고 아무 대꾸 없이 넘겨 왔던 것 같습니다. 그러면 과연 장기가 바둑보다 열등해서 배울 가치가 없는 것일까요? 이러한 편협된 인식은 장기에 관해서 깊은 맛을 모르고 장기가 취미로서 우리 인생에 얼마나 많은 즐거움을 줄 수 있느냐에 대한 이해가 깊지 않아서 나오는 말들이 아닌가 싶습니다. 그럼 이런 질문들을 해 보고 싶습니다. 스포츠 종류 중 전 세계인들이 열광하는 축구나 골프가 가장 으뜸이고 그 외 다른 스포츠는 열등한가요??? , 축구와 야구 중 어떤 것이 우수합니까???

　웃기는 질문처럼 보이지 않으신가요? 스포츠에 뭐가 더 우수한 것이 있고 열등한 것이 어디 있겠습니까? 사람들마다 좋아하는 취향에 따라 자신에게 맞는 것을 그저 즐기면 되는 것 아닌가요? 즉, 무엇을 선택하느냐는 취향에 따라 얼마나 그 스포츠가 주는 즐거움을 느끼느냐에 따른 차이 아닐까요? 그런 점에서 생각한다면 두뇌 스포츠인 바둑, 장기도 같은 경우가 아닐까 싶습니다. 바둑처럼 경우의 수가 많고 너무 복잡하고 쉽게 접근이 가능하지 않아서 우수하고, 바둑을 두는 것이 더 가치 있고 고상하다는 논리는 성립이 되지 않는 것 같습니다. 비슷한 룰과 유사한 게임원리인 것들끼리는 서로 상호 비교가 제한적으로 가능할지 모르겠으나 게임원리와 게임의 목적 자체가 서로 다른 장기와 바둑의 일대일 비교는 할 수도 없고 할 필요가 없는 것 같습니다.

　그런 세월을 지내다가 한국장기와 룰이나 게임원리가 아주 흡사한 서양장기 체스를 접하면서 이런 생각은 점점 확고해졌습니다. 장기나 체스나 그 기원은 확실히 밝혀지지 않아서 많은 설들이 존재하지만 확실한 것은 동양에서 발생하여 서쪽으로 건너간 것은 현재의 서양체스이고 발원지의 동쪽으로 전파되어 온 것이 중국장기, 한국장기, 일본장기이며 각 나라마다 민족성에 맞게 변형 발전된 것이라는 점에서만 다르다는 것입니다. 그래서 체스와 한국장기를 잘 비교해 보면, 몇몇 문화의 차이에서 오는 특수한 룰 차이와 조금씩 다른 기물의 행마법을 제외하고는 전반적인 게임의 핵심, 게임진행원리, 전략과 전술들이 무척 흡사합니다. 그런데 서양으로 건너간 체스는 통일된 규칙을 가지고 천년 이상 오랜 동안 체계적인 연구가 되고 이론화, 문서화가 되어서 오늘날 전 세계인이 즐기는 세계적인 게임이 되었고, 한국장기는 고유의 룰을 간직한 채 그리 체계화도 되지 않고 문서를 남기지 않는 우리의 문화 탓(?)에 기록 없이 구전으로만 전해오다 오늘날 현대화가 된 상황에서는 시대의 흐름에서 뒷전에 밀려 고리타분한 옛 시절의 구태의연한 오락으로 전락이 되어 푸대접을 받고 있는 것이 사실입니다. 안타깝게도 불과 120년 전인 구한말 이전의 고수들의 기보가 하나도 전해오지 않아서 우리의 선조들이 과거에 얼마나 깊은 수를 구사했는지, 어떤 공격전법과 어떤 특이한 아이디어로 어려운 대국 위기를 헤쳐 나갔는지를 도무지 알 길이 없습니다. 고려시대의 고승 希禪師가 장기를 즐겼고, 백제의 개로왕, 신라의 孝成왕과 고려시대 16대 예종이 장기를 장려했고, 조선시대에 오성 이항복 대감이 당대의 고수였고, 방랑시인 김 삿갓이 전국을 방랑하면서 장기를 즐겨서 시도 남겼다고 하는 이야기만 들립니다. 오직 김 삿갓의 시와 몇몇 구전 시만 그나마 전해져 내려오고, 정작 장기 대국에 대해서는 전혀 기록이 없어서 어느 수준이었는지 짐작조차 할 수가 없습니다. 해방 이후 발간된 장기관련 박보문제와 서적 몇 권을 찾게 되었으나 장기의 이론 측면과 체계화 관점에서 부족한 것 같고 크게 도움을 주는 책을 별로 만날 수가 없었기에 답답한 심정을 안고 살아왔습니다. 게다가 과거 1960~1980년대에 시장의 으슥한 한 켠에서, 소위 '영업박보 장기꾼'이라고 하는 몇몇 사기성 짙은 무리들이, 오고 가는 순진하고 호기심 많은 행인들을 상대로 장기전문가라도 수십 분에서 수 시간이 걸려도 풀지 못할 함정투성이의 난해한 수십 수 수순이 걸리는 박보문제로 꼬셔서 금품을 갈취하는 광경을 자주 목격하게 되었고 이로 인해 일반인들에게 장기에 대한 나쁜 인상을 심어주고 품위를 크게 떨어뜨리는 것이 너무 분하고 안타까웠습니다. 또 필자가 서양장기인 체스를 접하는 과정에서 놀란 사실은 세계의 체스 전문가들이 한국장기가 존재하고 있는지조차 인식도 못하고 겨우 중국장기인 샹치와 일본장기인 쇼기 정도만 그들에게 알려져 있는데 그것도 중국장기와 일본장기 기사 출신이 체스에서 두각을 나타냈기 때문이었습니다. 한국장기에 대해서는 영어로 소개하는 책자는 전무한 상태이고 한국 내에서도 그 위상이 높지 않으니 어떻게 보면 당연한 결과라고도 할 수 있지만 필자로서는 상당히 언짢고 안타까울 따름이었습니다. 그래서 한국장기의 논리성과 그 우수성을 알리고 나름대로의 장점을 부각시켜 두뇌스포츠로서의 품격 있는 이미지로 격상시키고 위상을 재정립해야 한다고 생각을 했습니다. 비록 본인은 장기 프로기사도 아니고 장기 실력이 아직도 미천하지만, 미흡하나마 장기의 이론과 실전에 대한 것들을 잘 정리해서 지인과 후배들에게 전수하기로 결심을 하였고 수십 년을 즐겨 왔고 본인의 인생의 어려운 고비마다 정신적으로 잘 견딜 수 있도록 많은 지혜를 주고 교훈을 주었던 장기에 대해서 이론적이고 체계적으로 총정리를 하는 기회를 갖게 되었습니다. 나아가 전 세계인에게 한국장기를 홍보하고자 영어로 번역을 하여 한국장기의 우수성을 알려야겠다는 마음을 먹게 되었습니다. 부디 이 졸저가 초석이 되어 장기를 사랑하는 분들이 더 많이 생기고 장기가 지적인 스포츠로서 좀 더 대중들에게 사랑을 받고 정신적으로 인생에 도움이 되는 취미가 되고 나아가 한국장기가 더 발전되었으면 하는 바램입니다. 또한 세계적으로도 색다른 즐거움을 주는 두뇌 스포츠의 중요한 한 축으로서 한국장기가 전 세계인에게도 널리 인식이 되었으면 좋겠습니다.

2018년 가을 저자 올림

이 책의 특징과 구성

본 저서는 과거에 선배들로부터 대국을 통해 배우고, 필자가 스스로 터득한 장기지식들을 집대성한 결정체라 할 수 있으며 필요에 따라서는 개념을 정립하고 체계화한 것에 큰 의미를 부여할 수 있다고 하겠다. 본 저서를 위해 필자는 자료수집에 오랜 세월을 할애 하였고, 많은 명 대국보를 꼼꼼하게 집중 분석 후 이론을 정리하였다. 책의 구성과 내용면에서는 과거의 대부분의 장기책의 단점 중 하나인, 설명이 하나도 없는 '문제와 답'식의 단순한 퀴즈책식 구성에서 탈피하여 기초장기지식이 없는 사람이라도 이해를 쉽게 할 수 있도록 논리적 설명을 우선 하였고, 체스에서는 개념화되고 보편화되어 있는데 한국장기에는 용어 조차도 없는 동일 개념의 장기기술에 대해 그들의 체계화된 이론의 일부를 한국장기에 접목을 시킨 점이 특징이라 하겠다.

이 책은 장기기물의 길은 알지만 오랫동안 장기를 두지 않아서 게임운영이 미숙한 분을 포함하여 장기의 실력이 늘기를 원하는 아마추어 중급자 분들뿐 아니라 초등학교 및 중학교의 특별활동으로 장기반을 운영하시는 선생님들의 교육용 및 학생들의 워크북으로의 활용을 목표로 만들어진 책이다.

그 외의 특이사항을 몇 가지 나열하면

1. 이 책은 장기의 중요 기술을 총망라하여 집대성한 책으로 '장기보감' 같은 책이 되도록 목표로 삼고 쓰여진 책이다.

2. 이 한국어판을 추후에 편집하고 영어로 번역하여 한국의 장기를 세계에 알릴 예정이다. 세계화에 발맞추어 전략적인 관점에서 모든 기호와 기보 표기법을 국제 표준 기호를 그대로 사용한다.

3. 필자의 책은 총 2권으로 구성되어있고 필자가 전하고자 하는 내용을 책 한 권으로 다 담기에는 내용이 너무 방대하여서 고심을 하다가 1권, 2권으로 나누기로 하였다.

   ① 1권(전술편)에서는 장기의 기초지식과 기초적인 포진관련 이론과 장기작전 중 중요한 요소 중 하나인 장기전술에 대해 상세한 설명을 하고 종합적인 연합작전과 장기박보문제를 푸는 해법의 이론적인 바탕을 마련하는데 중점을 두었다.

   ② 2권(전략편)에서는 포진 전략과 중반전투와 종반전투에서 냉철한 전략을 짜기 위한 형세 판단과 그 각각의 요소에 대한 상세한 설명을 하고 실전에서 나온 전략을 위주로 실전전략을 설명하고 고수들의 행마특징과 자가훈련을 위한 수읽기 훈련 프로그램을 소개하여 초보자나 중급자 수준의 독자의 장기 실력을 아마유단자 레벨로 끌어올리도록 노력하였다.

이 책의 학습목표

필자는 독자들께서 이 책을 독파한 후 아래 능력을 갖게 될 것이라 굳게 믿는다.

1. 장기에 대한 이론적 지식 정립
2. 장기를 통한 웅대한 스케일의 논리적 사고력과 깊은 사고능력 기르기
     : 사고력/집중력/분석력/판단력/결단력 향상
3. 형세 판단 능력 키우기
     : 전체의 흐름과 맥을 파악하는 능력 향상
4. 논리적 사고를 바탕으로 한 작전수립능력 및
   상대방의 작전을 간파하는 능력 넓히기
5. 논리적 수읽기능력 향상
6. 심리전에 강한 정신력 훈련
7. 장기가 주는 즐거움을 만끽할 수 있을 만한 안목 배양
     : 장기를 통해 인생을 즐기고 음미할 줄 아는 통찰력 배양

목 차

■ 머리말 / 4

■ 이 책의 특징과 구성 및 학습목표 / 8

■ 장기란? / 12

■ 기보 표기법 및 각종기호(심볼) 정의 / 13

제Ⅱ권(전략편)

　　1장 형세 판단과 중반전투 전략 / 19
　　　　가. 형세 판단 / 20
　　　　　　1) 형태 차이점 / 20
　　　　　　2) 형태 차이점 종류와 그에 따른 형세 판단 / 21
　　　　　　3) 형세 판단 각 구성 요소에 대한 이해 / 22
　　　　나. 실전 중반전투 전략 / 63
　　　　　　1) 전략의 필요성과 전략의 특성 / 63
　　　　　　2) 전략의 분류 / 63
　　　　　　3) 실전 전략 해설 / 66

　　2장 포진법의 기초 개념 / 103
　　　　가. 포진이란? / 104
　　　　나. 포진법의 중요성 / 104
　　　　다. 포진 원칙 / 105
　　　　라. 포진 단계에서 대국자가 해야 할 중요사항 / 106
　　　　마. 포괄적 포진 전략 / 107
　　　　바. 선수(先手) 대국자의 포진 전략 수립 시 고려사항 / 108
　　　　사. 후수(後手) 대국자의 포진 전략 수립 시 고려사항 / 109
　　　　아. 포진 단계에서 포진 행마 요령 / 109
　　　　자. 포진 학습 시 고려해야 할 중요한 사항 / 111

3장 포진 전략 / 113
    가. 포진이란? / 114
    나. 26개의 포진 차림 조합 / 117
    다. 각 포진법의 특징 / 119
        1) 귀마 대 귀마 포진법 (병렬형) / 119
        2) 원앙마 대 귀마 포진법 / 129
        3) 면상 대 귀마 포진법 / 133
        4) 양귀마 대 귀마 포진법 / 136
        5) 양귀상 대 귀마 포진법 / 139
        6) 귀마 대 귀마 포진법 (맞상형) / 142
        7) 귀마 대 원앙마 포진법 / 145
        8) 귀마 대 면상 포진법 / 149
        9) 귀마 대 양귀마 포진법 / 152
        10) 귀마 대 양귀상 포진법 / 155
        11) 원앙마 대 면상 포진법 / 157
        12) 면상 대 원앙마 포진법 / 160
        13) 원앙마 대 양귀마 포진법 / 163
        14) 양귀마 대 원앙마 포진법 / 166

4장 종반전 전략 / 169

5장 수읽기 훈련 프로그램 / 195
    가. 수읽기 훈련 1단계 / 197
    나. 수읽기 훈련 2단계 / 202
    다. 수읽기 훈련 3단계 / 208

6장 장기를 장기답게 두는 비법 (고수의 행마) / 213

● WORK BOOK – 연습문제및 해답 / 221

● 장기란?

우리나라의 많은 고수들이 방송에 나와 삼국지에 등장하는 인물과 장기기물을 비유하는 것을 들은 바 있다. 차를 수염을 휘날리며 용맹스럽게 기세를 떨쳤던 관우(關羽)에 비유하고, 포는 지혜는 모자라지만 힘이 대단히 센 여포(呂布)에 비유하고, 마는 기마전의 명수 마초(馬超)에 비유하고, 상은 장판교에서 필마단기로 유비의 아들을 품에 안고 유유히 탈출했다는 상산 조자룡(趙子龍)에 비유하고, 사는 모사 진궁(陳宮)에 비유하는 이야기인데, 흥미롭고 재미있는 비유이긴 해도 이것 외에 좀 더 거창하게 장기를 미화시킬 수는 없을까 고민을 해 본적이 있다. 그래서 아래와 같이 장기에 대한 필자의 생각을 간단히 피력해 보고자 한다. 우선 이런 질문을 여러분에게 하고 싶다.

독자 여러분들이 생각하는 장기는 무엇이지요?

수많은 대답이 있을 수 있지만…

필자가 생각하는 장기는

"장기를 둔다는 것은 단순한 게임이 아닌 인간의 집념이 담긴 예술작품을 제작하는 것 같은 작품을 만드는 과정이며 그 논리성에서는 과학이다." 라고 말하고 싶다!

한판의 장기를 두다 보면 쌍방 합해서 아주 짧게는 삼사십 수, 길게는 이백수 이상의 수순이 필요한 경우도 있다. 장기를 두는 과정에서 두 대국자는 매 순간 그 상황에 맞는 결정을 해야 한다. 경우에 따라서는 간단한 결정부터 아주 위험하고 어려운 국면에 접어들면 신중히 수십 수의 앞을 내다보는 깊은 사고력이 필요할 때도 있다. 얕은 수로 상대방을 속이거나 손님실수를 기다리다 용케 상대가 실수를 해서 게임을 이기는 것은 하수들 사이에서는 한두 번은 가능할지 모르나 어느 정도 수준을 유지하는 논리적이고 합리적 사고를 하는 대국자간에는 장기만큼 정직하고 분명하고 논리적인 게임도 드물다. 또한 자기가 내린 결정의 옳고 그름에 대해 책임을 지고 그 판단결과에 따라서 이기기도 하고 지기도 하는 것을 배우게 된다.

장기는 인간의 지성간의 대결이기도 하지만 어려움에 직면하여 불굴의 투지로 자기를 극복하는 지혜를 가르쳐 주기도 한다. 난국상황에서 아주 기막히고 어려운 묘수를 찾아서 역전을 시키는 장면이 있었다면 경기가 끝난 후 마음에 찡하게 남는 어떤 예술적인 진한 감동을 주기도 한다. 이렇게 좋은 장기를 제대로 배우고 익혀서 장기가 인간에게 줄 수 있는 즐거움을 찾는다면 인생에 있어서 풍류를 아는 멋이 담긴 보람된 일이 아닌가 생각해 본다.

● 기보 표기법 및 각종기호(심볼) 정의

　장기판에 기물이 놓여 있을 때 이 기물의 움직임을 기록하기 위해서는 아래와 같이
표준화된 기보 표기법이 필요하다.

1.1. 기보 표시법
① (사)대한장기협회제정 기보 표기법

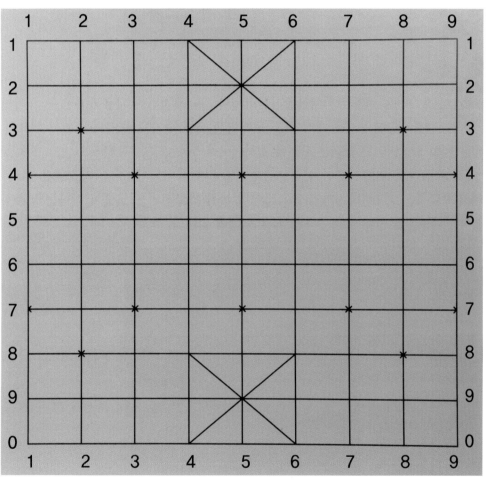

그림1-1

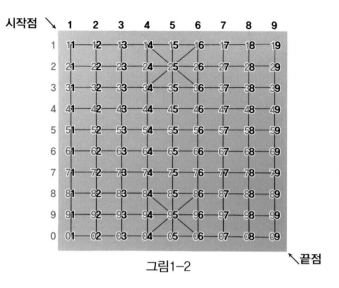

시작점 ↘ 1 2 3 4 5 6 7 8 9

그림1-2

상기의 표기법은 현재 (사)대한장기협회에서 3차 개정하여 사용하고 있는 표기법이다. (사)대한장기협회의 3차 개정 좌표 표기법은 모두 숫자로 표기되어 있고 **좌표의 시작점은 왼쪽 최상단이고 끝점은 오른쪽 최하단이다.**

가로선은 각각 위에서부터 아래로 1부터 0까지 표기되어 있고, 세로줄은 각각 왼쪽에서 오른쪽으로 1부터 9까지 표기되어 있어서 가로선과 세로줄이 만나는 교차점을 읽을 때, 가로선을 먼저 읽은 후 세로줄을 나중에 읽는다.

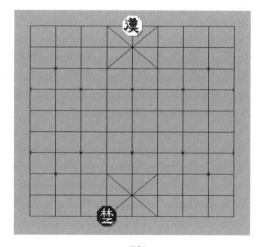

그림2

예를 들어, 한과 초의 궁이 현재 있는 좌표 위치는 각각 15와 04이다.

기보를 작성할 때 기물의 움직임을 표시하기 위해서는 기물이 이동하기 전의 좌표와 움직인 기물의 명칭, 그리고 기물이 움직인 후의 좌표를 차례로 적는다.

예를 들어, 만약 03에 있는 차가 13으로 움직일 때에는 '03차13'으로 표기한다.

② 영자 기보 표기법

　본 책자에서는 앞에서 설명한 (사)대한 장기협회 제정 표기법 대신에 국제적으로 통용되고 있는 영자표기법을 사용하고자 한다. 그 이유는 본 책자를 한국장기의 세계화를 위해서 향후에 영어로 번역하여 한국장기를 널리 알리고자 하는 계획이 있어서 처음부터 세계인들에게 더 친숙한 영자 기보 표기법을 사용하고자 함이니 독자들께서는 양해 바라며 이를 잘 익혀, 본 책자에서 설명하는 기보를 이해하는데 지장이 없도록 잘 숙지하시길 바란다.

끝점 ↗

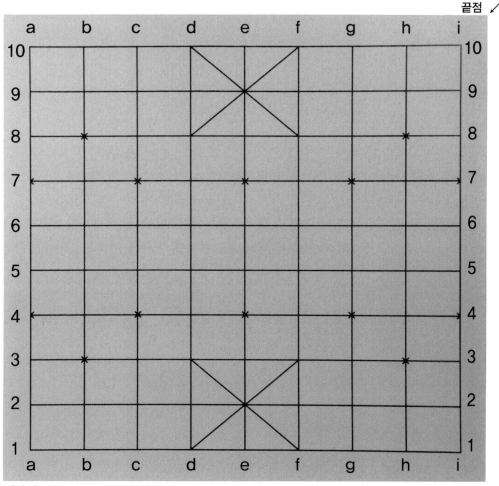

↗ 시작점

　가로선은 각각 아래에서부터 위로 1부터 10까지 표기되어 있고, 세로줄은 각각 왼쪽에서 오른쪽으로 a부터 i까지 표기되어 있고, 세로줄과 가로선이 만나는 교차점을 표시하기 위해 세로줄을 먼저 읽고 가로선을 읽는 방식이 대한장기협회 방식과 다르다. 영자표기법의 시작점은 왼쪽 최하단이며 끝점은 오른쪽 최상단이어서 우리가 학교 때 배운 수학/물리에서 쓰는 좌표(x축/y축)의 표기와 동일하다. 통일을 위해 이 책에서는 청(초)을 아래에 놓고 홍(한)을 위에 놓았다.

다음은 영자표기법을 이용하여 다음의 그림의 기물의 좌표를 표시해 보도록 하자.

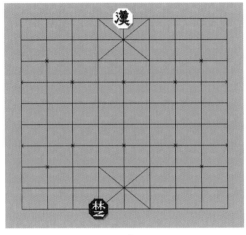

그림3

상기의 초와 한을 영자좌표로 읽을 때는 초는 d1에 있고 한은 e10에 있다고 말한다.

더 상세한 표기 연습을 위해 아래의 대국을 기록한 기보를 살펴 보도록 하자.

이와 같이 대국을 진행한 내용을 상기의 표기법으로 명확히 기록을 할 수 있다. 예를 들어 아래 그림에서 한의 차례인데 i6자리에 있는 차가 i1자리로 이동하여 장군을 부르면 1. i6차i1장군으로 표기하고 f1에 있는 초왕이 f2로 피하면 2.f1장f2로 표기한다. 그 후에 계속해서 이런식으로 기물의 행마를 표기할 수 있어서 대국의 기물의 움직임을 다음과 같이 다 기록할 수 있는 것이다.

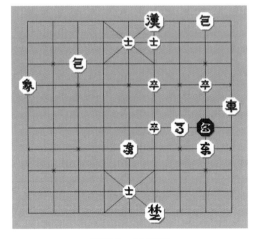

그림4 : 한차례

① i6차i1+(장군)	② f1장f2	⑪ h10포e10+(장군)	⑫ f5졸e5
③ a7상c4+(장군)	④ f2장f3	⑬ e10포Xe5졸	⑭ e2사d1
⑤ i1차i3+(장군)	⑥ h4차h3	⑮ e5포e10+(장군)	⑯ g5마e4
⑦ i3차i4	⑧ e4상c7	⑰ e9사d8+(장군)	⑱ e4마d6
⑨ i4차f4+(장군)	⑩ f3장e3		

● 이 책에서 사용한 심볼(Symbol)의 정의

본 책자에서는 필요에 따라 상세한 설명을 대신하여 약자를 사용할 예정이다. 본 책자에서 약자로 쓰는 기호에 대한 정의를 다음과 같이 정한다.

① # : 외통 승
② X : 기물 잡음
③ ! : 좋은 수
④ !! : 아주 좋은 수
⑤ ? : 나쁜 수
⑥ ?? : 아주 나쁜 수
⑦ ?! : 의심스러운 수. 뚜렷이 나쁘지는 않으나 권하고 싶지 않은 수
⑧ + : 장군(본 책에서는 한글로 장군이라 표기함)
⑨ ++ : 양수겸장

예제1) : ① e5졸e6 : 1번째 수에서 e5에 있던 졸이 e6으로 이동함.

예제2) : ③ d3병Xe2사장군# !! : 3번째 수에서 d3에 있던 병이 e2로 와서
사를 잡으면서 장군을 치면서 외통으로 이김. 아주 좋은 수임.

1장 형세 판단과
중반전투 전략

가. 형세 판단

1) 형태의 차이점

장기를 둘 때 처음에는 동일한 수의 기물을 가지고 시작하지만, 게임이 진행되다 보면 서서히 아군과 적군의 기물의 형태에 차이가 생긴다. 장기를 장기답게 두는 법은 의도적으로 기물 형태의 차이를 야기시켜 자신에게 유리한 위치를 만드는 것이다. 기물 형태의 차이는 단순한 차이이지만 이러한 차이를 유리한 이익으로 연결시키는 것은 대국자가 해야 할 일이다. 또한 어떤 수를 두었을 때 어떤 특정 수가 '좋다' 또는 '나쁘다'를 판별하기 전에 모든 수들은 상황과 모양에서 요구하는 사항을 따져봐야 한다. 즉, 모든 수들은 해당 모양의 요구에 견주어 평가되어야 한다. 기물 형태의 차이를 이해하는 것이 형세 판단을 하는 첫 번째 작업이다. 그 후에 **기물 형태의 차이점을 이용하여 전략과 전술을 수립한다.** 이 기물 형태의 차이는 쌍방의 힘의 불균형을 초래하고 전력의 차이를 야기시켜서 어느 한 편은 유리해지고 또 다른 한편은 힘에 밀리게 된다. 이 차이점을 잘 이용하면서 장기를 두어야 장기를 두는 즐거움을 느낄 수 있다.

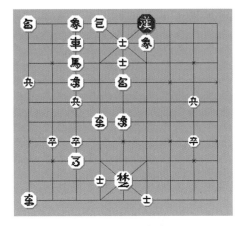

그림1 : 초차례

위의 그림1의 양측의 기물 형태의 차이를 보자. 상황을 분석해 보면 초는 기물들이 자유롭게 퍼져 있으면서 한의 좌측 진영을 압박하고 있는데 한의 기물은 좌측에 기물들이 몰려 있고 기형적으로 똘똘 뭉쳐있어서 엉켜 있는 상황이다. 이렇게 모양이 나쁘게 되면 힘을 전혀 쓰지 못하고 패하게 된다. 바로 다음 수에 초는 상으로 한의 왕에게 장군을 치고 한왕이 e10으로 피할 때 d5에 있는 차가 한포를 잡고 외통으로 이기게 되는 것이 불 보듯 뻔하다. 한은 궁 근처에 저렇게 많은 기물이 위치해 있는데 전혀 힘을 쓰지 못하고 자신의 왕이 죽는 것을 구경만 해야 하는 상황이 된 것이다. 이렇게 **형세**

판단을 하는데는 기물 형태에 대한 평가가 가장 중요하다.

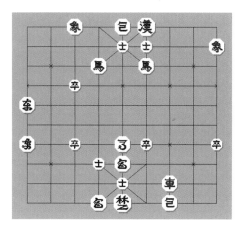

그림2 : 초차례

또 다른 예를 하나 더 보자. 본 예제에 대한 형세 판단을 해 보면 서로 기물 점수는 비슷하나 초의 기물 형태가 훨씬 안정적이고 형세가 초가 훨씬 유리함을 알 수 있다. 초의 졸이 7선까지 진출해서 한의 마를 위협할 상황에 있고, 좌측에 있는 초의 상이 한 번 뛰게 되면 바로 한의 궁성의 기물을 노리도록 위치해 있고 초의 중앙마도 두 번만 뛰면 한의 왕을 노릴 수 있도록 포진이 되어 있는 반면에 한의 차와 포는 초의 진영에 있으나 초에게 아무런 위험이 되지 못하고 우측에 있는 한의 상과 마도 수비에도 기여를 못하고 공격 면에서도 초에게는 전혀 위협이 되지 못한다. 이런 기물 형태 차이라면 앞으로 벌어질 상황이 너무 뚜렷이 예측이 된다. 한은 멀지 않아 초의 공격에 고전을 면치 못할 것이다.

실전에서 초가 이 유리한 상황을 어떻게 승리로 연결시키는지를 관찰하는 것도 흥미롭다. 다음과 같은 수순에 의해 한이 고전을 면치 못하고 패하게 될 것이다

그림2 모범 해답 : ① c7졸d7 ② d8마h7 ③ a6차i6 ④ g2차g9 ⑤ i6차c6
⑥ c10상a7 ⑦ i4졸h4 ⑧ g1포g10 ⑨ c6차c7 ⑩ a7상d9
⑪ c7차c10

2) 형태 차이점 종류와 그에 따른 형세 판단

대국 중 자신이 현재 잘 두고 있는지 아닌지 형세 판단을 하기 위한 기물 형태 차이를 야기시키고 있는 각 평가할 요소를 크게 분류하면 다음과 같다.

2.1) 졸/병의 수비 형태 및 공격 활용도 차이

쌍방 졸/병의 수비 형태와 공격 활용도 차이를 비교하여 전력을 형세 판단한다.

2.2) 기물 수적 우위의 차이

쌍방 확보한 기물의 수적 차이를 비교하여 전력을 형세 판단한다.

2.3) 영역의 차이

쌍방 영역 차이를 비교하여 전력을 형세 판단한다.

2.4) 주요 지점 확보 차이

쌍방 중요 자리 확보의 차이를 비교하여 전력을 형세 판단한다.

2.5) 기물의 진출도와 기동성 차이

쌍방 기물의 진출도와 기동성 차이를 비교하여 전력을 형세 판단한다. 이는 일시적인 차이이므로 시간이 지나면 극복될 수 있는 차이이다. 따라서 유리한 쪽은 그 장점을 빨리 활용해야 한다.

2.6) 주도권의 행방 및 선수 공격권

주도권 및 선수 공격권을 비교하여 전력을 형세 판단한다. 이는 일시적인 차이이고 시간이 지나면 극복될 수 있는 차이이므로 적절한 시기에 활용해야 한다.

2.7) 쌍방 각 기물의 활용도 차이 및 급소의 존재 유무 등이 있다.

쌍방 각 기물(차, 포, 마, 상)의 활용도와 기물의 위치 및 쌍방 급소를 비교하여 전력을 형세 판단한다.

3) 형세 판단 각 구성 요소에 대한 이해

다음은 앞에서 분류한 기물 형태 차이를 야기시키고 있는 각 평가할 요소에 대해서 상세히 알아보자.

3.1) 졸/병의 수비 형태 및 공격 활용도 차이 : 쌍방 졸/병의 수비 형태와 공격 활용도 차이를 비교하면서 전력을 형세 판단하는 것이 아주 중요하다.

3.1.1) 졸의 특성과 형태의 중요성

졸/병의 형태가 공격과 수비의 형태를 좌우하므로 아주 중요하고 포진 초기에는 쌍방 상대보다 더 좋은 졸의 형태를 갖기 위해 미묘한 싸움을 시작한다. 졸/병은 전략적으로 중요한 점을 통제하고 다른 기물의 길을 여는 중요한 수단으로 사용될 수 있으며 또한 전진기지로 작용할 수 있다. 포진 시에 졸은 다른 큰 기물의 진출을 돕기 위해서 움직이는 것이 좋다.

다음의 예제를 통해 졸의 형태의 중요성을 알아보자.

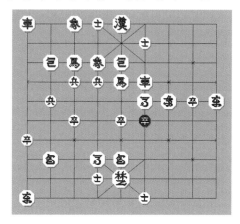

그림3 : 초가 방금 둔 상황

바로 전 상황을 설명하자면 초마가 f6에서 한의 면포를 위협하자 f7의 한의 차로 막으면서 마를 공격하자 초의 졸이 f5로 전진하면서 마를 보호하는 장면이 있었다. 그림에서 알 수 있듯이 초의 졸이 전진하여 5선까지 육박한 상태이고 졸 앞의 6선에 마와 상을 정박시켜서 한의 궁성의 기물을 위협하고 있다. 그곳 근처에 한의 병이 하나도 없어서 어떤 기물도 이 마와 상을 쫓아낼 수 없다. 이렇게 되면 조만간 큰 일이 일어날 것이 분명하다. 이처럼 졸의 형태가 형세에 큰 영향을 미친다. 반면에 한의 기물은 7선 이하에 쪼그라져 있고 서로 엉켜 있고 밖으로 나갈 돌파구가 없어 아주 답답한 상황이다. 이런 상황이 만들어진 이유는 바로 5선까지 전진한 초의 막강한 세 졸의 중앙 압박 때문인 것이다. 다음의 수순에 의해 한은 점점 불리해 진다. 해답의 수순을 음미해 보시기 바란다.

그림3 모범 해답 : ① f4졸f5 ② d10사d9 ③ i6차i10장군 ④ f9사f10
⑤ g6상i9 ⑥ f7차f8 ⑦ f6마Xe8포 ⑧ d9사e9

3.1.2) 졸의 뒷공간 약점

4선과 7선은 졸/병이 있는 선이다. 졸이 진격을 하면 그 만큼 공격력은 강해지지만 수비력이 약해질 수 있다. 4선/7선을 적의 차가 장악하게 되면 아군 진영의 마나 상이 위협을 받으며 수비가 허물어지므로 신중하라. 상대를 공략할 때 졸 전진을 강요해서 졸을 움직이게 만들면 졸에 의해 지지되지 않는 곳에 약점이 생긴다. 전진한 졸/병의 후방의 공간이 적에게는 아주 중요한 지점이 된다. 방어 측면에서 이런 전진된 졸의 뒷공간이 생기면 아군의 기물로 그 중요 지점을 잘 감시해야 한다. 이 부분이 적이 쉽게 침투할 수 있는 공격 루트가 되기 때문이다. 아래 예제를 보자.

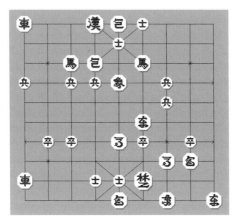

그림4 : 한차례

① a2차c2로 초의 후방에 침투해 들어온 한의 차가 상과 연합하여 양득작전을 하려고 졸을 위협한 장면이다. 양득을 피하려면 ② c4졸c5를 하게 되고 3~6수까지 한의 강요에 의해 초의 양졸이 4선을 떠나게 되면 ⑦ e7상c4장군으로 한의 상이 좌측에 주둔하면서 초의 궁성을 노리게 된다. 이처럼 4선에 졸이 떠나게 되면 졸이 떠난 뒷공간이 비게 되어 적에게 이용을 당하게 된다. 따라서 이런 뒷공간이 생기지 않도록 주의를 할 필요가 있다. 이런 것은 당장 기물의 손해를 보지 않기 때문에 중요성을 실감하지 못하는 경우가 많으나 장기의 실력 향상을 위해서는 이런 중요 자리에 대한 감각을 키울 필요가 있다.

그림4 모범 해답 : ① a2차c2 ② c4졸c5 ③ a7병b7 ④ h3포f3 ⑤ c2차b2
⑥ b4졸b5 ⑦ e7상c4장군 ⑧ f2장f1 ⑨ a10차a1 ⑩ f3포d1
⑪ g6병f6 ⑫ f5차h5 ⑬ f6병e6

· 졸을 전진시키면 그 후방이 약해진다는 것을 염두에 두나, 경우에 따라서는

장, 단점을 견주어 보아 졸을 밀어서 상대의 기물을 가장 유용한 지점에서 밀어 내고 다른 기물들의 진출을 방해하는 곳으로 가게 만들 수 있으면 그렇게 하는 경우도 있다. 원칙에 맹목적으로 따르기보다 해당수의 가치를 단점과 장점으로 견주어 보아서 결정하는 것이 좋다.

· 졸이 전진되어 있는 적진의 4선/7선을 차로 점령할 수 있으면 유리해진다. 왜 냐하면 적의 4선/7선은 적 기물들이 이동하는 통로이므로 적의 통로가 잘리는 결과가 될 수 있기 때문이고 차가 선점하여 아군의 상이나 마 또는 졸/병 등을 4 선에 주둔시키면 궁성을 노리기 때문에 유리해 진다.

아래 예제를 보자. 7선에 초의 차가 있음으로 인해 한의 기물들이 상당한 압박을 받는다. 이렇게 되면 한은 좁은 공간에 갇혀서 서로 엉기게 되는 반면에 초는 자 유롭게 이 7선을 통해 한의 진영에 침투하게 된다.

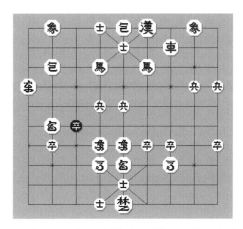

그림5 : 초의 차가 한의 7선을 점령한 상태

다음 상황은 반대로 한의 차가 초의 4선을 장악하는 장면이다. 한이 이런 위치적 장점을 어떻게 실질적인 이득으로 연결하는지 복기해 보는 것도 기력 향상에 크 게 도움이 되리라 본다. 아래 수순을 직접 한 수 한 수 음미해 보자.

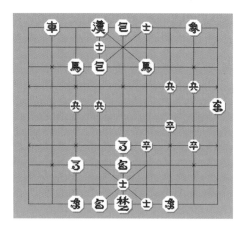

그림6 : 한의 차가 4선을 장악한 경우

초의 좌측에 침투한 한차에 의해 초의 기물들이 압박 받게 된다.

아래 수순을 장기판에 기물을 놓으면서 수순을 음미해 보자.

그림6 모범 해답 : ① b10차b4 ② f1사f2 ③ f10사e9 ④ h4졸g4 ⑤ b4차c4
　　　　　　　　 ⑥ g5졸f5 ⑦ g7병g6 ⑧ e1장f1 ⑨ c8마a7 ⑩ e3포e1
　　　　　　　　 ⑪ a7마b5 ⑫ i6차i3 ⑬ d8포d4 ⑭ c3마a2 ⑮ c4차c2

3.1.3) 중앙졸

졸은 중앙에 모으는 것이 유리하므로 가급적 중앙에 집결시켜서 궁 수비를 안정
적으로 가져가는 것이 좋다. 면을 두텁게 하고 면포를 보호하도록 졸을 포진하면
좋다. 더군다나 중앙에 한 칸 전진되어 있는 합졸/합병된 졸/병의 벽이 존재하면
적에게는 기물 진출에 대단히 방해가 되고 아군의 기물 진출에 도움이 된다.

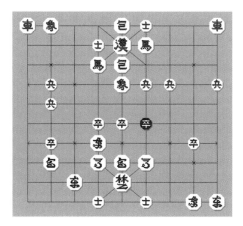

그림7 : 초의 중앙에 있는 3개의 졸은 위협적

초의 3개의 졸이 중앙을 차지한 상황이다. 한은 상당한 압박을 받고 있고 반면에 초는 상당한 자유를 누리고 있다.

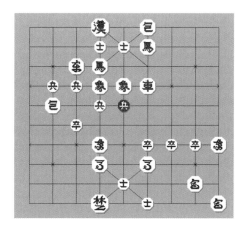

그림8 : 한의 병이 중앙을 장악한 경우

상대의 중앙졸/병과 아군 변의 졸/병을 교환하면 유리하다. 왜냐하면 같은 졸이라도 중앙에 있는 졸/병이 더 가치가 높기 때문이다. 변에 있는 졸이 중앙의 수비를 하거나 상대 궁성을 공격하려면 그 거리 만큼의 시간이 소요되지만 중앙의 졸은 즉시 전진만 하면 궁성에 빨리 접근할 수 있기 때문에 시간의 관점에서는 더 중요하다.

3.1.4) 졸 공격 특성
졸은 훌륭하고 아주 저렴한 방어 기물이자 공격 기물이어서 더욱 효율적인 무기이다. 차나 포, 마, 상 같은 대기물이 뒤에서 후원하여 졸을 진격시켜서 상대의 기물이나 주요 위치를 공략하면 좋다. 보잘것없어 보이는 졸이 최상의 공격수가 될 수도 있고 답답하게 기물이 대치되어 있는 경직된 상황에서는 졸이 없는 지역을 졸로 공격하면 졸의 전진이 가장 저렴한 공격 방법이고 위협적이 될 수 있다.

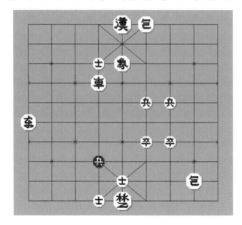

그림9 : 초의 궁에 진입한 한의 병

차의 후원을 받아 궁성까지 진입한 병은 위협적이다.

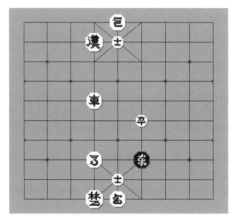

그림10 : 초 차의 후원을 받아 전진하는 졸

형세 판단을 해 보면 초는 기물 수적인 면에서 한보다 훨씬 유리하다. 현재 5선 (f5)의 졸을 무사히 적의 궁성까지 진격을 시키도록 차가 보호해주면 된다. 궁극적으로 초가 짤 수 있는 작전은 차끼리 교환을 하고 포를 이용해서 적의 사와 바꾸는 것일 것이다. 종반전에서 이 졸과 마에 의해 승부가 결정지어질 수가 있다. 이것이 이길 수 있는 기물의 조합이기 때문이다. 이런 식으로 형세 판단을 바탕으로 종반 전략을 수립하면 되는 것이다.

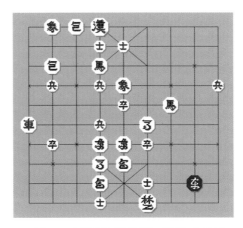

그림11 : 적진을 위협하는 한병과 초졸

3.1.5) 진격하는 졸

앞의 예에서 보셨듯이 포진 단계를 지나 중반전과 종반전에서 적의 졸이 없는 진
영을 통과하여 전진하는 졸이 있으면 상당히 유리해진다. 졸은 한 걸음 한 걸음
나갈 때마다 상대를 압박하게 된다. 특히 궁성근처(4선이나 7선)에 도달할수록
위협적으로 적진을 괴롭힐 수 있다. 적진을 뚫고 진격할 수 있는 이런 졸이 있다
면 아군의 포나 차 또는 상, 마 등으로 호위를 잘 해서 이 졸의 전진을 도와야 한
다. 같은 졸이라도 적진 깊이 4선이나 7선까지 도달한 졸은 가치가 훨씬 높다.
진격 졸의 전, 우, 좌가 아군의 대기물이 안착할 수 있는 전진기지가 되기도 하기
때문에 전략적으로도 가치가 높다. 진격 졸이 더 나아가 궁성에 진입하면 적에게
는 아주 위협적이고 거의 차와 같은 위력적인 힘을 갖는다.

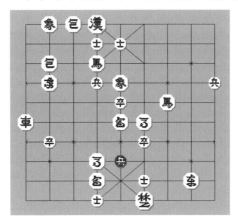

그림12 : 궁성에 진입한 병의 예

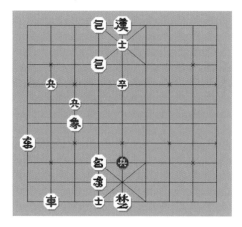

그림13 : 궁성에 진입한 위협적인 병

한의 차, 상, 병 등 3개의 중요 기물이 초의 궁성을 패닉상태로 몰고 있다. 그림 처럼 궁성까지 들어온 졸/병은 거의 차에 버금가는 힘을 가지게 된다.

좌측이건 우측이건 어느 한 쪽 변에서 자신의 졸의 수가 상대편보다 수적으로 더 많은 것이 장점이라면, 졸들이 서로 교환되도록 추진하여 남은 잉여 졸을 진격하는 졸로 만들면 아주 유리해 진다. 앞에서 예제를 통해서 알아 보았듯이 적진을 뚫고 진격하는 졸은 위협적인 존재가 되고 상대의 기물을 마비시키는 효과를 갖기 때문이다. 이러한 장기적인 전략을 짜는 안목은 정확한 수순이나 계산에 의한 것이 아닌 게임의 일반적인 흐름에 기초한 전략적 게임운용의 산물이고 초보자의 눈에는 잘 안 보이지만 장기 실력의 향상을 위해서는 반드시 갖추어야 하는 것들이다. 다음 예제를 보면서 기물 형태 차이를 분석한 후 작전 구상을 해보자.

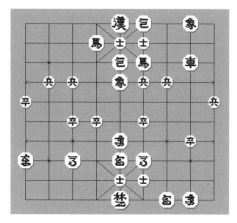

그림14 : 졸의 교환 추진 예제

기물의 형태를 분석해 보면 좌측에 초의 졸이 3개 있고 한은 병이 2개 있다. 이 국부적인 기물 수 차이와 졸의 형태 차이를 이용하여 작전을 짜면 반드시 이득이 있을 것이다. 작전 개요는 다음과 같다. 초는 졸을 전진하여 합병이 되어 있는 병의 힘을 약화시키려 졸/병 교환을 추진한 후 나머지 양졸을 전진시켜 남은 하나의 병을 고립시켜 좌측에서 졸의 수적 우위를 추구하는 작전을 수행하면 좋아 보인다. 그렇게 되면 나중에 한의 d9마와 중앙에 있는 e7상이 위협을 느껴서 자리를 이탈하게 되고 좌측에서 방어의 공백이 생길 것이다. 그리고 그 쪽으로 한의 지원군들을 침투시키면 무슨 일인가 일어날 것이다. 아래 수순을 확인해 보기 바란다.

① a6졸a7 : 졸/병의 교환을 위한 초졸의 전진 행마
② i7병h7
③ a7졸Xb7병 ④ c7병Xb7졸 : 1~4까지 졸과 병의 교환을 추진한다.
⑤ c5졸c6 ⑥ h8차i8 : 나머지 하나의 병을 고립시키기 위해 c졸을 전진시키면 우측에 있는 한의 차가 좌측으로 오려고 준비한다.
⑦ a3차b3 : 한보다 한발 앞서 우측에 있는 초의 차가 좌측 병을 먼저 위협하면서 주도권을 잡는다.

3.1.6) 독졸

'독졸단명'이란 말이 있듯이 합졸이 되어 있는 졸/병의 형태가 가장 안정적인 반면에 독졸은 불안정하고 전체 장기판에 어두운 그림자를 드리우고 전체 판도를 불리하게 끌 수 있으므로 방어 측면에서 독졸이 안 생기도록 주의해야 한다. 수비 측에서는 가급적 독졸이 생기지 않도록 노력하고, 이웃 졸이 도와줄 수 없는 졸이 많거나 산발적으로 흩어져 있으면 빨리 뭉치도록 노력해야 하고, 공격 측에서는 상대가 합졸 되어 있으면 대졸을 하여 상대가 독졸이 되도록 작전을 짠다. 졸의 수가 서로 같더라도 형태의 차이가 있으면 뭉친 쪽이 훨씬 유리하므로 기물들이 복잡하게 얽혀있는 상황에서는 가급적 상대의 합졸을 깰 수 있다면 깨는 것이 좋고 이때 가장 좋은 기물이 졸이다.

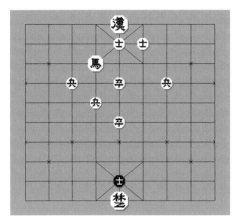

그림15 : 졸/병은 뭉쳐야 산다.

기물의 형태를 분석해 보자. 한의 기물이 우세하고 초에게는 양졸이 있다 하더라도 양졸 조차도 아주 불안한 상태이다. 그 이유는 합졸을 하지 못해서인데 이렇게 되면 마에 의해 이 두 졸이 다 죽게 된다. 한은 초의 e5졸이 오른쪽으로 이동하게 되면 d6의 한병을 오른쪽으로 이동시켜서 졸을 견제하면 된다. 그렇게 하면 초졸은 합치지 못하게 되어 생존이 힘들게 된다. 이처럼 독졸은 불안전하다. "뭉치면 살고 흩어지면 죽는다."는 말은 마치 졸, 병을 두고 하는 말인 듯 하다.

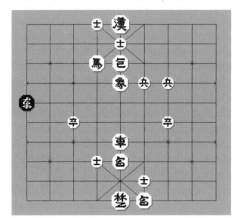

그림16 : 한차례

독졸 관련하여 또 다른 예제를 검토해 보자. 상황을 보면 한에는 양병이 있고 초에는 양졸이 있다. 그러나 초의 졸은 흩어져 있어서 아주 불안한 상태이다. 이 찬스를 놓치지 않고 한이 선수를 잡아 ① d8마e6로 공격하게 되면 이 중 하나의 졸은 죽게 된다.

그림6 모범 해답 : ① d8마̇e6 ② f2사̇e2 ③ e6마Xg5졸

수비 측면에서 본다면 중앙에 독졸이 생기면 그 독졸을 지지할 수 있는 기물을 배치하여 그 졸이 죽지 않도록 잘 유지시켜야 한다. 이 졸이 없다면 면포의 수비에 약점이 생겨서 상대 상이나 마의 위협에 면이 취약해지고, 아군의 전진기지가 없어지고 적의 대기물이 그 부근을 자유롭게 드나들 수가 있어서 판세가 기울어질 수 있기 때문이다. 어떤 경우에서는 상대 기물이 이 졸 뒤에 굳게 자리를 잡는데, 이런 기물을 쉽게 쫓아낼 수 없다.

공격 측면에서 본다면 독졸이라고 해도 쉽게 잡을 수 없는데 언제나 이 졸을 공격하는 기물 만큼 방어하는 기물을 불러올 수 있기 때문이다. 하지만 이 독졸을 빌미로 하여 위협하는 자세를 취하여 아군 기물을 좋은 위치로 이동하여 좋은 자리를 자연스럽게 차지하는 방법도 있고 상대방이 방어에 열중하게 한 다음 다른 곳으로 공격을 전환할 수 있는 다양한 전략을 구사할 수 있다.

이상으로 가장 중요한 졸/병의 수비 형태 및 공격 활용도 차이에 대해 검토해 보았다. 그 다음 요소로 넘어가 보자.

3.2) 기물 수적 우위의 차이 : 쌍방 확보한 기물의 수적 차이를 비교하여 전력을 형세 판단할 수 있다.

· 기물이 더 많으면 화력이 더 많아서 유리해지고 반면에 기물이 부족한 측은 고전을 면치 못하게 된다. 그러므로 아무런 이유 없이 손해 보는 기물 교환, 즉 높은 점수의 기물을 낮은 점수의 기물과 교환하는 것은 피해야 한다. 예를 들어, 이유 없이 상과 졸을 교환하는 것 같은 것은 올바른 장기를 두는 것이 아니다. 따라서 손해 보는 교환을 할 때는 반드시 논리적인 이유가 있어야 한다. 즉, 기물 손해 이외에 다른 이득이 있어야 그 수의 정당성이 성립된다.

· 기물이 많은 측은 종반전으로 접어들수록 기물의 교환을 추진하여 편하게 대국을 이끌 수 있다. 그러나 그 잉여기물의 효과를 극대화하도록 그 남은 기물을 사용하여 상대의 약한 부분을 집중 공격을 하여야 기물 우세효과가 생긴다. 만약 잉여기물을 즉시 사용하지 않고 그대로 방치해 두면 국면을 유리하게 끄는데 별 효과가 없게 된다.

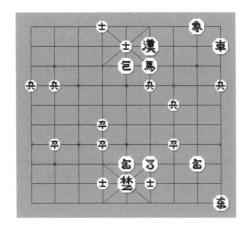

그림17 : 초차례

위의 상황을 분석해 보면 초는 한보다 포를 하나 더 가지고 있다. 그러나 이러한 기물의 잇점을 이용하지 않으면 별로 형세에 큰 영향을 주지 않을 가능성이 많다. 다음 수순은 실전에서 초가 어떻게 이 잇점을 살려서 상대를 게임에서 포기하게 하는가를 보여준다. 이러한 경기 운영 감각을 익혀 보기 바란다.

1~9 수까지 초의 기물 재배치를 하여 포를 활용할 준비를 한 후

11~13 수까지 우측의 기물 교환을 추구 한 후 15~17까지 우측의 차를 적진에 침투시켜 항복을 받아내는 작전이다. 모범 해답 수순을 장기판에 기물을 놓으면서 확인 바란다.

그림17 모범 해답 : ① e3포e1 ② f7병f6 ③ e2장d1 ④ e8포e10 ⑤ h3포d3
⑥ f9장f10 ⑦ f2사e2 ⑧ d10사d9 ⑨ d3포f1 ⑩ e10포g10
⑪ g4졸g5 ⑫ g10포Xg5졸 ⑬ f3마Xg5포 ⑭ g6병Xg5마
⑮ i1차h1 ⑯ i9차i10 ⑰ h1차h8

· 만약 당신의 기물이 상대보다 부족하면 그 기물 부족을 극복할 수 있는 다른 장점을 이용하도록 방향을 잡아야 한다. 예를 들어, 기물은 부족해도 기물의 진출도가 앞서거나, 기동성이 더 좋은 기물이 더 많거나, 선수를 잡고 있거나, 상대를 좁은 영역에 가두어 놓고 넓은 영역을 사용할 수 있다면, 그 장점을 최대한 활용하여 다른 기물의 이득을 보거나, 왕을 잡는 외통장군으로 승부를 걸 수 있도록 전략을 수립해야 한다.

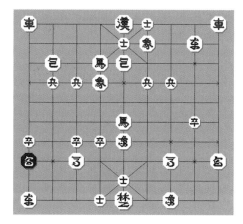

그림18 : 한차례 - 한의 역습상황

그림18의 상황은 좌측 초포가 한의 차를 위협한 상태이다. 보통인 경우는 차를 피하는 것이 맞지만 한은 이 기회를 이용하여 한의 좌측 차를 포기하고 한의 우측 차가 i3포를 잡으면서 선수 공격을 퍼 부으며 유리한 국면을 이끌 수 있다.

그림18 모범 해답 : ① i10차Xi3포 ② a3포Xa10차 ③ i3차Xg3마 ④ a1차c1
⑤ e5마Xc4졸 ⑥ e1장f1 ⑦ c4마d6 ⑧ d4졸d5 ⑨ e8포c8
⑩ d5졸Xd6마 ⑪ f9상Xd6졸 ⑫ g1상i4 ⑬ c8포Xc3마
⑭ e4상Xg7병장군 ⑮ e10장d10 ⑯ c1차a1 ⑰ b8포f8장군
⑱ e2사f2 ⑲ f8포f2사 ⑳ a10포Xf10사 ㉑ f2포f9장군
㉒ h9차Xf9포 ㉓ g3차f3장군 ㉔ i4상f2 ㉕ d8마Xf9차
㉖ f10포Xf7병 ㉗ f9마Xg7상 ㉘ f7포h7 ㉙ c3포c10
㉚ d1사e2 ㉛ f3차i3 ㉜ f2상d5 ㉝ i3차i1장군 ㉞ f1장f2
㉟ i1차Xa1차

3.3) 영역의 차이 : 쌍방 확보한 영역의 차이를 비교하여 전력을 형세 판단할 수 있다.

· 영역이란 자신의 기물이 안심하고 활동할 수 있는 아군 진영의 땅의 넓이를 의미한다. 보통은 자신의 졸과 상대 졸과의 경계선을 말하며 영역이 넓을수록 자신의 기물이 활동할 공간이 넓어져서 자유도가 높아지기 때문에 유리해진다. 영역이 더 넓은 측은 가급적 기물의 교환을 피하는 것이 좋다. 기물이 교환되면 조임의 효과가 많이 상쇄되기 때문이다. 반면에 영역이 더 좁은 측은 적극적으로 기물 교환을 시도해서 엉킨 형태를 푸는 것이 좋다.

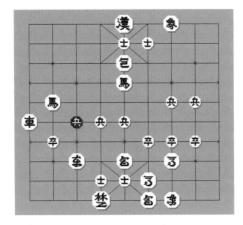

그림19 : 영역의 차이

한의 영역이 초의 영역보다 훨씬 넓다.

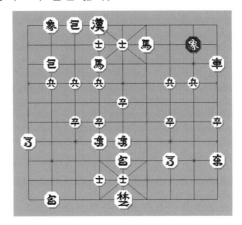

그림20 : 초의 영역이 한보다 넓다.

이 상황은 위의 그림과는 반대로 초의 기물들이 한보다 더 넓은 영역을 차지하고 있다.

3.4) 주요 지점 확보 차이 : 쌍방 확보한 주요 지점의 차이를 비교하여 전력을 형세 판단할 수 있다.

· 중요 자리를 점령하는 것이 좋은 전략이다. "중요 지점을 점령한다"는 개념은 상당한 고수가 아니면 이해하기 어렵지만, 기물 위협이나 실질적인 이득보다 중요 지점을 확보하기 위한 위치 싸움은 극히 중요하고 장기 실력이 늘기를 원하면 반드시 그런 안목을 기르도록 힘써야 한다. 중요 지점을 확보하게 되면 아군의 대기물이 편하게 주둔할 수 있는 요새가 생기게 되고 기물의 활동도가 상대편의 그 기물의

활동도보다 더 높고 상대에게는 훨씬 위협적이 될 수 있기 때문에 공격 전략이 그런 중요 지점 확보를 목표로 수립되는 경우도 많다. 단 한 자리를 장악함으로써 전체 게임이 무너진다고 말하면 독자들은 이상하게 여길지 모르겠으나, 그것은 사실이다. 중요 지점을 점령하여 상대방을 압박하여 상대를 좁은 영역에 가두어 넣고 차츰차츰 조여나간 후 왕에게 위협을 가하여 유리하게 게임을 풀어나가는 경기 운영도 구사할 수 있다.

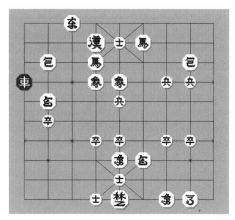

그림21 : 중요 자리 점령의 중요성

본 상황은 한의 차가 a1에서 a7로 온 장면이다. 만약 이 수를 생략하면 c10의 초차가 c7로 먼저 와서 한의 상을 괴롭히게 된다. 이렇게 되면 국면이 불리하게 된다. 이러한 가벼운 수를 놓치면 대국의 주도권을 상대에게 넘겨주게 된다.

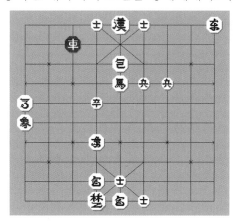

그림22 : 초차례 – 좋은 자리 차지

그림22에서 초의 기물들이 좋은 자리를 차지하고 있다. 아래의 공격 전략을 음미해보자.

그림22 모범 해답 : ① i10차h5 ② a5상c2 ③ d6졸d7 ④ c9차c4 ⑤ d7졸Xe7마
⑥ f7병Xe7졸 ⑦ i5차d5 ⑧ f10사e9 ⑨ e1포Xe7병

3.5) 기물의 진출도와 기동성 차이 : 쌍방 확보한 기물의 진출도와 기동성의 차이를
비교하여 전력을 형세 판단할 수 있다.

· 전투에 투입할 수 있는 기동력 있는 기물을 더 많이 가지고 있는 편이 더 유리할
수 있다. 중앙 및 사방이 막혀있다면 적진 깊숙이 침투가 어려워 신속한 진출의 효
과가 없지만 만약 중앙의 졸 수비가 뻥 뚫려 있으면 신속한 기물 진출을 한 측이 아
주 유리하다.
따라서 공격하기 전에 모든 병력을 빨리 진출시키는 것이 중요하다. 기물 진출 면
에서 뒤쳐져있는데 공격을 시도하는 것은 위험을 수반할 뿐 아니라 대부분 설익은
공격으로 성공하지 못하는 경우가 많다.

· 설사 진출한 기물이 많아서 유리해 보여도 진출도에 있어서 앞선 것은 일시적인
장점이다. 쌍방 이러한 장점을 즉시 이용하여 이익을 취하지 않으면 상대방이 그
약점을 신속히 극복할 것이다.

· 수비수건 공격수건 막론하고 서로 자기 기물끼리 엉키어 있으면 활동성이 크게
저하된다. 따라서 공격 시에는 이 점을 파악하여 수비수를 교란하여 주도권을 잡는
데 이용해야 한다.

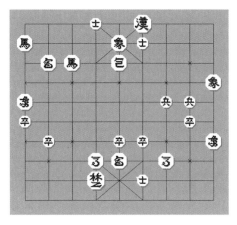

그림23 : 초차례

형세 판단을 해 보면 초의 기물들이 한에 비해 기동성이 현저히 좋은 것을 보여 준

다. 초가 이런 진출도와 기동력의 장점을 어떻게 이용하여 국면을 끄는지 실전 예를 살펴보자. 이렇게 유리한 점을 즉시 이용해서 승부를 결정짓는 것은 대국자가 해야 할 일이고 이것을 능숙하게 하느냐 마느냐가 실력인 것이다. 마치 축구에서 유리한 상황에서 상대편 문전에서 골 결정력을 얼마나 가지고 있느냐에 따라서 승부가 결정되듯이 장기에서도 게임의 핵심을 파악해서 승부에 직결시킬 수 있어야 한다. 장기에서 가장 어려운 일은 이길 수 있는 게임을 빨리 효율적으로 이기는 일이다.

상기 상황에서 짤 수 있는 작전의 개요는 우선 우측에서 졸과 병을 교환한 후 포로 상을 위협하여 상이 도망가게 만든 뒤 초마가 우측에 침투해서 적진을 교란시킨 후 좌측에서 미리 자리를 잡고 있던 원군의 도움으로 승리를 결정 짓는 전략이다. 아래 수순을 참고 바란다.

그림23 모범 해답 : ① h5졸Xh6병 ② g6병Xh6졸 ③ e3포i3 ④ i7상g10 ⑤ g3마f5
⑥ h6병g6 ⑦ f5마g7 ⑧ e8포e3 ⑨ g7마h9장군 ⑩ f10장e10
⑪ b8포e8장군#!

3.6) 주도권의 행방 및 선수 공격권 : 주도권의 행방과 선수 공격권을 비교하여 전력을 형세 판단할 수 있다.

· 주도권이란 개념에 대해서 생각해 보자. 만약 어느 한 쪽이 마음먹은 바를 자신의 이익을 위해 마음대로 휘두르려고 할 때 상대방이 저항할 수 없이 끌려갈 수 밖에 없는 상황에 처해 있다면 이는 어느 한 쪽에서 주도권을 장악했다고 말한다. 이것이 주도권의 개념이다. 장기는 논리적인 게임이기 때문에 어떤 관념적인 것이 아니고 논리적으로, 또 객관적으로 그리고 과학적으로 주어진 룰에 의해 진행이 되어야 한다. 고집을 부리고 배짱만으로 강압적으로 자신의 의지를 관철시키려 해도 만약 그것이 타당성이 없고 상대방이 유유히 거역할 수 있는 수가 존재한다면 진정한 주도권을 가졌다고 말할 수 없는 것이다. 공격 시에는 상대를 계속 위협하여 방어를 구성할 시간이 없게 만드는 것이 중요하다. 선수 공격으로 상대를 위협하면서 이동하는 수가 최우선 수이다. 시간을 벌면서 상대의 선택을 제한시키는 효과가 있기 때문이다. 주도권행사(선수행사)는 기물의 진출도에서 앞서는 것과 성질이 같아서 그것을 잘 이용하지 않으면 그 장점은 아무 효과 없이 사라진다. 그러면 한때 주도권을 가졌던 것이 승부에는 아무런 도움이 되지 않는다. 따라서 주도권을 승부와 직결시키는 것이 승부감각인 것이다.

· 방어 시에는 모든 위협에 수동적으로 응하는 것만이 능사는 아니다. 위협에 응하지 않아도 되는지 검토를 할 필요가 있다. 기계적으로 상대의 위협에 계속 끌려가면 상대방에게 계속 주도권을 잡도록 허락을 하게 되고, 계속 수동적으로 수비만 하게 된다. 그럴 때는 수비에 연연하지 말고 공격하여 선수를 잡을 수 있는지 판단을 해야 한다. 그러나 의지만 투철하다고 억지로 되는 것이 아니고 합리성이 있는 경우에만 가능하다. 위협에 대처하는 방법 중 가장 적극적인 방법이 다른 위협으로 대응하는 것일 때도 있다는 것을 알아두면 좋다. 이해에 도움이 되도록 아래 예제를 검토해 보자.

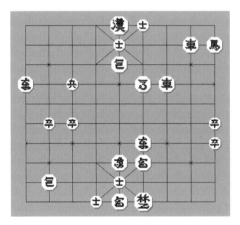

그림24 : 초차례

초의 차례이다. 형세 판단을 하자면 초에서는 기물이 더 많고 기물 형태도 초가 훨씬 좋다. 비세를 느낀 한에서 수를 부리는 장면이다. 바로 전 장면에서 한의 포가 초 진영의 2선인 b2로 슬쩍 넘어와서 우측의 한의 양차를 이용하여 외통을 노리고 있는 상황이다. h9의 차로 호장을 한 후 e1의 초포가 차를 잡으면 다시 g7의 차가 장군을 부르면 한의 포 때문에 초왕이 갈데없이 3수 만에 외통으로 역전패하게 된다. 심각성을 모르고 무심코 다른 수로 응했다가는 역전이 될 수 있는 상황이다. 이런 위협 상황에서 초의 가장 좋은 응수는 무엇일까? 본 상황에서 초는 위협에 대처하는 방법 중 가장 적극적인 방법은 다른 위협으로 대응하는 것임을 다음 수순으로 잘 보여준다. 초에서 외통으로 이기는 다른 수순이 있는 것이다. 아래 2개의 모범 해답의 수순을 음미해 보라!

그림24 모범 해답1 : ① a7차a10장군 ② e9사d10 ③ f7마d8장군 ④ e10장e9
　　　　　　　　 ⑤ f3포d3 ⑥ h9차h1장군 ⑦ e3상Xh1차 ⑧ g7차d7
　　　　　　　　 ⑨ a10차Xd10사장군 ⑩ e9장Xd10차 ⑪ f4차Xf10사장군
　　　　　　　　 ⑫ d10장d9 ⑬ f10차f9장군 ⑭ d9장d10 ⑮ d8마c10장군

⑯ 기권

그림24 모범 해답2 : ① f7마d8장군 ② e10장d10 ③ a7차a10장군 ④ d10장d9
⑤ f3포d3장군 ⑥ g7차d7 ⑦ d8마b9장군 ⑧ 포기

3.7) 쌍방 각 기물의 활용도 차이 및 급소의 존재 유무 : 쌍방 각 기물의 효율적인 기
물 활용 차이를 비교하면 정확한 형세 판단을 할 수 있다.
차, 포, 마, 상 기물 각각을 어떻게 활용하는가가 중요하다. 그 중에서 차의 활용도
차이가 형세에 제일 큰 영향을 미친다. 차가 가장 강력한 기물이고 활동도가 높기
때문이다. 다음은 차의 특성 및 활용도와 급소에 대해서 알아보자.

3.7.1) 차의 특성과 활용도 차이와 차에 약한 모양(급소) : 차의 특성을 파악하여
상대의 기물과 아군 기물의 활용도 차이를 항상 비교해 보는 것이 올바른 형세 판
단의 방법 중 하나이다.
·차는 크게 활동성이 높은 차와 활동성이 없는 차로 나뉘게 된다. 활동성이 없
는 차는 그 타고난 능력을 쓰지 못하는 무용지물과 다름이 없다. 아래의 예를 보
면 이 말을 실감하게 된다.

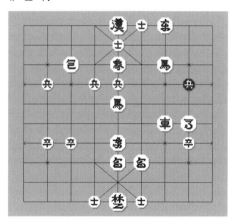

그림25 : 차의 활동성 차이

초의 차와 한의 차를 서로 비교해 보자. 한의 차는 초의 우측에서 초의 마의 행동
을 제한하여 마를 꼼짝 못하게 영향력을 행사하고 있다. h5의 초마는 갈 곳이 없
어서 조만간 한의 병에 의해 죽을 운명에 처해 있다. 그 모든 것이 한의 차의 활
동성이 크기 때문이다. 반면에 초의 차의 처지를 살펴보자. g10에 있는 초의 차
는 한심하기 그지 없게 활동성이 너무 떨어지는 상황이다. 차같이 사령관의 위치
에 있는 강력한 기물의 활동성이 이렇게 서로 대조적이 되어서는 승부는 이미 결

정된 것이나 다름이 없다. 형세 판단을 할 때 기물의 활성도 중 가장 먼저 보아야
할 점이 양쪽 진영의 차의 활동성이다.

· 앞에서도 언급했듯이 차의 활동성을 확보하려면 차길은 항상 열려있는 것이
좋다. 만약 상대의 차길은 열려있는데 아군의 차길이 닫혀있으면 판세가 즉시 불
리해 진다. 차는 적을 교란할 때 쓰거나, 지속적인 공격이나, 적왕의 위치를 불
안하게 만드는데 적합한 공격수이고 적을 위협할 때나 주도권을 잡는데 쓰면 효
과적이다. 따라서 차의 위치 선정이 가장 중요하며 상대방의 급소를 찌르기 쉬운
효율적인 위치를 잘 선정해야 한다. 적이 특별히 약점이 없는 경우는 미래를 위
해 아군의 차를 적의 2선에 침투시켜서 공격 기회를 엿봐야 한다. 만약 적의 귀
포가 있는 경우는 귀포를 묶어놓는 것도 좋은 행마법이다.

다음의 예를 보면서 어떻게 차로 적진을 교란 시키는지 그 수법을 자세히 살펴보
자.

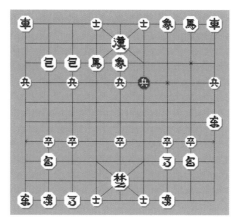

그림26 : 1. 시작도

기물의 형태를 분석해 보면 초에서는 양차 길이 열려있는 상태이고 한에서는 양
차의 길이 막혀있다. 그런 상태에서 바로 전 장면은 i1차i5로 우측의 차가 중앙으
로 진출한 상황이다. 초는 이 위치의 우위를 확실히 이용해야 한다. 그 첫수로 ①
i5차g5로 우측에 있는 g10상을 우선 위협한다.

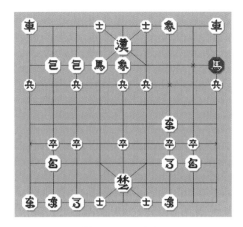

그림27 : 2. 경과도1

② h10마i8 : 차가 g10의 상을 위협한 상황에서 상을 살리기 위해서는 마가 i8로 이동하여 i10의 한차로 한상을 보호하는 수 이외에는 방법이 없다.

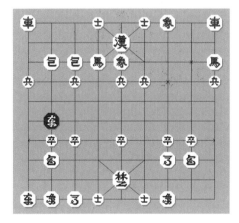

그림28 : 3. 경과도2

이렇게 우측을 나쁜 모양으로 만든 후 초는 차를 좌측으로 이동시켜 b8의 한포를 위협한다. ③ g5차b5

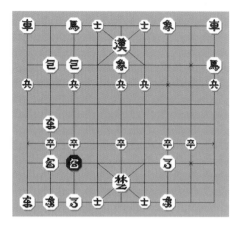

그림29 : 4. 경과도 3

한포를 살리기 위해서는 ④ d8마c10으로 마가 c10으로 다시 돌아가 포를 보호해
야 한다. 이때 h3에 있던 초포가 다시 c7의 한병을 위협한다. ⑤ h3포c3

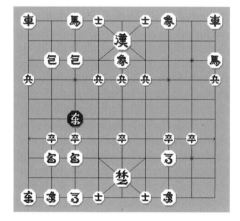

그림30 : 5. 경과도4

⑥ c7병d7로 위협을 받은 한병이 c7에서 d7로 이동하면 ⑦ b5차c5! 초차로 다시
c8포를 위협한다.

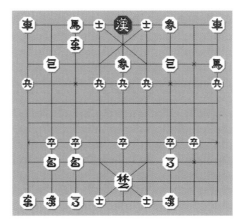

그림31 : 6. 경과도5

⑧ c8포g8 : c8의 한포가 초차의 위협을 피해 g8로 이동하면서 g3의 초마를 위협하면 ⑨ c5차c9장군 ⑩ e9한e10으로 초차로 호장을 하면 한이 피한다.

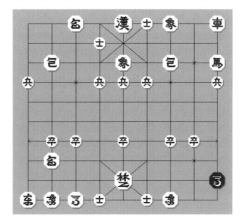

그림32 : 7. 결과도

그 이후 ⑪ c9차Xc10마 ⑫ a10차Xc10차 ⑬ c8포Xc10차장군 ⑭ d10사d9 ⑮ g3마i2수순에 의해 c9초차로 c10의 한의 마를 잡으면 a10차가 차를 잡고 다시 포가 차를 잡으면서 장군을 하면 한의 사를 치워 포장군에 응수를 한다. 처음 시작도부터 결과도까지의 과정을 다시 정리하면 처음 우측의 초의 차가 먼저 진출하여 상대의 진영을 교란시키고 우측을 나쁜 모양으로 만들고 좌측에서는 마를 하나 취하고 차를 교환한 후 위협을 받았던 g3초마를 i2로 피하면서 일단락이 되었다. 그러나 이 상황은 다 끝난 것이 아니고 여전히 진행이 되고 있다. 좌측의 한병을 초의 좌측 차가 다시 위협을 하고 있는 상황이라서 초의 공격권은 아직도 살아있다. 이 모든 일은 한이 초반에 초에게 양차길을 허용을 했기 때문에 일어

난 재앙이라 하겠다. 양차길을 허용하면 상대에게 이렇게 여지없이 당할 수 있는 것이다.

· 앞의 예제에서 보았듯이 차길을 확보하는 것은 장기판에서 가장 중요한 기물을 가동시키는 것을 말하며 또한 좋은 자리를 차지하기 위한 기초 작업에 해당한다. 차를 활용하여 앞의 예제에서 살펴본 것 같이 상대의 기물들을 위협하여 기물이 자리를 이탈하게 만들기도 하고, 상대방의 기물끼리 서로 엉켜서 서로 방해하게 만들어 방어가 어렵게 만들 수 있다. 따라서 상대 차의 활동을 견제할 수 있도록 적의 차가 중앙으로 진출하면 같이 중앙으로 진출해야 기물의 손실을 방지할 수 있다. 상대방이 총을 들고 와서 설치면 같이 총을 들고 응수를 하는 것과 같은 이치로 '이에는 이'인 것이다. 만약 길이 열려있지 않다면 열린 줄을 확보하기 위해서는 졸/병의 백병전 후 서로 졸/병이 상쇄되도록 작전을 짜거나 필요 시에 적진 깊이 침투를 위해 반 열린 줄이나 완전히 열린 줄에 차를 배치하는 것이 중요하다.

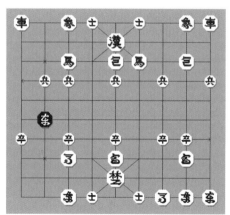

그림33 : 한차례

방금 초의 차가 ◎ b1차b5로 이동한 장면이다. 이때는 ① a10차a6으로 한의 a10차가 중앙으로 나와 초차를 견제하는 것이 좋다. 만약 이런 수를 생략하면 좌측의 초차가 우측으로 가서 양차합세 작전을 펴서 i7의 한 병을 위협할 것이기 때문이다. 아래의 수순을 확인 바란다.

그림33 모범 해답 : ① a10차a6 ② e4졸d4 ③ e7병f7 ④ c1상e4 ⑤ c10상e7
⑥ b5차i5 ⑦ i7병i6 ⑧ i5차d5 ⑨ f10사f9

· 차는 공격의 실마리를 찾는 일이나 신속히 상대의 급소를 누르기에 적합한 아주 신속하고 빠른 유용한 전체 공격의 리더이다. 따라서 상대 수비진 등으로 인해 고립될 위험만 없다면 경우에 따라서는 우선 상, 졸 등으로 상대의 모양에 흠집을 만든 후 후속 공격의 역할로 중요하므로 선봉에 서는 것이 좋다. 그러나 종종 상대 기물의 함정 그물에 걸려 횡사하는 경우도 많이 일어나므로 처신을 조심해야 한다.

아래 예제를 살펴보자. 아래 두 예를 보면 차가 꼼짝없이 횡사할 수도 있다는 것을 알 수 있다. 이 중요한 차가 허무하게 죽으면 물론 예외는 있지만 거의 게임은 끝난 것이나 다름이 없는 경우가 대부분이다.

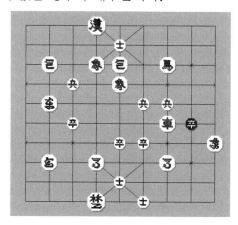

그림34 : 차 횡사 예 1

그림34의 초의 졸에 의해 한의 차가 어이없이 죽는 장면이다.

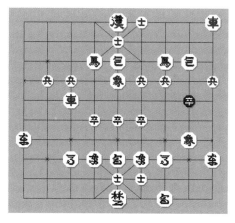

그림35 : 차 횡사 예 2

그림35의 상황도 한의 차가 위험하다. 만약에 이 다음 상황에서 한에서 아무런

조치를 하지 않으면 g1포c1으로 인해 c6의 차는 꼼짝없이 죽게 된다.

· 차는 상대의 기물을 위협하는데에도 유용하게 쓰인다. 아래의 경우는 상대 기물을 공격하는 수법을 잘 보여주는 예제이다.

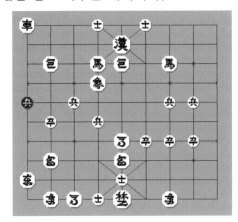

그림36 : 초차례 – 위협

그림36 모범 해답 : ① a2차d2 ② a6병b6 ③ b5졸Xb6병 ④ c6병Xb6졸
⑤ d2차Xd5병 ⑥d7상Xf4졸

· 가장 강력한 기물인 양차를 최대한 활용해야 한다. 차들을 포진 초반과 종반에 열린 줄에 합세시키면 차들의 총합보다 더 강한 힘을 발휘하게 된다.

· 차는 직선 공격수로 분류가 되며 같은 직선 공격수인 포나 졸과 힘을 합치면 아주 좋다. 특히 차가 포와 합동작전을 하여 적을 공격하면 가공할 만한 위력을 발휘한다.

· 차 같은 중요한 기물이 조기에 진출하게 되면 상대의 기물들로부터 괴롭힘을 당하여 상대 수를 벌게 해 주는 결과가 될 수 있다. 뚜렷한 작전이 없다면 이런 점을 감안하여 위협을 당하지 않도록 조심히 행마를 결정해야 한다.

아래 예제를 통해 한의 차를 위협하면서 수비수의 기물을 자연스럽게 배치하는 테크닉이 돋보이는 노련한 행마를 감상해 보자.

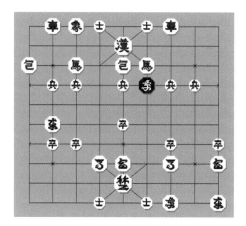

그림37 : 한차례 - 초차를 괴롭혀라!

5선에 나와 있는 b5에 있는 초의 차가 공격의 목표가 되었다. 한은 이 초차를 위협하면서 자신의 기물의 배치를 자연스럽게 할 수 있다. 이렇게 차처럼 강력한 기물은 힘이 막강해서 항상 좋기만 한 것은 아니다. 어떤 때는 상대방의 하위기물에 의해 조롱을 당하기 쉬운 면도 있으므로 처신을 조심해야 한다.

상황을 분석해 보면 초의 차가 쫓겨 다니기만 하고 한의 수를 두어주는 꼴이 되기 때문에 결과적으로 기물 진출 면에서 크게 뒤지게 된다. 한은 상이 진출하고 병이 자연스럽게 필요한 위치에 자리를 잡게 되는 반면에 초의 차는 그 좁은 구석에서 아무 하는 일 없이 왔다 갔다 하다가 전혀 득이 없는 일만 한 결과가 되었다.

그림37 모범 해답 : ① b7병b6 ② b5차d5 ③ c10상a7 ④ d5차c5 ⑤ c7병c6
　　　　　　　　　　⑥ c5차d5 ⑦ c6병d6 ⑧ d5차d4 ⑨ g7병Xf7상

· 차 행마의 핵심은 기동성이다. 그러나 이 차의 기동성은 아군 기물의 안정성에 의해 결정될 때도 있다. 만약 아군의 기물에 약점이 있어서 아군의 차가 그 기물을 보호하려고 수비에 급급하다 보면 공격을 못하고 수세에 몰리게 될 것이고, 아군 기물이 안정적이면 차를 마음껏 공격에 이용할 것이기 때문이다.

· 차가 적진에 즉시 침투하거나 적을 위협하기 위해 적진에 들어갈 수 없으면 비록 열린 줄을 확보하고 있다고 해도 상대에게는 그리 위협적이 아니다.

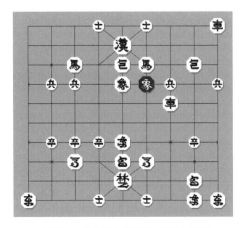

그림38 : 초차가 침투할 곳이 없다.

그림의 상황은 초의 차길이 열려있으나 한의 진영에 차가 침투할 곳이 전혀 없는 것을 보여준다.

다음은 차 다음으로 중요한 포의 특성과 활용도 차이를 알아보자.

3.7.2) 포의 특성과 활용도 차이와 포에 약한 모양 : 포의 특성을 파악하여 상대의 기물과 아군 기물의 활용도 차이를 항상 비교해 보는 것이 올바른 형세 판단의 요령이다.

면포는 중앙에 포진하고 공격과 수비를 겸비한 작전을 꾀하는 것이 좋다. 수비 측면뿐 아니라 공격 측면에서도 상대 궁성의 중앙을 장악하여 측궁을 유도할 수도 있어서 면포의 존재는 중요하다.

아래 예제를 보면 한이 기물 면에서 초에 비해 아주 유리하다. 이를 극대화하기 위해서는 면포를 놓고 중앙을 압박하는 것이 게임을 끝내는 지름길이다.

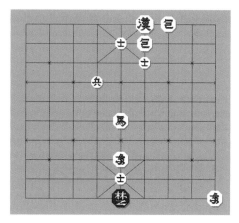

그림39 : 한차례 - 면포의 중요성(시작도)

한의 올바른 공격 방향은 아래 결과도와 같이 면포를 설치하여 중앙을 장악하여 초왕과 그 기물의 행동을 제한하는 것이다.

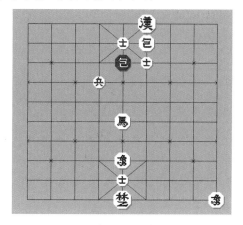

그림40 : 결과도

그림40 모범 해답 : ① g10포e10 ② 한수 쉼 ③ e10포e8

· 포진에서 포에게 가장 좋은 수는 포가 서로를 간섭하지 않고 자유롭게 활동하도록 양포를 다른 선으로 각각 분할하는 것이다. 가능하면 빨리 아군의 양포를 다른 선에 위치시켜야 좋다.

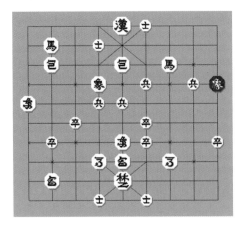

그림41 : 포의 분할의 중요성

형세를 판단해 보자. 그림41의 경우는 한은 양포가 있으나 8선에 있어서 서로 움직일 수가 없는 반면에 초는 하나는 3선에 있고 또 다른 하나는 2선에 중포로 위치해 있다. 이렇게 다른 선에 분할되어 있는 초의 포는 기동력을 가지고 한의 진영을 공략하기가 쉬워진다.

· 포는 수비뿐 아니라 상대의 궁성을 공략하는데 중요한 기물이다. 만약 상대 왕 앞에 포가 없는 경우 포격 작전이 좋은 전략이다. 포는 대기물 중 유일하게 적을 뛰어 넘을 수 있는 기물이어서 닫힌 형태에서 효과적이고 상대 차를 위협하는데 가장 효과적이다. 특히 적의 차를 잡는 합동작전에 포가 제일 위력적이고 주요 지점을 방어하는 적의 차를 쫓기에 포가 적격인데 포로 기물을 위협하면서 선수 이동하는 수법이 위력적이고 포는 특히 초반에 좋은 위치에 있는 기물을 위협하여 위치 교란 하는데 효과적이어서 잘 활용하면 의외의 성과를 거둘 수 있다.

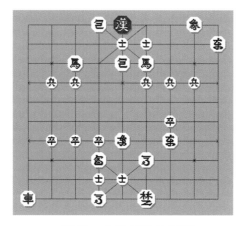

그림42 : 초차례(포의 활용)

그림42의 형세 판단을 해보자. 한은 10선에 포에 의해 보호를 받고 있는 상이 있는데 자신의 병으로 인해 나갈 길이 막혀 있는 상태이다. 이런 기물의 형태를 이용하여 초가 둘 수 있는 수는 무엇일까?

상황을 잘 분석해 보면 3선에 있는 초의 포를 움직이는 것이 가장 좋은 수이다. 정수는 다음과 같다.

그림42 모범 해답 : ① d3포h3 ② f7병f6 ③ h3포Xh10상 ④ f6병g6

· 포에 약한 특수한 모양이 있다. 이것을 포로 공략하면 효과적인 공격을 할 수 있다. 여기에 몇 가지만 대표로 보여 드리니 실전에서 활용하기 바란다.

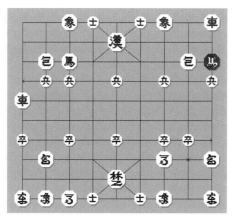

급소 a) 초차례
초의 농포에 한의 차가 죽거나 마가 죽는 상황
(i3포로 i8한마를 치는 수가 있다)

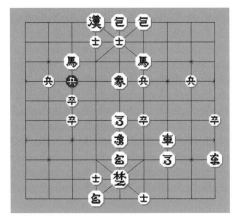

급소 b) 초차례
포 양걸이 찬스 : 한의 차가 위험
(d1포d4장군으로 g4한차가 죽는다)

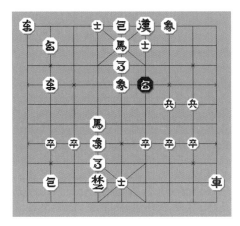

급소 c)
한의 어이없는 포장 패

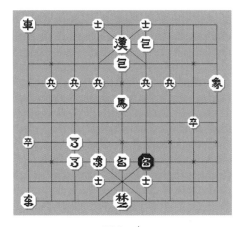

급소 d)
한포에 의해 초마가 양걸이 당할 상황
(f9포c9로 초의 양마중 하나가 죽는다)

3.7.3) 마의 특성과 활용도 차이 : 마의 특성을 파악하여 상대의 기물과 아군 기물의 활용도 차이를 항상 비교해 보면 올바른 형세 판단을 할 수 있다.

· 마는 상보다는 발은 느리지만 기동성이 좋아서 더 유용한 기물이다. 초반에는 마가 중앙으로 진출하여 궁성을 위협하도록 지지 기반을 잘 마련하고 기회를 보다가 양변 적의 졸/병을 겨냥하거나 차후에 적 기물을 위협할 수 있는 위치에 놓이도록 준비한다. 마의 전진기지를 적의 5선에 두면 면포를 위협할 수 있어서 효과적이고 3,4선에 둘 수 있으면 가장 이상적이고, 아군 진영에 있을수록 공격 효과가 떨어진다. 특히 변에 위치하면 빨리 중앙 진출을 하도록 힘써야 한다. 중앙에 세워진 마는 8방향으로 8지점을 공격하는 반면 가장자리에 놓여지면 4지점만을 공격하게 되어 공격력은 반으로 줄어들게 된다. 변에서는 반쪽 짜리 기물밖에 되지 못하기 때문이다. 또한 변에 있을 때 안전에도 문제가 생길 수 있다. 도망갈 곳이 많지 않기 때문에 적이 주위의 상황을 만들어 함정에 빠트리면 곤란할 수 있다. 아래 경우를 보자.

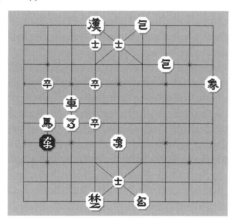

그림43 : 마불변의 예

그림처럼 한마가 변에 있어서 초의 기물들에 둘러 쌓여서 죽게 된다.

· 상대보다 아군의 마의 수가 많게 되면 가급적 차를 교환하고 잉여 마로 신속한 공격을 하면 종반전 운용이 쉬워진다. 그리고 종반전에서는 경우에 따라 쌍방 차가 없는 경우, 아군 포로 상대 마를 잡는 것이 좋다. 종반전에서는 마가 차의 역할을 하기 때문이다. 양차가 서로 교환되고 난 후에는 마가 차만큼 중요한 기물이므로 마의 활동 범위를 잘 살펴서 효율적으로 운용해야 한다.

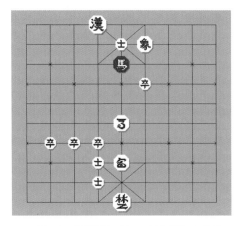

그림44 : 종반전 포로 마를 치는 작전

형세 판단을 하면 초에서는 졸이 4개나 있고 한은 마와 상이 있으므로 초에서 짤 수 있는 가장 현명한 작전은 포로 e8마를 잡는 행마이며 상대의 유용한 마를 없 애 버리는 것이 이 상황에서는 좋다. 차가 없는 종반전에서는 마는 차의 역할에 버금가는 중요한 기물이기 때문이다. 포로 마를 치게 되면 비록 점수상으로는 손 해를 보는 교환이지만 점수보다도 기물의 활용도 면에서뿐 아니라 운영 면에서, 즉, 편하게 종반전을 운영하기 위해서는 그 판단이 현명한 것이다.

·마는 쉽게 진로를 바꿀 수 있어서 상보다는 더 효율적이고 양걸이 공격에 적합 하다. 마로 두 개의 기물을 거는 것을 노려라. 마의 양걸이 공격이 위협적이어서 때때로 차를 잡는 경우도 많다. 양차는 상대방의 마의 행동 반경을 조심해서 움 직여야 한다. 마는 이동 범위가 작지만 이중 공격의 능력이 있어서 양차를 위협 하는 경우가 허다하다.

아래의 몇 개의 경우를 살펴보자.

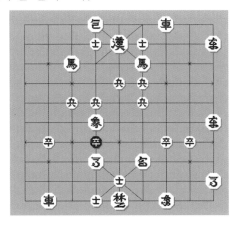

그림45 : 한차례 – 마 양걸이 1

그림45 해답 : ① f8마h7

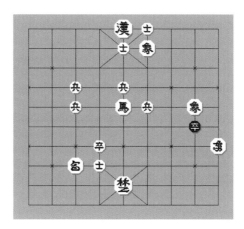

그림46 : 한차례 - 마 양걸이 2

그림46 해답 : ① e6마f4장군

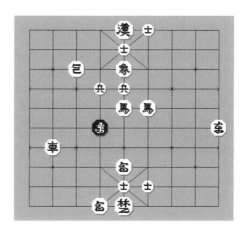

그림47 : 한차례 - 마 양걸이 3

그림47 해답 : ① f6마g4

· '마입궁'이라는 특수한 우형의 모양이 있다. 이것을 졸로 공략하면 효과적인 공격을 할 수 있다.

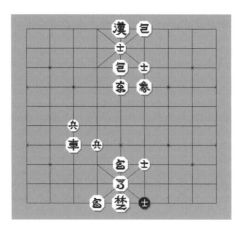

그림48 : 마입궁 불리

그림48의 기물 형태는 초의 마가 궁중에 들어간 아주 안 좋은 모양을 보여 주고 있다. 이런 마를 궁중마 또는 속어로 '멍마'라고 하는데 얼마나 멍청하면 이런 별명이 붙었을까?? 이런 경우 한이 어떻게 이를 이용하는지 아래 수순을 검토해 보기 바란다.

① d4병d3으로 병이 궁중에 침투를 하게 되고 초궁에 사가 둘이나 있더라도 마가 궁중에서 아무 역할을 못하여서 무방비 상태가 되는 것이다. 이 후 ② e3포g3처럼 면포가 궁중에서 이탈되면 ③ d3병d2 ④ g3포e3 ⑤ c4차c1의 수순으로 초가 무기력하게 패하게 된다. 무능한 마가 중요한 궁의 안방을 차지했기 때문이다. 이처럼 마나 포, 그리고 상이 궁의 중요한 자리인 중앙을 차지하는 우형은 피해야 한다.

마지막으로 상의 특성에 대해 알아보자.

3.7.4) 상의 특성과 활용도 차이 : 상의 특성을 파악하여 상대의 기물과 아군 기물의 활용도 차이를 비교해 보면서 올바른 형세 판단을 할 수 있다.

· 상은 멀리 뛰는 기물이지만 아군이나 적군의 상이 가는 길의 멱을 막지 않아야 자유롭게 활동할 수 있다. 초반에는 가급적이면 중앙에 상을 포진하여 좌측, 우측 양쪽 진영의 상대 졸을 겨냥하라. 이렇게 하면 공격 반경이 넓어진다. 중앙에 세워진 상은 8방향으로 8지점을 공격하는 반면 가장자리에 놓여지면 4지점만을 공격하게 되어 공격력은 반으로 줄어들게 된다. 마와 마찬가지로 변에서는 반쪽짜리 기물밖에 되지 못하기 때문이다.

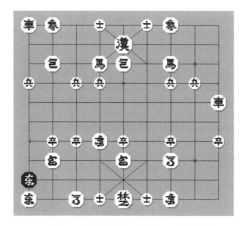

그림49 : 한차례 – 중앙상의 활약

기물의 형태를 보면 초의 양차가 한의 좌측의 병을 위협하고 있는 상황이다. 이때 한이 먼저 선수를 치면서 게임을 풀 수 있다. ① g10상e7 ② e4졸f4 ③ i6차c6 중앙에 상을 진출시켜서 초의 졸을 위협하는 것이 공격 수법이다.

· 상을 상대방의 졸이 없는 지점에 안착시켜서 상대 왕에게 압박을 가하면 좋다. 쫓는 기물이 없어서 편하게 안주할 수 있다.

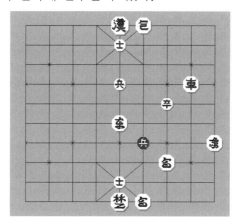

그림50 : 초차례 – 차단효과

① i4상g7장군 후 ② 만약 한이 피하면 ③ e5차가 e7병을 잡는다

· 졸이 서로 상쇄되어 졸이 거의 없는 종반전에 접어들면 상의 활약이 두드러진다. 차, 포, 마 등 대기물을 양걸이 기술로 포획할 수 있으므로 상의 활동 범위를 잘 살펴서 상의 활용도가 극대화되도록 기물을 활용해야 한다. 특히 상대방의 졸이 없는 지역이 생기면 상이 독무대가 되어 상대 기물을 위협하는데 적합하다.

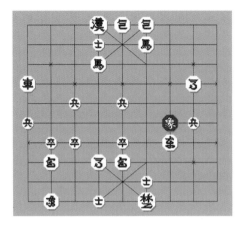

그림51 : 한상이 궁 중앙을 노리는 것이 위협적

· 상은 사선 공격수로서 궁성의 왕을 비스듬히 공격을 하므로 상대가 전혀 예측을 못한 상태에서 불의의 습격을 하는 효과를 보이기도 한다. 특히 상대의 왕이 아군의 차와 포로 직선공격을 받는 정신 없는 와중에 상이 기습적으로 사선공격을 하면 궁성이 쉽게 무너질 수 있다. 아래 그림52의 상황이 상의 효과적인 사선공격의 예를 보여주는 그 경우이다.

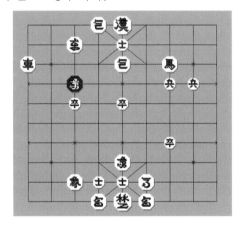

그림52 : 사선공격의 예

· 장기에서 자신의 상, 마의 머리가 상대의 졸/병이나 기타 기물에 의해서 눌리는 것은 기능이 마비되는 것과 비슷한 아주 나쁜 우형이므로 이를 피해야 한다.

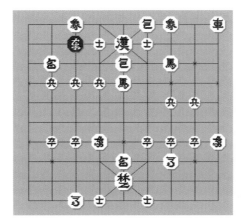

그림53 : 차에 의해 상 멱이 눌리는 경우1

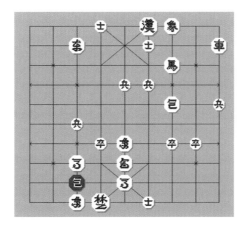

그림54 : 포에 의해 상 멱이 눌리는 경우

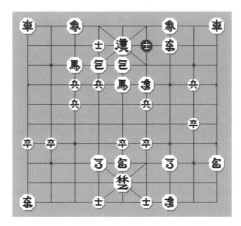

그림55 : 차에 의해 상 멱이 눌리는 경우2

위의 그림은 상이 차에 의해 기능이 마비되는 예를 보여준다.

상머리를 눌리면 상이 힘을 쓰지 못하는 단점이 있으므로 이런 형태를 피하는 것이 좋다.
· 상에 약한 특수한 모양이 있다. 이것을 상으로 공략하면 효과적인 공격을 할 수 있다.

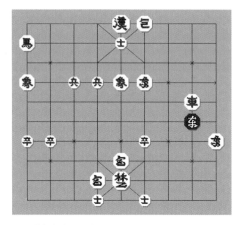

그림56 : 한차가 초차를 잡으면 상장군에 의해 패한다.

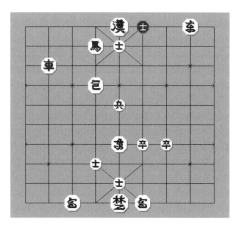

그림57 : 상 양걸이 찬스 – 초차례
(e4상 g7장군으로 d9한마가 상에게 죽는다)

이상으로 형세 판단을 하는데 필요한 기물 형태의 차이를 만드는 각 구성 요소와 각 특성에 대해서 상세히 알아보았다. 이 지식을 바탕으로 대국의 흐름을 파악하고 기물 형태의 차이점을 잘 분석하여 올바른 형세 판단을 한 후 전략과 전술의 수립에 이용을 하면 틀림없이 좋은 장기를 둘 수가 있을 것이다.

나. 실전 중반전투 전략

1) 전략의 필요성과 전략의 특성

작전이 없는 감각적이고 충동적인 공격은 상대방의 계획적이고 전략적인 방어와 역습이 시작되면 한 순간에 무너질 수 있고 작전이 없는 수를 습관적으로 두면 장기가 늘지 않는다. 그러므로 넓은 시야를 가지고 전략을 수립하고 그에 따른 기물 배치를 하고 적절한 전술을 이용하여 가시적인 목표를 달성하는 장기적이고 단계적인 작전이 필요하다. 다시 말해서 목적이 있는 작전수립이 공격보다 앞서야 한다. 앞에서 살펴본 기물 형태 차이에 입각하여 형세 판단을 하고 그에 적절한 작전을 짜는 것이 좋다. 작전을 짤 때는 전략과 전술을 잘 구분해서 전략적(위치적)요소와 전술적 요소를 적절히 판단하여 상황에 맞는 작전을 수립해야 한다.

1권에서도 언급한 바 있지만 전략과 전술을 다시 정의하자면 전략은 가시적인 이득이 당장 눈에 보이지 않더라도 목표를 정확히 정하고 넓은 시야를 가지고 방향설정을 하는 것이다. 전략은 단순한 계산보다는 흐름에 입각하여 넓게 설정하는 것이기 때문에 경험이 풍부한 고수들로부터 많이 나타나는 특성이고 성적이 좋은 최고수일수록 주로 이런 전략적인 (위치적인) 행마를 구사한다고 말할 수 있다. 전술은 이런 전략의 결과로 얻은 유리한 형태를 바탕으로 구체적인 이득이 되는 수를 찾는 기술이라고 전략과 구분할 수 있다. 대국을 하는 동안 이러한 전략적 요소와 전술적 요소를 적절히 판단하여 상황에 맞는 통합적인 작전을 수립하는 것이 중요하다. 따라서 전략은 병력들이 서로 장기판의 일부분에서 접촉하기 시작한 상태에서부터 정확하게 짜는 것이 중요하고 유연성을 가지고 수립해야 한다. 게임 도중에라도 수읽기(예측)한 것과는 다르게 양측의 기물의 형태에 미세한 변화가 생기거나 공격할 대상의 변경이 필요하다는 판단이 서면 즉시 전략이 바뀔 수 있다. 상대의 응수에 따라 왕의 부자유스런 위치와 주위의 수비 기물의 부적절한 위치 등 눈에 보이는 싸인(Sign) 또는 표식(Land Mark)에 따라 여러 가지의 전략이 수립되며 기물의 형태의 변화에 따라 공격 전략을 신속히 바꾼다. 전략은 보통 단기 전략과 장기 전략으로 대별될 수 있으며 상황에 따라서는 단계별로 진행이 될 수도 있고 대체로 많은 수순이 필요한 경우가 대부분이다.

2) 전략의 분류

전략은 크게 공격 전략과 방어 전략으로 나눌 수 있으며 일목요연하게 내용을 정리하기 위해 아래와 같이 분류표를 작성해 보았다. 대국을 하다 보면 수도 없이 많은 전략이 생기고 이것을 일일이 다 정리할 수도 없는 일이어서 본 책자에서는 실전에서 자주 나오는 대표적이고 중요한 전략만을 엄선하여 아래의 분류표에 정리해 놓았다. 본 분류표에는 편의상 공격자의 관점에서 작성된 것만 기재하였고 만약 여러분이 후수 수비를 하는 입장이라면 본 공격 전략의 반대되는 시각에서 그에 상응하는 수에 대한 방어 전략을 짜면 된다. 장기게임의 3단계인 포진, 중반전, 종반전의 각 단계별로 각각의 전략이 있고, 특히 포진 전략과 종반 전략에 대해서는 다음 장에서 별도로 논의하도록 따로 분리해 놓았다. 장기에서 수립할 수 있는 전략은 상황에 따라서 시시각각 변할 수 있고 얼핏 비슷해 보여도 기물의 위치와 기물의 종류가 조금만 변해도 그 기물들의 유기적인 상관관계가 다 변해서 다른 전략이 생길 수 있다. 이런 것을 공식화를 할 수도 없고 설사 공식을 만들었다 하여도 실전에서 그대로 써 먹을 수도 없다. 가장 중요한 것은 그 작전에 깔린 아이디어라는 점을 감안하시어 전략에 깔린 그 아이디어를 하나씩 즐기면서 공부하시기 바란다.

● **전략의 분류표**

실전에서 가장 빈번히 나오는 중반 전투 전략들을 정리하면 아래의 20가지로 나눌 수 있다. 여기서 각 전략 별로 어떤 아이디어와 공격 수법으로 공격을 하고 주로 어떤 결과를 얻을 수 있는지에 중점을 두어 공부하면 장기 실력의 향상에 크게 도움이 된다.

전략1	기물 우세 추구 및 이용 전략 : 기물 우세 전략
전략2	중요 지점 통제를 통한 위치 우위 확보 및 이용 전략 : 중요 자리 확보 전략
전략3	진출 우위와 기동력 이용 전략 : 기동력 이용 전략
전략4	지속적 선수를 통한 주도권 쟁탈 전략 : 선수 공격 전략
전략5	전선의 변경 전략
전략6	안궁 안 되거나 불안한 왕 위치 관련 전략 : 왕의 급소 찌르기 전략
전략7	위협(선수위협/양득위협 등등)을 통한 약한 기물 공략 전략 : 위협 전략
전략8	과부하 기물 응징 전략
전략9	급소자리 공격 전략
전략10	약한 부위에 병력 침투 전략 : 침투 전략
전략11	희생을 통한 약점 만들기 전략 : 희생 공격 전략
전략12	우형 유도 전략 : 묶는 전략
전략13	국부적 기물 차이 유도 전략
전략14	천궁 또는 측궁 유도 전략
전략15	봉쇄 이용 전략 : 궁중포, 궁중마, 궁중상 이용 전략
전략16	졸 진격 전략
전략17	생포 전략
전략18	간명화 전략
전략19	후속 전술이 통하는 급소 만들기 및 이용 전략
전략20	역습 전략

전략은 상황에 따라 크게 3개로 분류할 수 있는데
· 상대에게 크게 약점이 없는 상황 :전략1~전략5에 해당
· 상대에게 이미 치명적인 약점이 있어서 공격을 할 수 있는 상황 : 전략6~전략10
· 공격 가능성은 있으나 약점을 만들어서 공략해야 하는 상황 : 전략11~전략 20
  에 해당된다.

각 전략들은 때때로 서로 경계가 모호한 점도 없지 않아서 부분적으로는 중복되는 부분도 다소 있을 수 있다. 그러나 그 나름대로의 미묘한 차이점들이 있어서 세분화를 한 것이므로 독자 여러분들이 이 점은 미리 감안하시길 바란다. 그러면 지금부터 각각의 전략에 대해서 상세히 예제와 더불어 살펴 보도록 하자. 본 전략을 해설하는 장면은

전부 실전에서 발췌한 것이므로 중요한 장면의 실전을 해설하는 것과 같다고 생각하시면 된다.

3) 실전 전략 해설

3.1) 기물 우세 추구 및 이용 전략 : 기물 우세 전략

· 박보장기에서 등장하는 수처럼 화려함을 보이기 위해 상대를 놀라게 하는 수를 습관적으로 찾는 것은 시간 낭비일 수가 있다. 먼저 아무리 작은 이점이라도 차근히 쌓아서 확실한 이점이 될 때까지 기다려야 한다. 화려한 공격을 하지도 않으면서 치밀하게 기물들을 운용하여 전략적으로 주변 상황을 만들어가는 것도 중요하다. 유리한 기물 교환을 통한 기물 우세로 승리하는 전략, 서서히 상대 기물을 탈취하는 전략 등등이 이 전략에 해당한다. 다음의 예제는 기물이 우세한 상황에서 어떻게 게임을 운영하는가 그 전략을 잘 보여주고 있다.

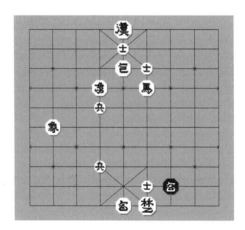

그림1 : 기물 우세 추구 전략 : 한차례

문제의 상황을 보면, 한에서 초보다 기물이 훨씬 많고 병도 하나는 궁에 입성한 상태이다. 여기서 효과적인 공격을 찾아야 하는데 그 수법을 알아보자.

①. f7마e5 ② d7상g5 : 마로 상을 위협하면서 마가 자연스럽게 포다리 역할도 한다. 위협을 받은 상이 피하면서 슬쩍 궁에 진입한 한병을 노린다.

③ e8포e4 ④ f2사f3 : 포가 상멱을 차단하면서 한병을 보호한다.

⑤ d3병e3 ⑥ f3사Xe3병 : 궁에 진입한 한병과 하나 남아있는 초사의 교환을 시도하여 궁성을 민궁으로 만드는 전략을 구상한다.

⑦ b5상Xe3사 ⑧ g2포g7 : 예정대로 병과 사를 교환하고 초에서는 포를 이동하지만 특별한 수는 없다.

⑨ d6병d5 ⑩ g7포g3 : 6선에 있던 병을 진격시켜서 궁성까지 입성하게 하는 것이 그 다음 작전이다. 병을 궁성에 진입시키고 남은 상의 자리 재배치를 하면서 집중 공격을 개시한다.

⑪ e3상b5 ⑫ g3포g7 :

⑬ d5병d4 ⑭ e1포i1 :

⑮ d4병d3 ⑯ i1포c1 :

⑰ d3병e3 ⑱ f1장f2 :

해답 수순

① f7마e5 ② d7상g5 ③ e8포e4 ④ f2사f3 ⑤ d3병e3 ⑥ f3사Xe3병
⑦ b5상Xe3사 ⑧ g2포g7 ⑨ d6병d5 ⑩ g7포g3 ⑪ e3상b5 ⑫ g3포g7
⑬ d5병d4 ⑭ e1포i1 ⑮ d4병d3 ⑯ i1포c1 ⑰ d3병e3 ⑱ f1장f2

이 이후 한이 할 수 있는 전략은 한의 상과 마를 궁성 근처에 힘을 모아서 궁성에 입성한 졸을 이용하고 중앙을 장악한 포를 이용하여 초궁을 공격하여 외통을 노리면 된다. 초에서는 기물이 부족하여 이런 여러 방향의 동시 다발적인 공격을 막기에는 역부족이다. 이처럼 기물이 우세하면 승리할 방법들이 많이 생기게 된다. 이런 효율적이고 합리적인 방법으로 이길 수 있는 게임은 빨리 이기는 것이 좋다.

실전에서 진행된 19수 이후의 수순은 다음과 같다.

해답 수순

⑲ b5상e7 ⑳ g7포g3 ㉑ e7상c4 ㉒ f2장f1 ㉓ e3병f3
㉔ g3포c3 ㉕ e5마g4 ㉖ f1장e1 ㉗ g4마e3장군#

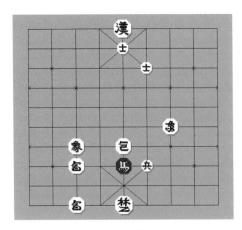

그림2 : 결과도

또 다른 예를 보도록 하자

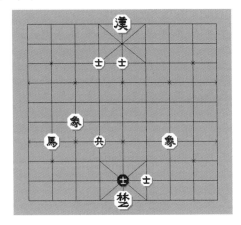

그림3 : 한차례

문제의 상황을 보면 한에서는 대삼능이 있는데다가 졸이 하나 더 있고 초에서는 양사만 방어를 하고 있다. 여기서는 기물이 우세하기 때문에 가급적이면 초궁의 사의 수를 줄여서 외사로 만들면 빨리 이길 수 있다. 아래 이기는 과정을 살펴보자.

① d4병d3 ② e2사Xd3병 : 병을 진입시켜서 초사와 교환을 시도한다.

③ b4마Xd3사장군 ④ e1장e2 : 예정대로 사를 하나 없애고 마가 초왕의 위치를 흔드는 작전에 돌입한다.

⑤ d3마f4장군 ⑥ e2장e1 :

⑦ f4마d5 ⑧ 한수쉼 :

⑨ d5마c3 ⑩ 한수쉼 :

⑪ c3마e4 ⑫ e1장f1 : 한마의 등쌀에 결국은 초왕은 f줄로 이동을 강요당한다.

⑬ g4상e7 ⑭ f2사f3 : 오른쪽 상을 우선 중앙으로 이동시키고 필요시에는 방향을 전환하려 한다.

⑮ e4마g3장군 ⑯ f1장f2 :

⑰ g3마h1장군 ⑱ f2장f1 :

⑲ c5상Xf3사 : 한마와 왼쪽 한상의 괴롭힘으로 드디어 하나 남은 사마저 죽게 된다.

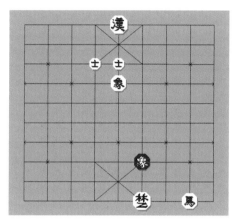

그림4 : 중간도

⑳ f1장e1 ㉑ f3상c5 ㉒ 한수쉼 : 상이 다시 원래 있던 자리에 가면서 궁의 중앙과 귀를 노린다.

㉓ e7상g4장군 ㉔ e1장f1 :

㉕ h1마g3장군 ㉖ f1장e1 :

㉗ g3마e4장군 ㉘ e1장f1 :

㉙ e4마d2장군 ㉚ f1장f2 : 23수부터 30수까지 마와 상을 이용하여 초왕을 f2자리로 이동을 강요하면 초왕은 더 이상 갈 데가 없는 부동의 상태가 된다.

㉛ g4상e7 ㉜ 한수쉼

㉝ e7상h5장군# : 마지막으로 상이 중앙으로 이동 후 최종적으로 h5자리에 가서 초왕을 잡는다.

① d4병d3 ② e2사Xd3병 ③ b4마Xd3사장군 ④ e1장e2 ⑤ d3마f4장군
⑥ e2장e1 ⑦ f4마d5 ⑧ 한수쉼 ⑨ d5마c3 ⑩ 한수쉼 ⑪ c3마e4
⑫ e1장f1 ⑬ g4상e7 ⑭ f2사f3 ⑮ e4마g3장군 ⑯ f1장f2 ⑰ g3마h1장군
⑱ f2장f1 ⑲ c5상Xf3사 ⑳ f1장e1 ㉑ f3상c5 ㉒ 한수쉼 ㉓ e7상g4장군
㉔ e1장f1 ㉕ h1마g3장군 ㉖ f1장e1 ㉗ g3마e4장군 ㉘ e1장f1
㉙ e4마d2장군 ㉚ f1장f2 ㉛ g4상e7 ㉜ 한수쉼 ㉝ e7상h5장군#

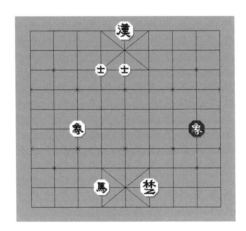

그림5 : 결과도

3.2) 중요 지점 통제를 통한 위치 우위 확보 및 이용 전략 : 중요 자리 확보 전략

· 기물 진출이 시작되면 쌍방 좋은 자리 또는 중요한 지점에 대한 통제권을 가지고 싸워야 한다. 좋은 자리란 그곳에 세워진 기물이 가장 활성적이며 주변에 공격력을 가장 넓게 펼칠 수 있게 되는 장소를 말한다. 이런 개념은 기물 이득과 직접 관련된 것이 아니라서 간과하기 쉽지만 상대방의 모양을 자유롭지 못하게 만드는 중요 지점을 파악해서 그 곳을 통제해야 한다. 상대의 기물이 통과하는 중요한 길목을 차지하면 좋다. 그곳이 통제되면 상대의 병력은 둘로 나뉘게 되고 적군의 기물들끼리의 연대관계가 약화되어 조직력이 떨어지게 되어 아군이 점점 유리하게 된다.

아래의 간단한 예를 보자. 초의 차가 a5자리에서 a9로 온 장면에서 한의 응수를 살펴보자

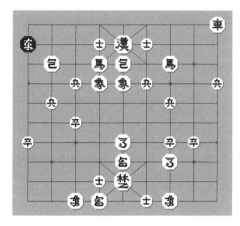

그림6 : 초가 방금 둔 상황 (한차례)

위 문제의 상황에서 ① i10차c10을 두는 것이 정해이다.

초와 한의 차가 왜 이런 수순 교환을 했을까? 이유는 아주 간단하다. 초의 차가 9선에 진입하여 a9차c9하는 수를 방지하기 위해 미리 한에서 방어를 한 것이다. 이 예제는 단 1수의 수순으로 진행되지만 만약 한의 차의 이 수순 교환이 없게 되면 초에게 c9 자리를 빼앗겨서 한의 좌측에서 병들의 모양이 깨지게 된다. 이처럼 중요 자리를 확보 및 방어를 하는 전략적 사고가 필요하고 이런 숨어 있는 노림수를 읽는 전략적 안목이 필요하다.

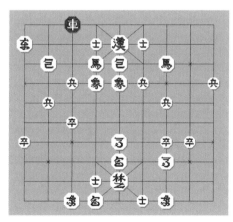

그림7 : 결과도

논리적이고 복합적인 작전 구상을 수립 후 그 전략을 단계별로 나누는 것이 좋다. 보통 처음 단계로는 중요 위치 확보작전(중요 지점 선점/ 위치 싸움)을 수행하고 좋은 위치가 확보되면 그 다음 단계로 위치의 이점을 살려서 다음 모양에 맞는 적절한 작전에 연결한다. 기물이 아무리 수적으로 우세하더라도 위치가 나쁘면 게임에 지게 된다.

반면에 공격하는 입장에서는 기물 점수만 생각하지 말고 아군의 활성화된 기물을 유지시키면서 적군을 상대해서 상대가 막힌 모양을 풀지 못하게 방해를 해야 한다. 즉, 상대의 맥을 눌러서 조직의 활성화를 못하도록 마비시키는 작업이 중요하다. 위치적으로 우위가 확실하면 이 이점을 살려서 이기는 게임으로 연결해야 한다. 가장 어려운 것은 형태가 좋아서 충분히 이길 가능성이 있는 게임을 이기는 것이다. 상대를 꽁꽁 옭아매어서 조직이 마비되게 하는 것은 훌륭한 공격이다.

다음의 예제를 통해서 중요 지점 위치 우위 확보를 어떻게 하는지 그 전략을 살펴보자.

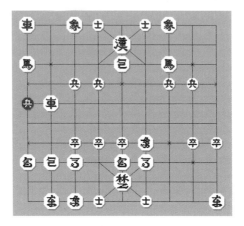

그림8 : 초차례 – 중요 자리 확보

초에서 현재의 유리한 형태를 이용한 공격 전략은 우선 우측을 상으로 흠집을 만든 후 우측의 초차를 가동하고 좌측의 묶여있는 포를 위협하면서 교묘히 기물 이득을 취하는 작전을 감행할 수 있다. 모범 공격 수순은 다음과 같다.

① f4상Xh7병 ② g7병Xh7상 ③ i1차g1 ④ g8마f6 : 초의 f4상으로 h7병을 때리고 다시 g7병이 이 상을 잡게 되면 자연스럽게 g8마가 노출되게 되어 i1차가 이를 위협하면서 g줄을 공략하면 한마가 도망쳐 나오게 된다.

⑤ f3마e5 ⑥ a10차b10 : 이때 f3귀마가 고등마로 나오면서 면포의 다리를 두껍게 하여 b3의 묶인 한포를 위협하면 좌측의 차가 b줄을 강화한다.

⑦ g1차g9장군 ⑧ e9장e10 : 초의 우차가 적진에 침투하여 9선을 장악하고

⑨ a3포Xa8마 : a3포가 묶여있던 a8마를 가격한다.

⑩ b3포b8 ⑪ b1차Xb6차 ⑫ a6병Xb6차 ⑬ c1상a4 : 묶여있던 b3의 포가 묶임을 풀면서 자기 진영으로 탈출하게 되면 차의 교환이 이루어진다. 초에서는 a8로 마를 잡으러 건너갔던 포를 귀환시키기 위해 상이 다리가 된다.

⑭ c10상e7 ⑮ g9차Xg10상

⑯ d10사e9 ⑰ g10차g6 : 우측으로 침투했던 초차는 상을 잡고 다시 중앙의 g6자리로 와서 한마를 위협한다.

⑱ e8포Xe5마 ⑲ e4졸Xe5포 : 한의 면포로 고등마를 쳐서 면포가 있던 자리를 비운다.

⑳ f6마e8 ㉑ g6차Xb6병 :면포가 있던 자리에 한마가 면마로 자리를 잡고 차가 b6병을 잡는다.

㉒ h7병g7 ㉓ e5졸e6 : 중앙졸이 다시 진격하여 중앙상의 멱을 눌러 놓는다.

㉔ g7병f7 ㉕ e6졸Xe7상 ㉖ f7병Xe7졸 : 그 이후에 기물 교환이 이루어지고 나니 초와 한의 전력차이가 뚜렷해 졌다.

수순을 다시 음미하면서 이런 유형의 전략을 완전히 이해하고 다음 유형으로 이동해 보자.

3.3) 진출 우위와 기동력 이용 전략 : 기동력 이용 전략

· 이론적으로 공격은 기물 진출이 더 잘된 측에 유리하다. 기물의 수가 동일하더라도 더 나은 모양을 가지고 기동력을 가지고 있을 때 아군의 구체적인 장점을 잘 파악하여 그것으로부터 어떤 이점을 얻을지 전략 수립에 반영한다. 시간을 벌면서 기물 전개를 빨리 하여 기물 진출상 큰 우위를 차지하기 위한 작전과 아군의 진출 우위를 이용하여 상대의 기물 진출을 방해하여 기물 배치를 뒤쳐지게 만들거나 상대를 엉킨 위치로 유도하여 적의 기동력을 떨어뜨리는 작전 등이 이에 해당한다. 만약 상대가 기물 진출에 뒤쳐져 있으면 이것을 응징하여 기물 진출의 미비로 인한 약점을 만회할 틈을 줘서는 안 된다. 이때는 타이밍이 중요하다. 따라서 평이한 전개수로는 응징이 더디므로 강력한 수를 동원하여 모양의 통제를 늦추지 말고 상대가 반격할 겨를이 없게 만든다. 아래의 예를 살펴보자.

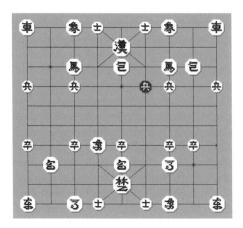

그림9 : 초차례 – 진출 우위 전략

이 문제의 상황은 귀마 대 원앙마 대국의 포진 단계에서 생길 수 있는 문제인데 차 길이 열려있는 초에서 차의 기동력을 이용하는 전략을 짤 수 있다. 문제도의 상황에서 한의 f7병이 초의 d4상의 표적이 되고 있어서 이때를 놓치지 않고 i1초차가 i5로 나와 g줄의 약점을 공략하려 한다. 이때는 g8의 마가 나와야 c줄의 병과 g줄의 약점을 보완할 수 있는데 한의 2수째 c8마가 중앙에 나온 것이 실수이고 3수부터 7수까지 초에게 공격을 당하게 된다.

┌─────────────────────────────┐
│   해답 수순   │
│ ① i1차i5 ② c8마e7 ③ i5차g5 ④ h8포f8 ⑤ d4상Xf7병 │
│   ⑥ i10차8 ⑦ f7상d4   │
└─────────────────────────────┘

또 다른 예를 보자.

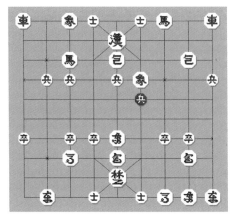

그림10 : 초차례 – 진출 우위 전략

여기서 초의 차례인데 초가 진출 우위와 기동력이 장점인 현 기물 형태의 유리한 점을 이용하여 짤 수 있는 전략이 무엇인지 알아보자.
한의 약점은 좌측의 마이며 귀마가 나오지 않아서 수비가 허술하다는 점이다.
이때 중앙상으로 한의 좌측의 병을 때려 멱풀기 기술을 이용하여 b줄로 침투하는 것이 좋다. 초가 어떻게 이 약점을 응징을 하는지 초의 전략을 알아보자.아래 수순대로 하면 한에서는 c줄의 마를 포기할 수 밖에 없다.

해답 수순

① e4상Xc7병 ② b7병Xc7상 ③ b1차b8 ④ g10마f8 ⑤ b8차Xc8마
⑥ f10사f9 ⑦c8차Xc7병

3.4) 지속적 선수를 통한 주도권 쟁탈 전략 : 선수 공격 전략

· 이 전략은 선수를 유지하여 계속 주도권을 잡기 위한 전략으로서 이때는 적의 약한 기물을 위협하면서 공격을 이어간다. 다음 예제는 한이 선수를 가지고 초를 어떻게 공략하는지 그 전략을 생생하게 보여준다.

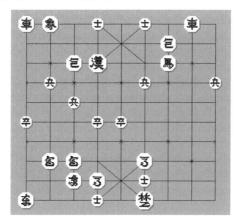

그림11 : 한차례

이 예제는 장기에서 선수 공격과 집중적인 공격을 잘 보여주는 대표적인 예제이다. 한에서 첫수로 우선 차가 장군을 하면서 1선을 장악한 뒤 면포를 설치하여 초궁을 천궁으로 유인하여 우형인 초를 계속 위협하는데 불안한 왕을 선수로 공략하는 대표적인 예이다.

① h10차h1장군 ② f1장e2 ③ c8포e8장군 ④ e2장d3 ⑤ b10상d7
⑥ c3포e3 ⑦ d8장e9 ⑧ d3장e2 ⑨ g9포c9 ⑩ a1차a2 ⑪ d7상b4장군
⑫ e2장d3 ⑬ c9포f9 ⑭ e3포e6 ⑮ f9포d9장군 ⑯ d3장e3 ⑰ g8마h6
⑱ d2마c4 ⑲ h6마g4장군 ⑳ e3장e2 ㉑ h1차Xd1사장군#

여기까지의 과정을 살펴보면 장기게임에서 어떻게 선수 공격을 해야 하는지 그 교과서적인 수법을 알 수 있게 된다. 이처럼 계속적인 위협을 통해 선수를 유지하면서 공격을 해야 게임의 주도권을 쥐게 된다.

3.5) 전선의 변경 전략

· 전선의 변경 전략이란 공격을 한쪽에서 하다가 갑자기 방향을 틀어서 다른 쪽으로 공격하는 것을 말하며 방어하는 쪽에서 미처 방어할 수 없도록 신속히 수행하는 것이 중요하다. 이 전략은 주로 포나 차같이 기동성이 높은 직선공격수에 의해 수행된다. 아래의 예를 보도록 하자.

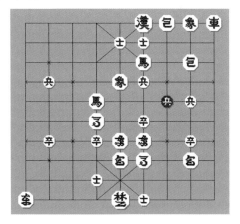

그림12 : 초차례

초에서 작전의 기로에 선 상황이다. 초의 차는 좌측에 위치해 있으나 좌측에는 공격을 할 것이 없다. 여기서 전선의 변경 전략을 구상할 수 있다. 우선 졸을 하나 희생하여 우측의 한의 병의 형태를 흐트러뜨리는 것이 요령이다. 그 후에 3수째 초차가 한마를 위협하면서 6선으로 진출하고 이어서 g줄의 약점을 집요하게 파헤친다.

① f5졸g5 ② g6병Xg5졸 ③ a1차a6 ④ g5병f5 ⑤ a6차Xd6마
⑥ f5병Xf4상 ⑦ d5마Xf4병 ⑧ h6병i6 ⑨ d6차g6 ⑩ g10포d10
⑪ g6차g8 ⑫ i10차i8 ⑬ f4마g6 ⑭ f7병f6 ⑮ g8차Xh8포
⑯ i8차Xh8차 ⑰ g6마Xh8차 ⑱ i6병i5 ⑲ e3포Xe7상

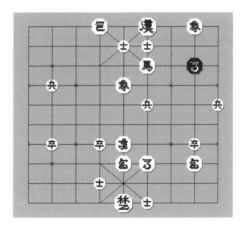

그림13 : 결과도

3.6) 안궁 안 되거나 불안한 왕 위치 관련 전략 : 왕의 급소 찌르기 전략

· 안궁 안 된 왕과 그 주변 기물들을 공략하는 전략으로서 적절하지 않은 적 왕의
불리한 위치를 이용한 공격 전략 또는 상대방의 왕 앞에 포가 없는 약점을 이용하기 위
한 포 이용 작전 (궁성 집중 포격 작전)등이 이 전략에 해당된다.

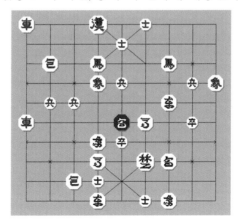

그림14 : 한차례

이 예제는 천궁이 되어있는 왕이 얼마나 위험한가를 알려주는 문제이다. 초왕은 한

의 포에 의해 2선을 차단당하고 왕 앞에 포가 없어서 한의 포 공격에 아주 약해 보일
수 있는 모양을 보이고 있다. 이를 한에서 어떻게 효율적으로 공격하느냐 그 전략을 보
여준다. 공격 전략의 개요는 한의 포를 이용하여 포격을 하면서 한의 기물들을 효과적
으로 집중시켜 빠른 시간에 외통으로 승리를 하는 작전이다. 이를 위해 모든 전투력을
이곳에 집중시켜야 한다.

① b8포f8장군 ② f3장e3 : 포 장군으로 초왕을 사면초가에 몰아넣고 작전을 시작
    한다.

③ g8마f6! ④ g6차Xf6마 ⑤ d8마f7! ⑥ f6차i6 : 마를 하나 희생시킨 후 또 다른 마
    를 이용하여 공격의 전면에 나선다. 여기서 마의 희생작전이 돋보인다.

⑦ f7마Xe5포! ⑧ i6차i5 : 초왕을 지키는 포를 없애고 본격적으로 중앙을 공격할 태
    세이다.

⑨ e7병e6 ⑩ h5졸h6

⑪ e5마c4 ⑫ h6졸Xh7병

⑬ e6병e5 ⑭. i5차Xi7상 : 초졸이 한의 우측을 공격하지만 아랑곳하지 않고 한마와
    한병이 중앙 공격을 계속 이어나간다.

⑮ e5병Xe4졸장군 ⑯ g1상Xe4병 ⑰ a5차Xf5마 ⑱ h7졸h8 : 한의 중앙을 돌파하는
    병이 위협적이다. 이를 상이 저지하지만 한차가 마를 잡으면서 다시 공격에 합
    세한다.

⑲ f5차d5 ⑳ h8졸g8 : 이 수부터 11수 뒤에 한이 외통승을 하는 컴비네이션작전
    장면이다. 아래 수순을 확인 바란다.

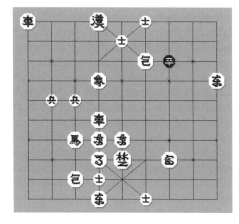

그림15 : 중간도

㉑ d5차Xd4상 ㉒ e3장f3
㉓ a10차a5 ㉔ g3포g10장군
㉕ e9사e10 ㉖ g8졸Xf8포 : 나머지 한차마저 합류를 한다. 초가 포장과 졸의 궁성

침입으로 역습을 하지만 이미 승부는 결정지어졌다. 초의 궁성에 불이 나있는 상태이다.

㉗ a5차f5장군 ㉘ d3마f4
㉙ f5차Xf4마장군 ㉚ f3장e3 ㉛ d4차Xd2사장군#

이 예제는 마치 유도의 한판승을 연상케 하는 통쾌한 공격 수법을 보여 준다. 왕의 행동을 제한한 후 투입할 수 있는 공격수를 모두 집중시켜서 효율적으로 공격하는 법을 보여준 박보장기 같은 실전 장면이라 하겠다.

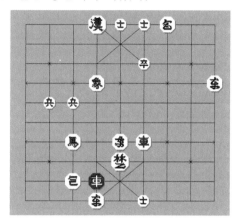

그림16 : 결과도

· 상대방에게 궁성수비가 안 된 상대 면포가 있다면 왕에 의해서만 수비가 되기 때문에 약점이 많다. 공격측에서는 이 면포를 집중 공략해야 한다. 또한 상대에게 이탈된 면포가 있으면 그 면포를 집중 공략하여 중앙에 다시 못 오도록 해야 유리해 진다. 일단 면포를 중앙으로부터 이탈시키면 아군의 면포에 의해 상대 궁성이 엷어지게 된다. 아래의 예는 면포를 어떻게 공략을 하는지 그 공격 전략을 잘 보여주고 있다.

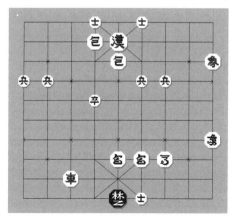

그림17 : 차례 – 면포 집중 공격

한에서는 초의 면포와 궁의 위치가 불안한 틈을 이용하는 공격 전략을 구상할 수 있다. 면포를 위협한 후 차로 면포를 잡아서 초궁을 천궁으로 만든 후 양포를 이용하여 이기는 수법이 있다. 수순은 다음과 같다.

해답 수순

① c2한차c3 ② e1초장e2 ③ c3한차Xe3포장군 ④ e2초장Xe3차
⑤ f7한병e7장군 ⑥ d6초졸e6 ⑦ e7한병Xe6졸장군 ⑧ e3초장d3
⑨ b7한병c7 ⑩ d3초장d2 ⑪ c7한병d7장군#

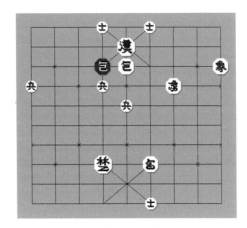

그림18 : 결과도

3.7) 위협(선수위협/양득위협 등등)을 통한 약한 기물 공략 전략 : 위협 전략

·이 전략은 다른 기물이 보호하지 않는 보디가드 없는 기물을 공략하거나, 중요 수비 기물을 좋은 위치에서 이탈시키게 강요하거나, 묶여있는 기물에 대한 지속적 집중 공략 전략 등을 일컫는다. 선수위협과 지속적인 위협으로 상대를 불편하게 만들고 상대방을 괴롭히는 전략이다.

아래의 예를 보도록 하자.

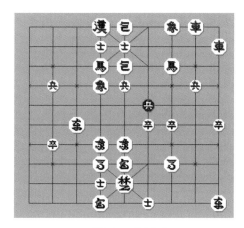

그림19 : 초차례

이 문제는 현재 한의 궁의 답답한 형태를 이용하는 수법을 잘 보여준다. 한의 왕이 피할 곳이 없기 때문에 귀윗상을 이용하여 주위의 기물을 잡는 문제이다. 첫수로 차가 c8에 위치하여 상장을 노리게 되면 한은 병을 피하게 되고 이를 빌미로 유리한 기물교환을 하게 된다. 해답 수순은 다음과 같다.

해답 수순

① c5차c8 ② b7병a7 ③ c8차c7 ④ a7병b7 ⑤ d4상Xb7병장군
⑥ d8마Xb7상 ⑦ c7차Xb7마

항상 공격을 하거나 수비를 할 때는 이처럼 큰 그림을 그리고 방향을 정한 후 공격 또는 수비를 하는 것이 좋다. 세세한 수읽기를 하지 않더라도 올바른 방향을 잡은 후 한 수 한 수 이치에 맞는 수를 두면 된다.

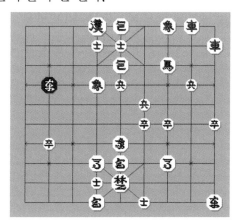

그림20 : 결과도

3.8) 과부하 기물 응징 전략

· 한 기물이 여러 가지 일을 하다 보면 허점이 생긴다. 이 전략은 여러 가지 임무를 동시에 수행하는 과부하 걸려있는 수비수를 공략하는 전략이다.

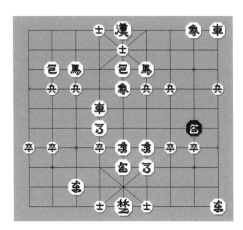

그림21 : 한차례

현재 형세 판단을 해 보면 d4졸 하나가 마와 상을 지키고 있다. 이렇게 한 기물로 여러가지 일을 하는 경우는 어느 한쪽을 치면 금새 무너지게 되어있다. 한에서 이를 이용하여 포로 상을 치자 초에서도 반격을 하는 수순이 있어서 복잡하게 꼬인 상황이다. 아래의 수순을 음미해 보자.

해답 수순

① e8포Xe4상 ② h5포c5 ③ c8마b10 ④ c5포e5 ⑤ b8포i8
⑥ i1차g1 ⑦ i8포d8 ⑧ c2차c5 ⑨ b10마c8 ⑩ d4졸Xe4포 ⑪ d8포Xd5마

3.9) 급소자리 공격 전략

· 이 전략은 급소자리(약한 자리)에 대한 압박 전략이다. 아래의 예를 보도록 하자.

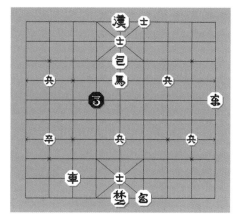

그림22 : 한차례

　상황은 초의 마가 한의 면포를 위협한 장면이다. 이 문제의 해답은 급소를 계속 찌르는 선수만 두면 자연적으로 나온다. 우선 2선에 있는 차를 이용하여 입궁급소를 찌르는 포 이동수가 좋고 계속해서 병이 궁에 진입하는 수도 좋다. 마가 c3가는 노림수가 무섭기 때문에 6수에서 초가 기권을 한다. 수순은 ① e8포e5 ② i6차i2 ③ e4병e3 ④ e1장d1 ⑤ e7마d5 ⑥ 기권 한에서는 초의 그 다음 수인 d5마c3 이후에 세찬 한의 차/마 합동작전을 달리 막을 도리가 없어서 기권을 하였다.

3.10) 약한 부위에 병력 침투 전략 : 침투 전략

　·이 전략은 상대의 취약한 부위에 아군의 원군을 침투시키는 전략으로서 적의 기물에 손실을 주거나 아군의 전진기지를 통해 궁성을 겨냥하는 전략이다. 병력을 침투시키기 위해서 환경을 만드는 사전 작업이 중요하다. 이런 전략을 구사할 수 있으려면 철저한 계획에 의해 주도면밀히 작전을 수행해야 한다.

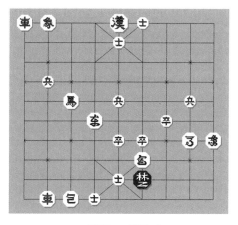

그림23 : 한차례

그림23의 형세 판단을 해 보면 한에서 기물이 우세한 상황이고 초의 기물은 주로 우측에 포진되어 있고 한의 병이 초의 병으로 인해 접근이 제한되고 있다. 그러나 자세히 살펴보면 초의 우측에 약점이 있어서 만약 대차 전략을 구사하여 한의 차와 초의 차를 교환을 시도한다면 이때 한에서 하나 남은 차를 교환하면 지는 것이 뻔하므로 대차에 응할 수가 없게 되고 초의 우측에서 기물의 손실을 입힐 수 있고 연속해서 수가 이어지게 되어 일방적으로 한이 초를 몰아칠 수 있는 상황이다. 이런 큰 그림속에서 초의 우측을 공략한 후 양측 공격을 하면 쉽게 초를 무너뜨릴 수 있을 것 같다.

이 전략 유형에 대한 또 다른 예제를 보도록 한다.

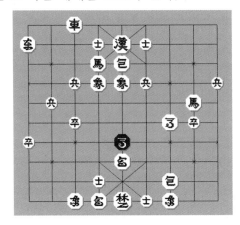

그림24 : 한차례

초의 우측의 4선에 졸이 없어서 허전한 것을 이용하는 전략이다. 우선 한의 중포 차를 위협하면서 우측으로 이동하여 중앙상이 장군을 할 때 당연히 초의 중앙마로 상장군을 막아야 하고 그렇게 되면 h6에 있던 마가 f줄을 통해 초의 궁성을 위협하여 면포를 노리게 되는 공격이 이어진다. 비록 한의 포와 초의 면포의 교환이 이루어지지만 초에서는 면포가 없어지게 되어 불리하게 되고 모든 것이 선수로 진행이 가능해진다. 일단 이런 모양을 만들면 자연스럽게 합동공격으로 이어진다. 그 해답의 수순은 다음과 같다.

① g2포a2 ② a4졸b4 ③ e7상g4장군 ④ e4마g3 ⑤ h6마f5
⑥ g5마Xf7병장군 ⑦ f9사f8 ⑧ f1사e2 ⑨ f5마Xe3포 ⑩ a9차Xa2포
⑪ e3마f5장군 ⑫ e2사f2 ⑬ f5마Xg3마 ⑭ f7마Xd8마 ⑮ g3마e4장군
⑯ e1장f1 ⑰ e4마g3장군 ⑱ f1장e1 ⑲ d9사Xd8마

3.11) 희생을 통한 약점 만들기 전략 : 희생 공격 전략

· 이 희생 전략은 1권의 합동작전의 희생작전편에서 이미 언급한 바 있지만 장기의 본질상 너무 중요한 전략 중 하나이므로 본 장에서는 좀 더 구체적인 설명을 하고자 한다.

· 겉으로는 튼튼해 보이는 적의 수비 형태에 대하여 불리한 기물 교환도 마다하지 않고 아군의 기물을 희생하여 적의 수비 형태에 흠집을 만들거나 상대 좌/우 진영을 불편하게 만들고 왕의 궁성 근처를 약하게 만들어 적의 구조적 약점과 약한 자리를 만들어서 추후에 아군의 후속 공격이 가능하도록 환경을 만드는 희생 전략을 말한다. 이를 통해 공격 흐름을 아군에게 유리하게 끌고 가면서 상대의 수비적 약점을 만들어서 방어에 급급하여 상대의 공격 기물이 편하게 공격을 하지 못하게 유도하는 것이 이 전략의 포인트다. 구체적인 예로서는 포를 희생하여 상대 진영을 지키는 마나 포보다 가치가 낮은 기물을 없애서 그 후 다른 기물이 침투하여 적진을 교란시킨다든지, 상이나 마 또는 심지어는 포의 희생을 통해 손해를 보면서까지도 합졸된 상대 졸 진영을 타격하여 약한 독졸을 만든 후 집중적으로 후속 공격하는 전략이 이에 해당된다. 이 작전은 손해 보는 교환을 전제로 하는 것이어서 치밀한 계산과 수읽기가 뒷받침되어야 손해보지 않고 성공할 수 있다. 아래의 예를 보도록 하자.

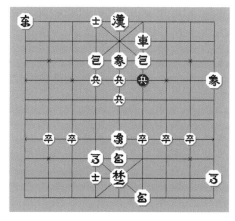

그림25 : 초차례

① f1포Xf7병 ② e7병Xf7포 ③ e3포Xe6병장군 ④ f7병e7
⑤ e6포Xe8상 ⑥ f9차d9 ⑦ e4상b6

형세를 보면 겉으로는 한에서 수비가 튼튼해서 크게 문제가 없어 보인다. 다만 한의 중앙병이 과부하가 걸려 있어서 포로 f병을 친다면 중앙이 무너질 소지가 높다. 이것이 이 전략의 포인트다. 과감하게 이 중요한 역할을 하는 중앙졸을 없애고 나머지 공격을 하는 것이 이 전략의 핵심이다. 이 희생 전략을 통해서 초에서는 포의 희생으로 잠시 부족했던 점수도 만회하고 주도권을 잡으면서 계속 공격을 할 여건을 만들었다.

3.12) 우형 유도 전략 : 묶는 전략

· 포진 초기에 상대방의 부적절한 응수를 이용하여 기습 공격을 하여 상대방의 방어 형태를 우형으로 유도하는 전략이다. 예를 들어 기습적인 농포공격이나 기동력 있는 차를 이용하여 적의 기물을 묶는 상황으로 만들어 가거나 적왕을 우형으로 유도하는 전략 등이 이에 해당한다.

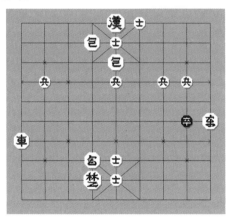

그림26 : 한차례

한이 둘 차례이다. 기물 형태를 보면 한의 모양이 확실히 좋다. a4차가 d4로 가서 포 앞의 급소를 노리는 수가 선수이다. 한에서 안간힘을 써서 외통을 막아보려 해도 역부족이다. 그 외통으로 이기는 해답 수순은 다음과 같다.

① a4차d4 ② h5졸g5 ③ d4차Xd3포장군 ④ d2장Xd3차 ⑤ e7병d7장군
⑥ i5차d5 ⑦ d7병d6 ⑧ d3장d2 ⑨ d6병d5차장군 ⑩ e3사d3

3.13) 국부적 기물 차이 유도 전략

· 이 전략은 장기판에서 전체적인 기물의 수가 같다 하더라도 기습 작전이나 기물 교환 작전을 감행하여 어느 한쪽에서 상대적으로 국부적인 힘의 균형을 무너뜨려서 상대방보다 국부적으로는 힘을 쓰는 기물의 수가 더 많게 만들어서 힘의 불균형으로 유도하는 전략으로서 이는 **고수들의 전매특허인 고단수의 전략**이다. 대국을 하는 상대방은 겉으로는 기물 점수가 동일하여 무엇이 잘못되었는지 인식조차 못하고 크게 불리한 것을 느끼지 못하다가 이 전략의 끝에 가서 서서히 힘에 밀려서 방어에만 급급하고 고전을 하다가 패하게 되는 경우가 많다.

다음 예제를 통해 초의 교묘한 전략을 감상해 보자.

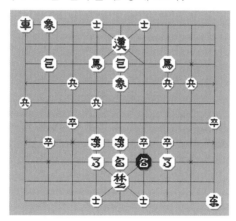

그림27 : 한차례

넓은 시야를 가지고 상황을 봐야 한다. 현재 한의 장점을 잘 활용할 수 있는 전략을 찾아봐야 한다. 좌측의 병들이 한 칸 전진해 있다. 그리고 숫자상으로도 한의 병이 초보다 병이 하나 더 많다. 이 장점을 이용하면 무엇인가 될 것 같은 예감이 든다. 한이 이런 직감을 이용하여 짠 전략의 개요는 다음과 같다.

우선 좌측의 한의 파우어가 초보다 센 것을 이용하여 병을 진격시켜서 초졸과 대살을 시도한 후 하나 남은 병으로 초의 귀윗상을 공략한다는 전략이다. 이런 큰 그림을 그린 후 다음 수순을 밟으며 작전을 수행해 나가면 된다. 또한 이 전략의 위험성도 검토해 보면 초의 차가 우측에 있으나 차길이 막혀있고 좌측으로 오려면 시간이 걸리므

로 이 작전을 수행하는데 큰 지장은 없다. 아래는 실전에서 진행된 수순이다.

여기까지의 수순의 결과가 그림28의 결과도이다. 여기까지 진행 결과 한이 좌측에서 주도권을 쥐게 되었다.

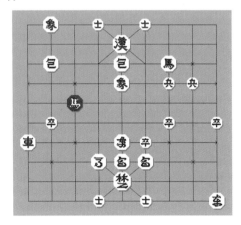

그림28 : 결과도

이런 전략을 국부적 기물 차이 유도 전략이라 하고 이 용어도 필자가 붙인 용어이다.

3.14) 천궁 또는 측궁 유도 전략
· 이것은 우형 전략 중 특히 적왕의 나쁜 모양과 관련된 전략이다. 희생을 감수하더라도 적왕을 천궁 또는 측궁의 형태로 유도하기 위한 전략이 이에 해당한다.

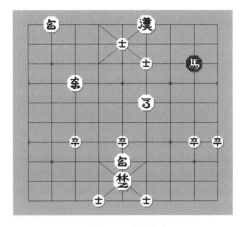

그림29 : 초차례

　이 문제는 보자마자 어떻게 진행을 해야 할 것인가가 너무 명확하다. 이 문제의 상황은 한의 궁이 f줄에 측궁이 된 상태에서 중앙에는 면포로 위협을 받고 있어서 아주 불리한 상황이다. 측궁을 공략하는 교과서적인 공격 전략을 알아보자. 우선 마가 적진에 침투하여 한궁을 f9로 가도록 강요한 뒤 차가 우측으로 이동하여 외통을 노리면 한궁이 천궁위치로 가야하고 마 하나로 막기에는 역부족이어서 초가 13수 만에 외통으로 이기는 수순이 있다.

해답 수순

① f6마g8장군 ② f10장f9 ③ c7차i7 ④ f8사e8 ⑤ i7차i9장군
⑥ f9장f8 ⑦ g8마f6 ⑧ h8마g6 ⑨ f6마d7장군 ⑩ g6마e7
⑪ e3포Xe7마 ⑫ e8사d8 ⑬ e7포e3장군#

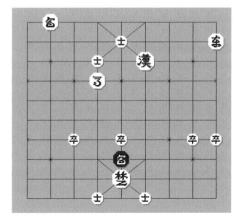

그림30 : 결과도

3.15) 봉쇄 이용 전략 : 궁중포, 궁중마, 궁중상 이용 전략

· 궁의 중앙이 중요하여 사가 위치하는 것이 가장 이상적이나 자신의 기물중 포, 마,상 같은 기물이 궁성의 중앙에 위치하면 수비에 허점이 생기고 아주 불리하게 된다.

· 이 전략은 궁중포, 궁중마, 궁중상 등등 외통 가능성이 있는 궁의 우형을 이용하여 외통으로 만들기 위한 전략이다.

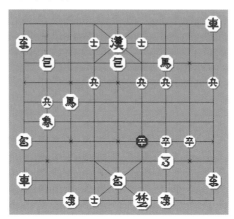

그림31 : 한차례

한에서는 초의 궁중포 형태의 우형을 공격하는 전략을 구사할 수 있다. 우선 a2에 있는 한차로 g3마를 위협하는 척 하면서 3선을 점령하여 궁성에 진입하여 궁중포로 인해 마비된 궁성을 상과 합동으로 공략한다.

해답 수순

① a2차a3 ② i2차i3 ③ a3차d3 ④ f1장e1 ⑤ b5상e7 ⑥ g1상e4
⑦ e7상c4장군 ⑧ e1장f1 ⑨ d3차Xd1사장군

장기를 둘 때는 이런 수법으로 상대의 모양을 나쁘게 강요하면서 계속되는 위협으로 상대가 숨을 쉴 틈을 주지 않아야 주도권을 유지하거나 외통으로 승리할 수 있다.

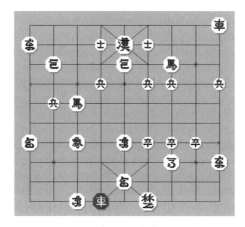

그림32 : 결과도

3.16) 졸 진격 전략

· 이 전략은 졸이 작전의 핵심이 되는 전략으로서 필요하다면 졸의 돌파작전을 위한 기물 재배치하는 작전부터 시작하여 아군의 졸이 수적으로 더 우세한 상태를 만들거나, 상대 방어 진영에 졸이 없는 지점을 만들도록 유도를 하거나 해서 최종적으로는 적진을 뚫고 진격하는 졸을 만들고 그로 인해 상대방의 수비진을 파괴 또는 교란시키는 전략이다.

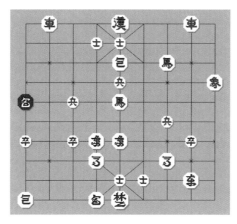

그림33 : 한차례

문제도의 형세 판단을 해 보면 초의 기물은 한차가 h줄에서 졸과 초차를 묶어놓고 있어서 답답해 보인다. g줄에 한의 병이 5선까지 전진된 상태이고 상당히 위력적으로 보인다. 이를 이용할 전략은 무엇일까?

만약 g줄을 따라 한의 졸을 진격시키면 초가 무기력하게 교란되지 않을까? 이는 초의 차가 묶여있기 때문에 가능하다. 이 진격 병을 저지할 기물이 없어 보인다.

① g5병g4 ② g3마i2 ③ e6마f4 ④ h4졸h5 ⑤ e8포Xe4상장군
⑥ e1장f1 ⑦ b10차b1 ⑧ e2사e1 ⑨ b1차Xd1포 ⑩ d3마Xf4마
⑪ e4포e8 ⑫ f2사e2 ⑬ d1차Xd4상장군

해답 수순의 결과를 보면 한의 전략이 주효했음을 알 수 있다. 한이 아주 좋은 국면이다.

또 다른 예를 보도록 하자.

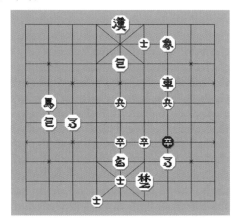

그림34 : 한차례

기물의 형태를 살펴보면 초에서는 차가 없고 중앙과 우측에 튼튼해 보이는 졸의 방어벽이 있어서 초의 왕이 이를 의지하며 간신히 버티고 있다. 한에서는 우측 차가 g줄에 위치해 있고 그 앞에 병이 자유롭게 움직일 수 있다. 차의 힘을 입어서 병이 전진하여 이 방어벽을 무너뜨리면 초가 무너지는 것은 시간 문제인 것 같아 보인다.
한에서 짤 수 있는 효과적인 전략은 무엇일까?

위와 같은 생각과정과 전략 수립 과정을 거쳐서 이 전략을 실행에 옮긴 것이 아래 수순이다.

① g6병g5 ② e3포Xe6병 : 우선 전략의 1단계로 병을 전진 배치한다.

③ g5병Xg4졸 ④ f4졸Xg4병 : 예정대로 병을 전진시켜 졸과 교환을 한다.

⑤ g7차Xg4졸 : 차가 방어벽을 다 부수어 버리면 초에서는 난감해 진다.

⑥ g3마f1 ⑦ b5포f5 ⑧ e2사d2 ⑨ b6마d5 : 전략의 마지막까지 완성한 상태이다.
처음 시작할 때의 형태보다 한이 훨씬 좋아진 것을 알 수 있다. 이렇게 적진을 뚫고 진격하는 졸이 있어서 방어벽을 부수어 버리면 상대방은 크게 압박을 받는

다. 한의 전략 성공으로 한은 계속 주도권을 가지고 공격을 할 수 있게 되고 초는 더 이상 버티기가 힘들다.

3.17) 생포 전략

· 아군의 진영에 들어온 약한 기물을 포위하여 생포하는 전략이다. 이는 치밀하게 각자의 역할을 분담하고 기물들을 조직적으로 움직여서 타겟 기물을 교묘히 잡는 전략이다.

아래의 예를 보도록 하자.

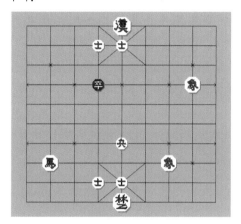

그림35 : 한차례

이 예제에서 일방적으로 독졸을 교묘하게 꼼짝 못하게 하면서 한의 마, 상, 상으로 잡는 장면을 보여준다.

그 잡는 수법을 익히면 여러분이 실전에서 낱장기 상황에 접하게 될 때 유용하게 써먹을 수 있다.

① h7상f4 ② d7졸c7 : 상으로 졸을 위협하면서 졸이 우측으로 가는지 좌측으로 가는지 졸의 응수를 타진해 본다. 실전에서는 졸이 좌측으로 갔다.

③ b3마c5 ④ 한수쉼 : 이때 마가 접근을 하면서 졸의 행동 반경을 좁히기 시작한다.

⑤ c5마a6 ⑥ c7졸b7 : 이 수 교환으로 인해 졸은 차츰 좌측으로 가게 되고 졸의 움직이는 범위가 상당히 좁아졌다.

⑦ e4병d4 ⑧ e2사e3 : g3상을 쓰기 위해 병이 상길을 비켜준다. 한에서는 별로 둘 것이 없어서 사를 만져보는 정도이다.

⑨ g3상d5 : 이 상이 이 자리에 감으로 해서 졸은 전혀 움직이지 못하고 그 자리에 말뚝을 박게 된다.

⑩ e3사f3 : 별 의미 없이 사를 움직여본다.

⑪ f4상h7 ⑫ e1장f1 : 한 자리에 고정되어 있는 졸을 잡기 위해 f4상이 드디어 뜨기 시작한다. 최종 목적지는 e9자리이다.

⑬ d9사d8 ⑭ f3사e2 : 상이 나갈 상길을 열어준다.

⑮ e9사e8 ⑯ d2사d1 : 상이 들어갈 자리를 마련한다.

⑰ h7상e9 ⑱ f1장e1 : 드디어 상이 원래 목적했던 자리에 들어가 마지막으로 졸을 타격할 준비가 다 되었다.

⑲ e9상Xb7졸 : 11수부터 19수까지 f4상을 하나 사용하여 부동으로 만든 졸을 드디어 잡는다. 이런 수법을 익혀두면 낱장기에서 행마하는 힘이 더욱 강해진다.

또 다른 예를 보자. 현재 한에서 일방적으로 유리한 상황이다. 초의 상이 적진에 깊이 들어가서 한의 병을 위협하는 장면이다. 한에서는 이 상을 잡을 절호의 찬스인데 그 잡는 전략을 알아보자.

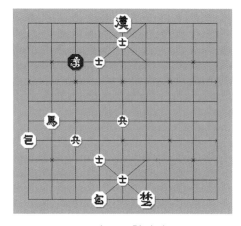

그림36 : 한차례

① b5마c7 ② d1포g1 : 우선 아군 진영에 들어온 상의 멱을 막으면서 상의 행동 반경을 제한한다. 초에서는 움직일 수 있는 기물이 포밖에 없어서 이리저리 움직여본다.

③ c4병d4 ④ d3사d2 : 한에서는 병을 중앙으로 모으기 시작한다.

⑤ a4포f4 ⑥ g1포d1 : 한의 이 a4포가 c8에 있는 상을 저격할 저격수이다. 이 포가 최종적으로 가야 할 자리는 f8자리이다.

⑦ d4병e4 ⑧ d1포g1 : 이런 한의 의도를 알아차린 한에서 g1포를 이용하여 한의 병을 교란시키려 하지만 병이 피하면 그만이다. 한에서는 이 포를 움직여 보지만

⑨ e5병f5 ⑩ g1포e1 : 한의 병이 f4포 다리를 만들고 한의 궁성 f8자리로 이동시

키려 하고 있고 한의 작전은 포로 사를 잡으면서 만약 한사가 움직이면 초상을
탈출시켜 보려 하고 있다.

⑪ f4포f8장군 ⑫ e2사f2 : 선수로 먼저 한의 포가 한의 궁성에 먼저 들어가서 상을
겨냥하게 된다.

⑬ e10장f10 ⑭ f1장e2 : 한에서는 서두를 필요가 없다. 단지 안전하게 한왕을 안
전한 곳으로 피하면 된다. 이때 초에서는 슬쩍 포로 병을 위협해 본다.

⑮ e4병d4 ⑯ e1포Xe9사 : 병이 피하자 예정대로 e1포가 e9사를 잡는다.

⑰ d4병e4 ⑱ f2사f1 : 이에 피했던 병을 다시 e줄로 이동시켜서 포가 와도 잡을 의
도이다. 초에서는 의도했던 대로 되지 않아서 사를 만져보는 정도이다.

⑲ f10장Xe9포 : 여유 있게 한왕으로 포를 잡는다. 아직도 초상은 탈출이 불가능한
상태이다.

⑳ e2장e1 ㉑ f8포Xc8상 : 긴 수순이지만 21수 만에 눈에 가시 같던 초상을 잡아
초의 뛰는 기물을 완전히 없애버리고 남은 포, 마, 양졸로 최종 승리를 향해 가
면 된다.

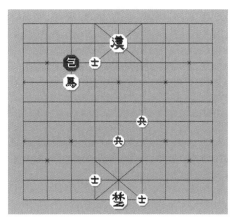

그림37 : 결과도

3.18) 간명화 전략 (단순화 전략)

· 이 전략은 아군의 기물수가 상대보다 우세할 때 상대의 저항을 줄이기 위해서 기
물을 교환하도록 강요하는 전략을 말한다. 상대방이 기물 교환을 피하게 되면 지거나
불리해지는 상황을 교묘히 만들어서 상대방이 할 수 없이 기물 교환에 응하도록 치밀
하게 전략을 짠다. 이 전략은 기물이 많이 교환된 중반전 후반에 주로 발생한다. 구체
적인 예로는, 대차를 강요한 후, 상대의 위력적인 기물을 가급적 많이 교환하고, 아군
의 졸이나 나머지 잉여기물로 승부를 거는 전략 등이 이에 해당한다. 아래 예제를 살펴
보자.

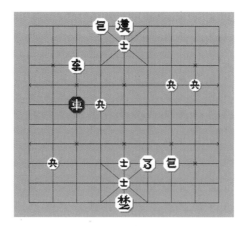

그림38 : 초차례

　　상황을 분석해 보면 한에서 방금 대차를 청한 장면이다. 이때 초차는 기물이 부족하고 불리하므로 대차를 피하고 싶지만 만약 피하면 한의 차가 c1으로 가서 장군을 부르면 d1자리에서 차가 사를 잡고 장군을 부르게 되어 외통으로 질 수 밖에 없어서 할 수 없이 차의 교환에 응할 수 밖에 없다. 그렇게 되면 한의 우세한 기물로 인해 초가 버티기가 어려워진다. 이런 경우에 쓰는 이런 전략을 **단순화 또는 간명화 전략**이라 한다.

　　다음 예제를 하나 더 보자. 상황은 한에서 돌파구가 필요하다. 한의 우측병이 초의 차에 의해 묶여 있고 한의 좌측차가 할 일이 없다. 한의 입장에서는 편하게 게임을 풀려면 묶인 것을 푸는 것이 가장 좋은 방법이다. 한의 전략은 대차를 유도하면서 묶인 기물을 풀고 우측에서 주도권을 잡는 것이다. 한의 대차 전략을 알아보자.

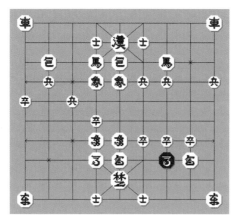

그림39 : 한차례

한에서 좌측에서 묶어 두었던 초졸도 더 이상 공격을 받지 않는 상황에서 한에서 구사할 수 있는 전략은 대차를 통해 우측을 공략하는 작전이다. 아래 수순이 모범 해답이다.

① i7한병h7 ② i1초차Xi10차 : 우선 우측에 묶인 병을 해소하면서 대차를 요청하면 초에서는 피하게 되면 그 초차가 갇히게 되므로 할 수 없이 대차를 응할 수 밖에 없다.

③ a10한차Xi10차 ④ h3초포f3 : 대차를 한 후의 모양을 보면 한차의 길은 열려있고 초의 귀포와 진마의 모양이 나빠서 한차가 들어오면 공격을 당할 모양이다. 그래서 서둘러서 귀포를 안착시킨다.

⑤ i10한차i5 ⑥ d5초졸e5 : 초에서 약점은 d5에 홀로 있는 독졸이므로 차길이 열린 차가 i줄을 타고 5선으로 와서 졸을 위협한다.

⑦ e8한포Xe5졸 ⑧ d4초상Xf7병

⑨ e5한포e8 : 결국은 졸/병 교환이 이루어졌지만 5선을 장악한 한차의 추후 공격이 기다리고 있어서 한이 유리한 국면이다.

3.19) 후속 전술이 통하는 급소 만들기 및 이용 전략

· 이 전략은 전술이 통할 수 있는 환경을 만드는 작전으로서 상대를 약하게 만들어 후속 전술이 통할 수 있는 급소를 만든 후 이를 이용하는 포괄적 전략을 말한다. 이것은 전략과 전술이 합해진 종합적인 작전으로서 실전에서 아주 자주 나온다. 이 전략에 대해서 비근한 몇 개의 예제들을 통해서 자세히 설명하고자 한다.

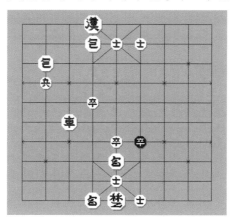

그림40 : 한차례

첫수로 b8포가 1선으로 간 수가 기가 찬 묘수이다. 다음 수로 c5차가 다시 1선에서 합세하여 약한 부위인 d1자리를 집중 공략하는 전략이 아주 좋다. 6수에서 사가 d자리로 포다리를 만들어 준 것이 실수이고 묘한 외통모양으로 한이 승리한다.

해답 수순

① b8포b1 ② f1사f2 ③ c5차c1 ④ d6졸e6 ⑤ b7병c7
⑥ e2사d2 ⑦ c1차Xd1포장군#

이런 전략으로 심오하고 넓은 시야를 가지고 좌우상하로 넓게 장기판의 공간 활용하면서 수를 내는 시도를 눈여겨볼 필요가 있다. 고수의 풍미를 느끼게 하는 행마였다.

또 다른 예를 하나 보도록 하자.

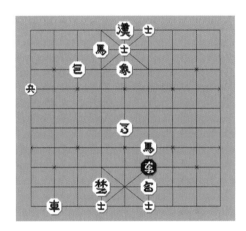

그림41 : 한차례

현재 상황을 분석해 보자. 초의 차가 한의 f4마를 위협하고 있는 장면이다. 여기서 한이 마를 피할 것인지 아니면 이를 이용하는 전략으로 갈 것인지를 판단해야 하는 상황이다. 이 문제는 희생 전략과 뜰장 전술이 혼합된 상당한 고급 문제인데 희생 후 포격 작전을 하는 문제이다. 수순이 약간 길어도 그 수법을 잘 익혀두면 실전에서 유용하게 쓸 수 있다. 한에서는 한마를 피하는 대신에 한마를 희생하여 한의 포를 f8 → d10로 이동하여 초의 궁 앞에 포를 설치하고 면상이 떠서 e2자리를 노려서 초궁이 도망치지 못하게 퇴로를 차단한 후 뜰장을 이용하여 이기는 고급 작전이다. 1선에 있던 한의 차가 막바지에서 마무리를 한다. 외통으로 이기는 그 수순은 다음과 같다.

① c8포f8 ② f3Xf4마 : 한마를 이용하여 포를 이동하는 수가 선수가 된다. 그러면

초차로서는 한마를 잡을 수 밖에 없다.

③ f8포d10장군 ④ e5마d3 : 이런 수가 바로 고수가 구사하는 수이다. 원래 포는 d줄에 갈 예정이었고 f줄로 가서 차를 위협한 것은 시간을 버는 수단이었다. 원래 의도한 대로 d줄로 가서 포장군을 치면 한에서 이를 막는 방법은 마로 막는 단 한가지 밖에 없다.

⑤ e8상g5 ⑥ d1사e2 : 면상이 g5로 가면서 e2자리를 봉쇄하는 수가 고수의 풍미 가 느껴지는 수이다. 이렇게 중요 지점을 노리고 초왕이 도망가지 못하게 하면 d 줄에서 포공격이 위력적이 된다.

⑦ d9마b8장군 ⑧ f4차d4 : 이때부터는 뜰장군을 이용하여 포장군을 부르면서 마 가 뛰는 기물로 적진에 진격할 수 있게 된다. 이때는 차가 포장군을 막는 수 밖 에 없다.

⑨ b8마d7 ⑩ d4차f4 : 마가 한걸음씩 적진으로 다가간다. 뜰장을 막는 방법은 차 가 포길을 막는 수 밖에 없다.

⑪ d7마b6장군 ⑫ d3마e5 : 마가 야금야금 진격을 계속한다.

⑬ b6마d5장군 ⑭ f4차d4 : 또 마가 다가서면 차가 막는 수 밖에 없다.

⑮ d10포Xd4차 ⑯ e5마f3 : 드디어 포가 포장군을 막고 있는 기물들을 하나씩 제 거하기 시작하고… 차를 우선 잡고…

⑰ d4포d9장군 ⑱ f3마d4

⑲ d9포Xd4마 ⑳ e2사f3 : 차를 잡은 이후 다시 마까지 잡고… 초에서는 사로 상의 멱을 막고 초왕의 탈출을 모색해 본다.

㉑ d4포d10장군 ㉒ d2장e2 : 다시 포장군을 부르면 더 이상 앞에서 방어할 기물이 없어서 초궁이 e2로 탈출해 보지만

㉓ b1차d1장군# : 1선에서 기다리고 있던 차가 d1에 붙으면서 최종 마무리를 한 다.

또 다른 예를 하나 더 보자.

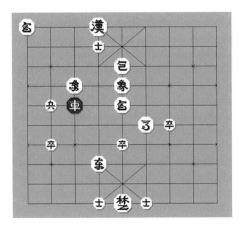

그림42 : 초차례

현 문제의 상황을 분석해 보면 한의 차가 초의 포를 위협한 상황이다.

그런데 수동적으로 포를 피하지만 말고 또 다른 수가 없는가 살펴보자. 만약 초의 마가 상을 잡고 좌측으로 침투해서 전술적으로 유리한 상황을 만들 수 없을까 수읽기를 해 본다.

① f5마Xe7상 ② c6차Xe6포 : 마로 상을 잡고 한차의 응수를 본다. 이런 장면에서는 거의 99%의 대국자는 초포를 잡고 초궁의 앞을 공격하려 한다.

③ e7마c8장군 ④ d10장e10 : 여기서 초의 노림수가 있다. 상을 잡은 마가 좌측으로 침투해서 한왕에게 장군을 부르면서 10선으로 들어가 초포를 활성화시키는 전략을 실현한다.

⑤ c8마b10장군 ⑥ e10장e9 : 초의 공격 기물이 4개나 되기 때문에 한왕이 순식간에 궁지에 몰린다.

⑦ d3차Xd9사장군 ⑧ e9장f8 : 차가 사를 때리면서 궁에 들어가는 수가 묘수이다.

⑨ d9차d10장군 ⑩ f8장f9

⑪ d10차f10장군# : 10선에 침투한 초차가 10선에서 한왕의 등을 찌르면서 게임을 끝낸다.

이렇게 위협을 당하는 장면에서도 기물들을 조직적으로 움직여 전술이 통하는 상황을 만들어가는 전략도 아주 위력적이고 고수다운 전략이다. 게임을 지켜보는 관중으로서도 흥미진진한 장면이 아닐 수 없다.

3.20) 역습 전략

· 이 전략은 적을 유인한 후 역습하는 전략을 말한다. 적을 아군 진영에 유인한 후

함정에 빠뜨리는 전략, 상대의 무리한 공격을 유도하는 전략 및 상대가 작은 이익을 추구하게 한 후 공격이 멈출 때를 기다려 역습을 하는 고단수 전략 등이 이 전략에 해당한다. 주로 난타전 상황에서 많이 나오는 전략이다. 이 전략은 적을 유인한 후 역습하는 것이 특징인 만큼 전술적인 면이 강한 전략이다. 수읽기가 충분히 된 후 실행해야 하는 만큼 고수가 아니면 함부로 쓸 수 있는 전략이 아니다.

아래의 예를 보자.

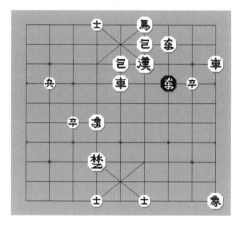

그림43 : 한차례

현재의 형세 판단을 해 보면 아주 어지러운 상황이다. 한의 e7차는 초의 d5상에 묶여서 움직이지 못하는 상황인데 이를 이용하여 초의 차가 g7로 차를 잡으러 온 장면이다. 그런데 초의 진영을 보면 초왕의 위치가 아주 불안하다. 비록 묶여 있기는 하지만 e7한차가 e줄을 장악하고 있고 현재 한의 차례이고 만약에 초왕 앞에 d줄로 한차가 위협하면 초왕이 외통으로 질 상황이다. 이 문제는 난타전 상황에서 궁지에 몰렸던 한이 묘수를 발견하여 역전시키는 상황을 잘 보여준다. 첫수로 i8차가 앞 장군을 치려는 수가 급소를 찌르는 한 수로, 만약에 한차가 초차를 잡더라도 초차가 한의 e8포의 다리 역할을 하는 꼴이 되어 d줄에 한차가 장군을 불렀을 때 초차가 e줄로 피할 수 없게 되어 있다. 초차가 막아보려고 대차를 시도하면서 애를 써도, 공교롭게도 i1상이 차를 잡을 수 있어서 초에서는 막을 도리가 없어서 8수에서 기권을 한다.

해답 수순

① i8차i4 ② g9차g8장군 ③ f8장e9 ④ g7차g4 ⑤ i1상Xg4차
⑥ d5상g3 ⑦ g4상d6 ⑧ 기권

마지막으로 다음 간단한 예제를 보도록 하자.

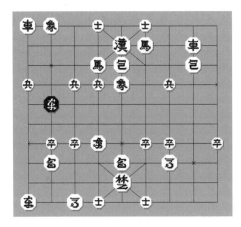

그림44 : 한차례

문제의 상황은 초의 차가 b3의 포와 합동으로 한의 상을 노리는 장면이다. 이런 상황은 귀마 대 귀마 포진에서 잘 나오는 실전상황이다.

여기서 한의 상을 지키는 역습의 수단이 있을까?

① h8포h10! 이 수가 묘수이며 역습의 한 수이다. 만약 초차가 상을 치고 한차가 초차를 잡고, 다시 c3포가 b10의 한차를 잡으면서 후수가 되면 한에서는 h9차h3!!로 두는 묘수가 있어서 초가 역습을 당하게 된다. 이렇게 되면 순간적으로 전세는 역전이 되고 한이 주도권을 잡고 흔들게 된다.

이런 역습 전략을 잘 익혀 두시기 바란다.

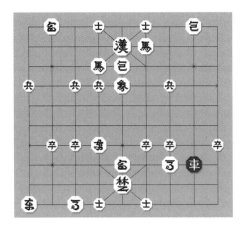

그림45 : 결과도

2장 포진법의 기초 개념

본 장에서는 독자들이 필히 알아 두어야 하는 포진에 관련된 이론적인 지식을 논하고자 한다. 이론이 없는 실기는 모래 위에 지은 집과 같이 거센 풍파에 쉽게 무너지게 되는 것과 비슷하여 강한 장기를 두기 위해서는 튼튼히 포진의 이론적인 백그라운드를 다지는 것이 좋다.

가. 포진이란?

집을 지을 때 좋은 설계도에 의해 차분히 계획을 세우고 토대를 잘 다진 후 튼튼히 지어야 좋은 집이 되듯이 장기에서의 포진은 장기게임을 시작하는 기초 설계단계에 해당하며 이 단계부터 잘 해야 한다. 포진은 중반전투를 잘 하기 위한 좋은 모양을 갖추고 좋은 위치를 차지하기 위한 단계이고 모양을 만들어 가는 과정이라 말할 수 있다. 이 단계에서는 상대방에게 수가 나지 않도록 약점이 있는 특정 모양을 피하면서 반면에 상대의 약점을 만들도록 유도한 후 만들어진 약점을 집요하게 파고드는 전략이 좋다.

포진은 짜여진 어떤 형태만을 만드는 작업이 아니고 차길 확보 및 면포 등 주요기물을 효과적으로 배치하는 작업이므로 상대 기물을 위협하기 쉬운 모양으로 배치해야 하고 위협을 받아도 서로 보호해 줄 수 있도록 조직적인 모양을 가지면 좋다.

또한 포진은 순리대로 짜야 한다. 그러기 위해서는 기물의 1차 포진(차림)에 따라 여러 수순이 다르게 진행되어야 하는 그 메커니즘을 잘 이해해야 할 필요가 있다.

나. 포진법의 중요성

포진법의 중요성을 다음과 같이 요약할 수 있을 것 같다.
1) 초반부터 기물 형태상 흠집이 생기면 상대에게 선수 공격을 당하고 이를 방어하다 보면 기물의 손실이 생기든지 더 나쁜 우형의 형태가 만들어지므로 포진 단계에서 이를 미연에 방지해야 한다.
2) 포진이 잘못되면 기물의 배치속도가 늦어져서 활성화 되는데 시간이 많이 소요되어 상대적으로 수동적인 행마만 하게 된다.
3) 형태상 일단 엉키는 모양이 되면 기물의 기능이 비활성화되고 심한 경우 기능이 완전히 마비되어 조직적인 팀플레이가 어렵고 유기적 연관관계가 어려워지므로

포진 단계에서 이런 모양을 방지해야 한다.

상기의 이유로 초반 포진을 형성할 때 쌍방 총력을 기울여서 좋은 모양을 만들고 좋은 위치를 차지하도록 싸워야 한다.

다. 포진 원칙

포진 시 행마의 기본을 망각하면 포진도 짜기 전에 무너질 수 있다. 아래는 필자가 수천국 이상의 실전을 분석하여 각종 포진 차림을 막론하고 포진 단계에서 공통으로 지켜야 하는 가장 기본적인 8개의 포진 원칙을 요약 정리한 것이다.

아래의 포진 원칙을 잘 지키면서 포진을 짜야 쌍방 둘만한 기물 형태를 유지하면서 중반전투에 돌입할 수 있다.

1) 강력한 기물을 즉시 쓸 준비를 하라.

   예) 차길 열기, 면포 설치, 기물이 나갈 길 열기 등등

2) 기물을 빨리 진출시켜서 모든 기물이 기동력을 갖도록 한다.

   특히 위협하면서 기물을 진출 시키면 시간을 버는 효과가 있어서 더 좋다.

3) 효과적으로 힘을 쓰는 자리에 기물을 위치시켜라.

   : 위치가 중요하다. 항상 좋은 위치를 차지하도록 노력하라.

4) 자기기물의 길을 막는 엉키게 하는 형태를 만들지 마라.

   엉킨 모양을 피하고 오히려 상대를 엉키게 하라.

5) 자신의 약점을 만들지 마라.

   : 아군 기물끼리 서로 보호해 주지 못하는 약한 기물을 만들지 마라. 이 기물이 공격받게 되면 주도권을 빼앗기고 수비에 급급하여 전체 모양이 일그러진다.

   예) 독졸, 아무도 지키지 않는 기물, 약한 자리, 졸이 없는 무졸지역, 천궁, 궁중포, 궁중마, 민궁등 치명적 급소

6) 선수를 가지고 주도권을 잡도록 노력하라.

   선수가 아주 중요하다.

7) 성급한 공격을 하지 마라. 기물 하나 만으로 공격을 하지 마라.

   시간만 허비할 수 있다.

8) 왕의 안전이 제일 중요하므로 가급적 안궁을 서둘러라.

라. 포진 단계에서 대국자가 해야 할 중요사항

1) 기물 진출

· 포진의 주요 목표는 기물들을 재빨리 원래 자리에서 꺼내어 활발하게 움직일 수 있도록 진출시키는 것이다. 적절한 시기에 필요한 위치로 배치시키는 것이 중요하며 자신의 기물이 막히지 않게 순리적으로 풀려나가는 수를 두어야 한다. 포진 단계에서는 서로 중요한 기물을 쓸 준비부터 해야 한다. 가장 일반적인 수순은 차를 가동할 준비를 먼저 하고 그 다음에 마, 포, 상이다. 이를 위해 졸/병을 이동하여 차길을 열어 주고, 포를 이동시키기 위해 마로 포다리를 만들고 그 후 다른 기물이 나가도록 중앙졸/병을 열어 주는 것이다.

· 만약에 두 개의 진출 후보수가 있다면 더 공격적인 수가 좋다. 예를 들어 상대를 위협하면서 진출을 하는 수나 작은 기물로 큰 기물을 위협하면서 진출하는 수는 시간을 버는 수이다. 상대가 아무렇게나 행마하면 안 되기 때문이다. 이 위협에 적극 대처해야 하므로 상대가 둘 수 있는 수의 선택이 줄어든다.

2) 좋은 자리 차지

· 포진 단계에서 해야 하는 일 중 가장 중요한 것은 상대보다 더 우월한 모양을 만들어 가는 것이다. 그러기 위해서는 기물들의 가동성이 최대화되고 최대한 영향을 미치는 주요영역을 찾아서 필요기물을 그리로 배치한다. 그리하여 위치상의 우위를 포진에서 얻도록 한다. 포진 단계에서는 자신의 형태를 중시하며 상대 모양을 약화시키기 위해 힘을 쏟는다.

3) 형태에 적절한 수 두기

· 확실한 논리적 전략이 세워지면 그 형태의 전략적 요구와 전체 계획에 들어맞는 수들을 찾아서 자신의 모양을 좋게 만들고 상대의 모양을 약화시킨다. 그러한 것들은 그저 우연히 만들어지는 것이 아니고 포진 과정에서 그러한 전략적 계획을 바탕으로 만들어야 한다. 기물 진출이 다 끝나기 전에는 큰 이익이 없다면 가급적 공격을 시작하지 말고 공격개시 후 예상되는 상대의 저항을 미리 막는 것이 좋다.

4) 기계적인 수 탈피

· 특정한 모양에 대한 이해와 공격의 실현가능성에 대한 고찰 없이 기계적으로 기물들을 미리 정해져 있는 시스템에 끼워 맞추어 행마하는 것은 올바른 장기 두는 법

이 아니다. 이것을 상대가 이용하게 되면 위험에 처할 수 있다. 예를 들어 만약 면상 포진이나 양귀상 포진을 하려고 했다 하더라도 그 형태가 자신에게 불리할 것 같으면 그 포진을 포기하거나 보류하여 적절한 시기가 왔을 때 변환을 하는 유연성이 필요하다. 이처럼 포진은 짜여진 수순에 연연할 필요없이 필요한 때가 되면 상황에 맞추어 즉시 변신할 준비를 해야 한다.

마. 포괄적 포진 전략(선수/후수 공통)

· 장기에서의 포진은 축구의 포메이션과 비슷한 개념이다. 여러분은 축구에서 '4-2-4 , 4-3-3, 4-4-2 , 5-3-2 , 3-4-3… 등등의 포메이션'이라는 말을 들어 보셨나요? 축구에서 포메이션은 경기장에서 뛰는 선수의 배치를 말하는데 여기에는 각각의 특성이 있고 장, 단점이 있기 마련인데 마찬가지로 장기에서 포진이란 공격이나 수비수의 배치 형태를 이루는 것을 말하는데 포진만큼 특히 전략이 중요한 단계도 없다. 각각의 특성을 잘 파악하여 이에 맞게 공격과 수비에 잘 활용을 해야 한다. 즉, 상대 기물의 공격 형태에 따라서 수비 형태가 달라져야 효과적인 방어를 할 수 있고 반대로 상대의 수비 형태를 잘 고려해야 효과적인 공격을 할 수 있는 것은 당연한 이치이다. 따라서 시작부터 포진완성까지 철저한 전략적 사고가 필요하다. 첫수에 이동할 기물 결정, 어떤 졸을 접을지 결정, 어느 포를 면포로 할지 결정, 하포를 설치하는 적절한 시기의 결정, 어느 마를 먼저 진출하고 마의 전체 배치 레이아웃 결정(곁마, 중앙마, 학익진 등등), 상을 중앙에 배치할지 변에 배치할지 결정, 안궁을 언제하고 궁 주위의 수비 기물을 어떤 모양으로 할지 결정, 상대 포진에 대한 대응방안 결정 등, 기습 공격 결정, 농포전을 할지 여부 결정 등이 모두 포진 전략과 관련이 있다. 장기기물을 지휘하는 대국자 각자는 마치 축구의 감독같이 큰 시야를 가지고 포진 전략을 짜야 하는 것이다. 그런 이유로 계획 또는 전략이 없는 포진은 승리를 기약할 수 없다.

· 또한 포진 중이라도 상대의 중요 기물을 잡을 수 있는 계략을 펴거나 역습 전략을 가지고 공격과 수비를 하는 능력을 키워야 한다. 아무리 선수 공격으로 시작했다 하더라도 뚜렷한 공격 전략이 없으면 즉시 선수를 빼앗기고 전략이 있는 쪽으로 주도권이 기운다.

바. 선수(先手) 대국자의 포진 전략 수립 시 고려사항

· 선수(先手)공격을 효과적으로 하지 못하거나, 정확한 공격을 하지 못하거나 또는 선공을 하는 측에서 후수가 진형을 편히 짜도록 내버려 두면 후수 대국자가 쉽게 동등함을 얻거나 상대에게 선수를 빼앗기거나 포진이 완성된 후 수읽기가 좋은 측에게 밀리게 되어 있다.

· 포진에서 선수(先手)공격을 하는 측은 선수를 유지하도록 행마를 하는 것이 중요하다. 마치 당구를 칠 때 공을 잘 몰면서 계속 칠 수 있게 각도를 잘 잡아서 공이 모일 수 있는 환경을 만들 듯이 선수 포진에서는 기물을 위협하는 모양을 계속 만들어야 선수를 유지할 수 있다.

· 기본적으로 선수(先手)공격자의 공격의 기본은 좋은 영역을 차지하고 상대를 계속해서 밀어붙이는 것이다. 이 결과로 상대의 활동영역을 좁게 만들고 상대의 형태를 나쁘게 유도한다. 그러면 영역이 밀려버린 측에서는 좋은 수를 찾기가 힘들고 할 수 없이 조바심에 과하거나 나쁜 수를 두게 되고 서서히 약점을 드러내게 된다. 따라서 우세한 위치 싸움의 결과로 이길 수 있는 합동공격의 기회가 주어진다.

· 선수(先手) 공격하는 측은 처음부터 위험을 무릅쓰지 않으면서도 안전하고 좋은 모양으로 가는 포진을 선택하는 것이 원칙이지만 가능하다면 초반부터 문제를 만드는 것도 좋은 전략 중 하나이다. 즉 처음부터 상대를 고민하게 하는 수를 두는 것이 좋다. 면포만 일단 완성되면 아주 중요한 수비는 일단락 된 것이니 그 후는 차로 상대 기물을 위협하면서 포진을 마무리하는 것도 선수(先手) 전략중 하나이다. 상대방에게 익숙한 공격 수법들은 가급적 피하면서 선수를 계속 유지하며 공격을 해야 한다. 너무 느슨한 공격을 하여 방어하는 측에서 반격을 하여 주도권을 낚아채거나 일찍 동등성을 가질 수 있는 방법이 생기지 않도록 정확한 공격수순으로 몰아붙여야 한다. 선수 공격하는 측에서는 후수 대국자가 반격을 하여 선수를 빼앗는 기회에 항상 주의를 하고 주도권 유지를 위해 싸워야 한다.

· 만약 후수의 응수가 너무 저돌적이고 지나치게 과한 무리수로 과잉반응을 보이면 잘못된 응수를 응징해야 한다. 이 단점을 이용하기 위해서는 의례적이고 정규적인 수를 두면 안 되고 몰아붙여서 단점을 추궁하여야 하고 흐트러진 모양을 강화할 시간을 주면 안 된다.

· 상대가 기물 교환을 하자고 하면 상황을 잘 판단해야 한다. 아무 생각 없이 기동성 있는 기물과 상대의 무기력한 기물을 교환하는 것은 선수 공격자가 갖고 있는 이점들을 버려 버리는 것이다.

· 포진시 후수가 반격을 하도록 유도한 후 차를 가두고, 흐트러진 모양을 응징하는

반격작전도 좋다. 수비가 안 된 상태에서 무리한 공격은 쉽게 무너진다.

사. 후수(後手) 대국자의 포진 전략 수립 시 고려사항

· 선공 대국자가 정수로 포진을 짜면 앞에서 살펴본 포진 원칙을 지키면서 순리대로 응해야 한다. 후수로 두는 대국자는 포진 초기에는 선수를 잡은 쪽이 주도하는 것을 막는 수를 두는 것이 현명하다. 기물들이 엉키지 않고 풀려나가도록 목표를 세우는 것이 중요하고 게임이 엉키지 않게 풀려나는 수를 두도록 노력하고 자신의 기물들이 위치할 자리들을 마련할 돌파구를 만들면서 주도권을 빼앗을 찬스를 노린다. 그렇다고 의지만 앞서서 무턱대고 주도권을 빼앗아 올 수는 없다. 선수 대국자가 만약 실수를 하여 시간을 낭비하든가 하면 모르겠으나 정확하게 둔다면 후수 대국자는 기회가 올 때까지 차분히 기다리며 조용히 기물의 진출에 힘쓰며 그저 동등성을 유지하는 것에 만족해야 할 때도 있다. 그러다가 기회가 오면 즉시 역습을 펼치는 전략이 좋다. 필요 시 상대의 강력한 기물을 자신의 기물과 교환하도록 하는 기물 교환 전략도 주효하다
· 좋은 후수전략이란 상대가 어설픈 공격을 할 때 요리조리 피하면서도 자신의 기물을 하나씩 필요한 장소에 배치하는 행마를 하는 것이다.
· 후수 포진에서도 방어하면서 틈틈이 위협할 수를 찾는 기술이 중요하고 방어 대응수 자체가 상대의 기물을 위협하는 수일 때 더 좋다.
· 치밀한 방어란 상대의 예상 공격수를 대비하여 준비수를 수읽기 하여 대비하는 것이다.
· 후수로 두는 대국자가 무리하게 선수를 잡으려 하면 응징을 당한다.
· 만약 모양이 불리해지고 압박을 받아서 조직이 마비될 것 같다면 기물 교환을 유도하여 상대의 압력을 줄여서 엉킨 모양을 좀 더 자유롭게 풀도록 노력한다. 또한 궁성 근처에서 상대 기물을 쫓아내는 것도 중요하다.

아. 포진 단계에서 포진 행마 요령

다음에 나열하는 행마 요령은 필자가 수많은 대국을 분석하면서 공통적으로 얻은 결론이다.
· 최고로 급하고, 중요한 수를 우선 두어라. 포진은 상대적이라서 상대의 의도를 파

악 후 상황에 맞게 행마를 결정해야 한다. 그 판단기준은 기물 이득면, 세력확보면, 위치적 우위면, 공격의 연속가능성유지 등이며 그런 관점에서 좋은 수를 선택한다

· 포진 시기에는 한 수. 한 수 의미 있는 행마를 해야 한다.

· 포진 시 전진하는 행마를 하라.

· 포진 시 위협하면서 기물을 이동하는 행마를 하라.

· 포진 시 공수를 겸한 행마가 좋은 행마이다.

· 포진 시 중요한 행마의 하나는 약점을 만들지 않는 행마이다.

· 포진 시기에 상대 기물의 표적이 되면 피하는 행마가 좋다. 예를 들어 상대의 상이 졸을 겨냥하면 표적이 되는 졸을 피하는 것이 좋다.

· 장기에서는 시간이 중요하다. 장기에서의 시간은 무엇을 하는데 걸리는 수순의 수이다. 수낭비가 되지 않도록 가장 경제적인 행마를 추구하라.

· 포진 단계에서 2개의 수가 있다면 계속 선수를 유지할 수 있는 수를 택하라.

· 포진 시 기물을 취하고 나면 후수가 되는 경향이 있으므로 기물을 취한 후에 상대의 선수 공격을 대비하라.

· 초반 포진에 기물의 진출로를 확보하라. 진출할 때 기물의 순서는 보통은 졸을 접은 후 상보다 마를 먼저 전개를 한다. 마는 포의 다리를 만들어 주기 때문이다. 원칙적으로는 발이 느린 기물을 발이 빠른 기물보다 더 빨리 진출시킨다. 발이 빠른 기물은 원하는 때에 빨리 적진에 투입이 될 수 있지만 느린 기물은 시간이 많이 걸리기 때문이다.

· 양차 길을 여는 것을 무시하면 상대방의 양차 길이 열려서 불리해 진다. 양차 길이 열린 측이 유리한 이유는 초반에 기습이 가능하기 때문이다. 선수로 위협을 하면서 상대가 모양을 갖추지 못하게 계속 선수 공격을 할 수가 있다.

· 포진 행마에서 가장 좋은 행마는 순리에 맞게 물 흐르듯이 자연스러운 행마이다.

· 포진 단계에서 헛수를 두어 나왔던 기물을 다시 제자리로 돌아가게 하면 상대방이 그만큼 기물 진출에서 앞서게 되는 결과가 된다. 이런 것들은 점수에 관련이 없는 것처럼 보여서 인식하기 어렵지만 장기 실력이 늘려면 이런 점들을 꼼꼼히 챙겨야 한다. 돌아올 것이라면 신중히 생각하여 애초에 나가지 말아야 흐름에서 뒤지지 않게 된다. 이런 조그만 차이가 고수와 그렇지 않은 대국자의 차이인 것 같다.

· 기물의 수는 같아도 왕의 안전에 문제가 있는 수는 위험하다. 공격하기 전에 왕을 안전하게 하여 가능한 반격을 미리 막아라.

· 1차 포진(차림)이 어떠냐에 따라 각 기물이 가장 힘을 발휘하는 위치가 있다. 그리고 기물 배치의 사소한 차이에 따라서도 판세에 급격한 다른 변화가 생길 수 있

다.

· 상대의 의도된 포진은 최대한 막아라.

: 예를 들어 상대가 면상 포진을 시도하면 면상 포진이 순조롭게 형성되는 것을 막아라. 마찬가지로 양귀상 포진 같은 수순이 많이 필요한 포진은 최대한 방해를 해서 포진 도중 멈추게 만들어 조직이 기능을 발휘하지 못하게 막아라.

· 포진 중에 약점이 생김과 동시에 중반전 돌입이 되는 경우가 많다.

· 상대의 응수에 따라 포진 도중이라도 즉시 전투 태세로 돌입할 수 있다. 이래서 포진과 중반전의 경계가 모호하다.

· 포진 시기에도 상대의 반응을 떠 보는 수를 둘 필요가 있다. 마나 상으로 상대방의 대기물인 차나 포를 슬쩍 겨냥하는 수를 선수로 두어 응수를 타진하라! : 응수타진으로 슬쩍 기물을 노려보는 수법은 항상 선수이다. 예) 마로 마를 노리는 수, 대차를 청하는 수, 그물을 치고 포로 차를 노리는 수 , 포로 양사를 노리는 수 등등….

· 변화를 모색하라. 형세가 불리하다면 수읽기가 자신이 있으면 변화를 추구하라.

자. 포진 학습 시 고려해야 할 중요한 사항

· 포진법은 수순을 외우는 것이 아니다. 왜 그 수를 두었는지의 논리와 아이디어가 더 중요하다. 포진이란 그때 그때 상황에 따른 기물들의 상관관계를 잘 고려하고 따져봐서 수읽기를 하면서 마치 미로찾기의 출구를 찾아 나가듯이 좋은 수를 찾는 과정이다. 그 중 아주 경제적으로 상대를 자극하면서 얄미울 정도로 요리조리 피하면서 기물을 야금야금 먹어 치우고 빠져나가는 수법도 고급전법 중 하나이다.

· 포진 원리를 파악하라!

: 졸을 접는 원리, 마를 선택하는 원리, 포를 선택하는 원리, 양득을 피하는 원리, 양차합세를 피하는 원리, 기물이 나가는 이유 등이 포진 전략과 관련이 있다.

· 어떤 포진 모양에서는 어디가 급소이므로 미리 방어를 해야 한다든지 등등 세부사항 정리가 도움이 된다. 예를 들어 상대의 농포공격이 가능한 모양에서는 아군 차가 항상 피할 수 있도록 피신처를 마련해야 한다.

· 포진은 포진으로 끝나는 것이 아니고 중반 전략과 연계성을 고려해야 한다. 어떤 모양에서는 반드시 어떤 방어수를 빼면 안 된다든지 또는 어떤 포진에서는 어떤 수가 분수령이라든가, 또는 어떤 포진은 어떤 작전을 짜기에 유리하다든지 등을 주의깊게 보면서 학습을 하면 아주 좋다.

· 왜 똑같은 기물의 수로 시작을 하였는데 게임을 진행하다 보면 한 쪽은 모양이 좋고 다른 쪽은 열등한가? 하는 질문을 하면서 포진을 연구해야 한다.

이런 결과를 초래한 이유의 대부분이 주로 포진 단계에서 어떻게 했느냐에 달려 있기 때문이다.

3장. 포진 전략

가. 차림 : 1차 포진

처음 게임을 시작하기 위해 기물을 배치하는 것을 1차 포진이라 한다. 체스, 중국 장기, 일본장기 등 다른 나라 장기와 크게 차이가 나는 한국장기의 우수한 특징은 처음 시작하는 포진 차림에서 전략적으로 상과 마를 자유자재로 위치를 변경시킬 수 있다는 점이며 처음 게임을 시작하는 형태는 크게 아래 5가지로 구분 된다.

1) 귀마 포진 차림

차림(1차 포진)을 상/마/상/마 또는 마/상/마/상으로 차리는 포진을 귀마 포진이라 한다. 마 하나가 궁성의 우상귀 또는 좌상귀에 위치했다고 해서 귀마 포진이라 칭한다. 예로부터 많은 장기인들이 애호하는 대표적인 포진이다. 이 책에서는 일관된 설명을 위해서 귀마 포진과 면상 포진의 시작은 상/마/상/마로 통일하기로 한다.

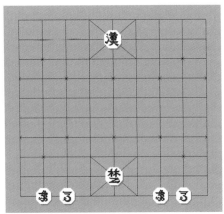

그림1 : 귀마 포진 상/마/상/마 배치형

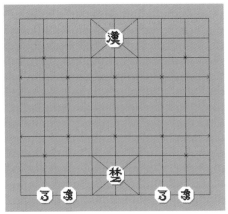

그림2 : 귀마 포진 마/상/마/상 배치형

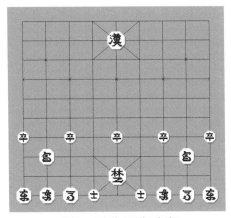

그림3 : 귀마 포진 시작도

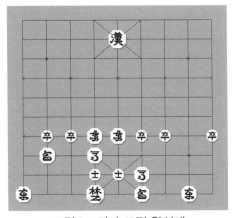

그림4 : 귀마 포진 완성예

2) 원앙마 포진 차림

차림(1차 포진)을 마/상/상/마로 차리는 포진을 원앙마 포진이라 한다. 궁성 앞 중앙줄에 마가 진출하고 다른 하나는 그 마를 지키는 형태가 되어 원앙새 같이 서로 사이좋게 짝을 이룬 형태라 하여 원앙마라는 이름이 붙었을 것이라 추정되며 아무튼 예로부터 이런 포진을 원앙마 포진이라 부른다.

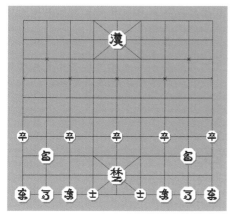

그림5 : 원앙마 포진 시작도

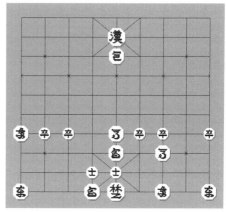

그림6 : 원앙마 포진 완성예

3) 면상 포진 차림

차림(1차 포진)을 상/마/상/마 또는 마/상/마/상으로 차리는 포진으로 귀마 포진과 1차 포진 차림은 같으나 2차 포진에서 변형을 한 형태이다. 궁성의 면에 포 대신에 상이 배치되어 있는 포진으로 양포의 활용을 극대화시키기 위한 포진이다.

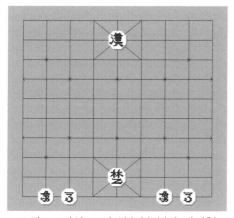

그림7 : 면상 포진 상/마/상/마 배치형

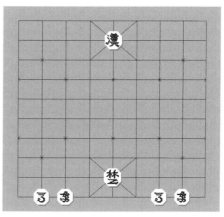

그림8 : 면상 포진 마/상/마/상 배치형

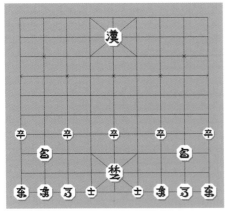

그림9 : 면상 포진 시작도

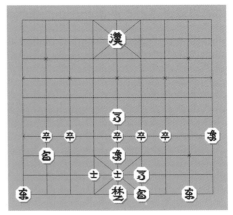

그림10 : 면상 포진 완성예

4) 양귀마 포진 차림 : 상/마, 마/상

차림(1차 포진)을 상/마/마/상으로 차리는 포진을 양귀마 포진이라 한다. 우상귀와 좌상귀에 두 마가 배치되어 양귀마 포진이라 이름을 붙인 것 같다.

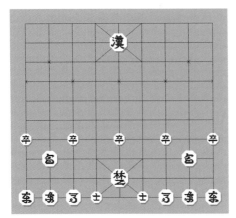

그림11 : 양귀마 포진 시작도

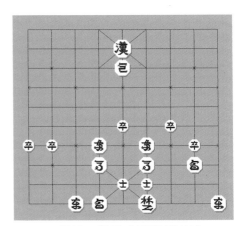

그림12 : 양귀마 포진 완성예

5) 양귀상 포진 차림 : 마/상, 상/마

차림(1차 포진)을 마/상/상/마로 차리는 포진으로 1차 포진은 원앙마 포진과 차림은 동일하나 2차 포진에서 변형을 한 포진이다. 이 포진은 양쪽 귀에 상이 와서 배치되었다고 해서 양귀상 포진이라 하는 것 같다. 프로들은 잘 쓰지 않는 포진이나 아마추어 대전에서는 가끔 볼 수 있는 포진이다.

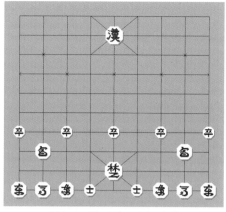

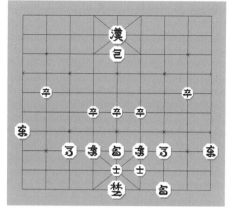

그림11 : 양귀상 포진 시작도   그림12 : 양귀상 포진 완성예

나. 26개의 포진 차림 조합

　상기의 5개의 기본 차림을 청(초), 홍(한) 양쪽에서 서로 조합을 하게 되면 아래와 같이 이론적으로는 26개의 서로 다른 차림이 생기게 된다. 그러나, 빨강으로 표시된 포진들만이 실전에서 비교적 자주 등장하는 포진이고 나머지 포진은 실전에서는 아주 보기 힘든 포진이어서 본 책에서는 실전에서 자주 나오는 14개의 주요포진에 대해서만 각 포진 차림의 특징과 전략을 살펴보도록 한다.

1. 귀마 대 귀마 포진법 (병렬형) 15. 면상 대 양귀마 포진법
2. 원앙마 대 귀마 포진법   16. 양귀마 대 면상 포진법
3. 면상 대 귀마 포진법   17. 면상 대 면상 포진법
4. 양귀마 대 귀마 포진법   18. 면상 대 양귀상 포진법
5. 양귀상 대 귀마 포진법   19. 원앙마 대 원앙마 포진법
6. 귀마 대 귀마 포진법 (맞상형) 20. 원앙마 대 양귀상 포진법
7. 귀마 대 원앙마 포진법   21. 양귀마 대 양귀마 포진법
8. 귀마 대 면상 포진법   22. 양귀마 대 양귀상 포진법
9. 귀마 대 양귀마 포진법   23. 양귀상 대 면상 포진법
10. 귀마 대 양귀상 포진법   24. 양귀상 대 원앙마 포진법
11. 원앙마 대 면상 포진법   25. 양귀상 대 양귀마 포진법
12. 면상 대 원앙마 포진법   26. 양귀상 대 양귀상 포진법
13. 원앙마 대 양귀마 포진법
14. 양귀마 대 원앙마 포진법

● 포진 전략의 분류표

포진상 주요전략은 쌍방 어떤 차림(1차 포진)을 선택한 후 게임을 시작하느냐에 따라 크게 달라질 수 있다. 특히 포진에서는 다른 단계보다도 전략적 사고(思考)가 아주 중요하다. 기물이 배치가 되는 단계이고 공격목표를 만들어 가는 단계이기 때문이다. 실전에서 가장 빈번히 나오는 포진 전략 유형들을 정리하면 아래의 14가지로 나눌 수 있다. 여기서 각 전략 별로 어떤 아이디어와 어떤 수법으로 포진을 짠 후 공격과 수비를 하고 주로 어떤 결과를 얻을 수 있는지에 중점을 두어 고수들의 실전을 연구하면 장기 실력의 향상에 크게 도움이 된다. 지금부터 자세히 소개할 각 포진법의 포진기본형을 암기를 하지 말고 그 근본 논리와 아이디어를 파악하기 위해 이 분류표에서 정리한 전략 관점에서 각각을 검토해 보면 기력 향상에 크게 도움이 될 것이라 확신한다.

전략1	빠른 공격템포의 선수 공격 전략 : 날카로운 선수 공격형 전략
전략2	느린 공격템포의 모양을 만든 후 공격하는 전략 : 형태 우선주의 수비형 전략
전략3	안정된 수비를 위한 빠른 안궁 전략
전략4	희생을 감수하더라도 형태를 중요시하는 전략 : 형태 보호 전략
전략5	희생을 통해 상대의 형태를 깨는 전략 : 형태 깨기 전략
전략6	상대의 반응을 보면서 응수하는 응수타진 전략
전략7	묶기를 풀기 위하거나 국부적 우위를 위한 대차 전략
전략8	한쪽을 내주고 다른 쪽을 공략하는 전략
전략9	수비를 하다가 공격으로 전환하는 공격 전환 전략
전략10	공격을 하다가 이득을 챙긴 후 수비로 전환하는 자물쇠 전략(굳히기)
전략11	상대를 유인하여 공략하는 전략 : 유인 전략
전략12	상대를 혼돈스럽게 하는 성동격서 전략
전략13	상대의 의도된 포진을 방해하는 전략
전략14	상대의 수낭비를 유도하는 수벌기 전략

다. 각 포진법의 특징

1) 귀마 대 귀마 포진법 (병렬형)

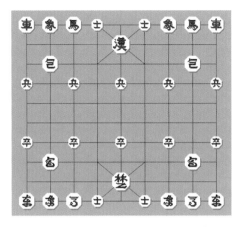

그림15 : 귀마 대 귀마 포진 차림

● 귀마 대 귀마 포진법 특징

이 귀마 대 귀마 포진 차림에서는 선수(先手) 공격자인 청(초)이 공격의 템포를 쥐게 된다. 선수 공격자는 다양한 작전으로 상대를 공략할 수 있는 유리한 입장이고 장기 게임의 약 70%~80%이상이 귀마 대 귀마 포진 차림에서 게임이 진행된다. 이 포진 차림의 특징은 초, 한 모두 긴장감을 가지고 첫수부터 끝날 때까지 방심할 수 없을 정도로 모든 수가 중요하고 위험성이 넘치고 스릴 있게 게임이 진행될 수 있다. 특히 이 포진 차림에서는 타 포진 차림보다 선수활용이 특히 중요하다. 차에 의해 묶인 병을 움직이지 못하게 묶어놓고 중포를 이용한 작전을 구사할 수도 있고, 빨리 우측 차를 가동시켜서 상대를 교란하거나, 양차합세를 할 수도 있고, 한쪽 진영을 약하게 하여 상대방의 수비수보다 더 많은 공격수를 더 투입시키는 전략도 짤 수 있고 그 외 다양한 전략을 구사할 수 있는 포진 형태를 갖는다. 좌측이나 우측 진영 중 전략상 중요한 어느 한쪽을 장악한 후에 이 곳으로 공격수들을 침투시키는 전략도 구사할 수 있다. 초는 후수(後手)인 한이 어떤 응수를 하더라도 한 수도 헛된 수를 두지 않고 올바른 공격과 방어를 한다면 주도권을 가질 수 있다. 초는 상대로부터 반격 받을 염려는 있지만 선수를 잘 활용하면 다이내믹한 공격을 할 수 있다. 반면 한은 포진 원칙을 성실히 지키면서 동등성을 얻기 위해 싸워야 한다. 만약 한이 소심하게 두어서 기물의 신속한 배치에 실패하면 상(象) 나갈 길이 없어 매우 나쁘게 갇히게 되고 적절히 활동할 수 없게 된다. 같은 기물을 의미 없이 여러 번 움직이거나 부주의하게 기물 진출을 하면 상대 반격에 의해 빠르게 응징 당할 수 있다. 또한 상황이 허락하지 않는 가운데 시기상조로 억지로 역공을 펼치려 하다가 실패하여 고전을 면치 못 할 우려도 많은 포진 차림이다. 반면에 이 포진 차림은 건전하고 양날의 검 같은 측면이 있어서 한에게 많은 반격기회가 있다. 특히 선수인 청(초)이 너무 야심만만하여 지나치게 섣부른 공격을 하는 성향을 가졌거나 전략 없이 무턱대고 공격을 하는 타입이라면 잘만 대응하면 쉽게 게임을 풀어나갈 수 있다. 후수 방어 측에서는 공격하는 측의 반대편에서 반격을 준비할 수 있다. 이렇게 되면 어느 한 쪽에서 초가 벌어놓은 이점을 한은 반대편에서 상쇄시킬 수 있다.

이 포진법에 대한 내용을 다 기술하자면 귀마 대 귀마 포진법 하나의 주제만으로 책한 권으로도 부족할 만큼 아주 복잡하고 다양한 변화가 많다. 포진법을 공부하면서 각변화의 모든 수순을 외우는 것은 그 자체도 힘든 일일 뿐만 아니라 설사 외웠다 하더라도 실전에서 별로 득이 되지 못한다. 가장 중요한 것은 그 포진 수순에 숨어있는 아이디어다. 독자들이 실전에서 부닥치는 상황은 책에서 언급한 수순대로 상대가 응하지도 않을 뿐 아니라 책에 있는 수순대로 진행되는 경우가 거의 없다.
단지 독자들이 책을 통해서 배워야 할 점은 포진의 원칙상 반드시 지켜야 하는 기본 수순과 그를 어기면 어떻게 응징을 받는가에 대한 원리를 파악하는 일이다.

● 귀마 대 귀마 포진 전략
이 포진 차림에서는 아래와 같이 기물의 배치되는 순서에 따라 전략이 달라지게 된다. 즉, 기물의 배치 순서 및 배치 형태와 포진 전략이 밀접한 관계가 있다. 앞으로 전개될 중반전 전략을 염두에 두고 먼저 둘 기물과 나중에 둘 기물을 계획하에 움직이는 것이 바람직하다. 또한 상대의 응수에 따라 처음 계획한 수순에서 그때그때 유연성 있게, 쌍방의 기물의 형태에 따라 적절한 전략 수정을 하면서 다음 전략을 짜 나가는 것이 필요하다.

포진 전략 수립 시 고려할 사항

● 선수 공격 전략
· 첫수로 어떤 기물을 움직이느냐에 따른 전략
· 어떤 마가 면포의 다리로 먼저 나가느냐에 따른 전략
· 어떤 포가 면포로 쓰이느냐에 따른 전략
· 상대 독졸을 어떻게 공격하느냐에 따른 전략
· 포의 분할 시기와 방법에 따른 전략
· 차의 진출 시기에 따른 전략
· 안궁 시기와 방법에 따른 전략

후수 방어 전략

· 독졸을 어떻게 방어해주느냐에 따른 전략
· 선수 공격을 어떻게 방어하느냐에 따른 전략
· 역공을 어떻게 만들어 가느냐에 따른 전략
· 상대의 공격 전략에 따른 적절한 방어 전략

다음은 위의 포진 전략 시 고려할 사항을 적용하여 수립한 기본형 19개 중 가장 대표적인 기본1형에 대한 각 수의 의미와 기본1형 완성 후 변화 전략에 대해서 알아보자.

● 귀마 대 귀마 포진 기본1형과 그 변화수의 전략

우선 여러분들이 유용하게 쓸 수 있는 기본1형에 대해서 설명을 자세히 하고자 한다. 근 20~30년 동안 고수들이 가장 많이 애용하는 수순은 1번 기본형으로서 소위 중앙병 좌포진이라는 포진법이다.

여기에서는 대표적으로 기본1형의 각수에 대해서 그 의미를 설명하고자 한다.
아래와 같이 기본1형의 수순과 완성도는 다음과 같다.

귀마 대 귀마 포진 기본1형
① a4졸b4 ② i7병h7 ③ h1마g3 ④ h10마g8 ⑤ h3포e3
⑥ h8포e8 ⑦ e4졸f4 ⑧ c10마d8 ⑨ g1상e4 ⑩ e7병d7

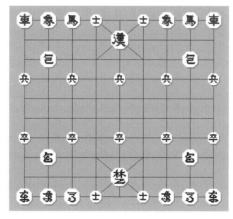

그림16 : 시작도

각 수의 의미를 포진 전략적 관점에서 알아보자.
① a4졸b4 : 귀마 대 귀마의 포진법에서 이 첫수는 적의 a7병을 고립시키기 위한

절대적인 선수(先手)이다. 이 수는 겉으로 보기에는 a4졸이 c4졸과 합졸이 되고 a1차의 길을 여는 단순한 의미로 보일지 모르지만 전략적인 의미가 숨어 있는 수이다. 이렇게 졸을 열면 **첫수부터 인질작전을 펴는 효과**가 있다. 즉, a1 초차가 a7 한병과 a10 한차를 묶는 효과가 있고 그 외의 또 다른 전략적인 이유가 있다. 즉, 한의 좌측의 병들의 운신의 폭을 좁게 만드는 의미가 있다. 이 수를 이해하기 위해서는 기물의 배치를 잘 봐야 한다. 우선 시작도를 보면 초 좌측의 기물 배치가 초차 옆에 b1상이 있고 그 상이 진출하게 되면 d4에 위치하게 되고 그 d4상은 한의 b7을 겨냥하게 된다. 또한 a4졸을 b4로 접게 되면 b3의 포가 b7을 자동으로 겨냥하게 되어서 b7 자리는 초의 공격 기물의 힘이 집중된 곳이 되어 한으로서는 아주 약한 부위가 된다. 그리하여 초로서는 한의 병이 a7병을 보호하기 위해 b7자리에 오지 못하게 처음부터 전략적으로 방해를 하는 의미가 크다. 이런 이유로 b4포도 면포로 사용을 하지 않고 h포를 e4면포로 배치해야 하는 전략적 기물 배치 레이아웃이 결정되는 것이다. 이런 심오한 의미를 모르고 아무렇게나 졸을 i3졸h3으로 접는 실수를 범하면 **초가 선수로서 처음부터 누릴 수 있는 선수의 혜택을 팽개치는 꼴**이 된다. 가끔 초보자 분들 중에는 이 중요성을 모르시는 분도 많이 계신데 이번 기회를 통해 이 수의 의미를 파악하시길 바란다. 이 한 수의 의미만 알아도 기력의 향상이 될 것이라 확신한다. 이런 원리는 타 포진에서도 동일하게 적용된다. **이런 사고방식(思考方式)으로 포진을 접해야 완벽하고 튼튼한 장기를 둘 수 있다.**

② i7병h7 : 한에서도 i10차의 길을 연다. 유사시에 한의 차가 중앙으로 진출할 기반을 만드는 수이다. 이 수도 한의 절대 중요한 수이다. 이 수를 생략하면 초에서 i4졸h4로 양차 길을 열게 되어 한이 초반부터 고전을 면치 못하게 된다.

③ h1마g3 : 앞에서 설명한 대로 h3의 포를 면포로 설치하기 위해 포다리 역할을 하는 h1마를 진출시킨다. 물론 전략에 따라 c1마를 진출시키는 변화형도 있으나 통상적으로 이 수가 귀마 대 귀마의 정수이다.

④ h10마g8 : h8의 포다리를 놓기 위해 마를 진출시킨다. 만약 c10마를 포다리로 쓰게 되면 초에서 h3포를 이용한 초반 기습 농포공격이 가능한 상황이 연출될 수 있으므로 이 마를 먼저 진출시켜 i10차의 옆을 비워놓는 것이 안전하다.

⑤ h3포e3 : 예정대로 면포를 설치한다. 면포를 일단 설치하기만 하면 수비나 공격 면에서 안정감을 찾고 다른 수를 둘 수가 있다.

⑥ h8포e8 : 이 h8포를 면포로 설치하여 농포공격을 대비한다.

⑦ e4졸f4 : 이 수는 두 가지 목적이 있는 수이다. 하나는 졸을 접음으로 인해 합졸이 되어 양졸이 서로 안정적으로 되는 장점이 있고 또 다른 하나는 마나 상이 나

갈 길을 비워주는 의미가 있다. 이처럼 하나의 수로 두 가지 목적을 달성하는 수
는 포진 단계에서는 경제적인 수이다. 약 50~60년 전만 해도 중앙에 졸을 모으
는 것이 유행이어서 이 수 대신 b1상d4 귀마 앞에 위치되는 상을 진출시키는 수
가 보편적인 때도 있었으나 그 후에 이 수가 절대적으로 많아졌다.

⑧ c10마d8 : 귀마를 빨리 설치하면 궁의 안정화를 가져오고 졸을 보호해 주는 후
원자 역할을 할 수 있기 때문에 이 수를 서두르는 것이다. 이 귀마는 수비의 핵
심이 된다.

⑨ g1상e4 : 중앙으로 상이 c7병을 위협하면서 진출한다. 이처럼 상대를 공격하면
서 기물을 진출하는 수는 시간을 버는 수이다. 상대가 다른 선택을 할 수 없게
하기 때문이다. 이런 위협하면서 진출하는 수는 절대 영순위의 수이다.

⑩ e7병d7 : c7병이 상에 의해 위협을 받으므로 병을 지켜주기 위해 합병을 한다.
또한 상이나 마의 나갈 길을 여는 의미도 있다. 물론 이 수의 단점도 있다. 한의
b10상이 나갈 길을 막고 있어서 당장은 상이 나갈 길이 없지만 나중에 병의 재
배치를 통해 포진을 꾸려갈 것이다.

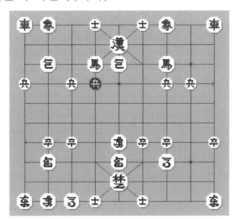

그림17 : 기본1형 완성도

　　여기까지 귀마 대 귀마 기본1형의 수순의 각 의미를 알아보았다. 이 수순 외에 다른
많은 기본형에 대해서는 기본형 요약표에 정리를 했으므로 참조 바란다. 이 기본1형은
가장 기본적이고 고수들이 과거로부터 많이 애용하는 수순이고 이 수순 이후의 많은
변화수가 생길 수 있다.

　　고수들의 대국의 대부분은 일단 게임시작부터 이 기본1형까지 되고 나서 그 이후에
각종 변화수들이 이 기본1형 이후에 전개가 되는데 여기에는 수 많은 전략이 있고 그
기본1형 포진후의 변화수만으로도 내용이 방대하다. 그러나 앞에서도 언급했듯이 그
세세한 변화수를 일일이 암기하는 것은 의미가 없고 더 중요한 것은 그 전략에 깔린 아

이디어이다. 여러분들이 스스로 연구하고 창의적으로 전략을 짜 보는 것이 더 중요한 것 같다. 참고적으로 기본1형 이후 변화수에 대해서 가능한 몇 개의 대표적인 전략들과 그 아이디어들을 다음과 같이 정리하였다. 크게 대표적으로 10개의 전략으로 나뉘게 되며 공격 전략과 방어 전략 등으로 구분된다.

기본1형의 그 후 변화수에 대한 대표적 전략 요약표

전략1	중포를 활용한 빠른 공격 전략 : 중포의 시기도 대국자의 기풍에 따라 다르다.
전략2	차를 일찍 출동시켜서 이른 공격을 하는 공격 전략
전략3	초궁을 내려서 빠른 안궁 또는 양차합세 등 다양한 공격과 수비 전략
전략4	한의 우차를 빨리 진출시켜 방어/역습하는 방어 전략
전략5	초의 학익진 공격 전략
전략6	한궁의 좌중궁 방어 전략 (한의 빠른 안궁 전략)
전략7	한의 좌사를 한 칸 올려 방어하는 방어 전략
전략8	초의 좌차를 일찍 진출시켜 공격하는 공격 전략
전략9	한의 좌차를 한 칸 올려 방어하는 방어 전략
전략10	한의 궁을 내려서 빠른 안궁을 꾀하는 방어 전략

아래 표는 위의 기본1형에 대한 10가지 변화 전략에 대한 대표적인 전략 예를 요약한 것이다. 한 전략당 수천수만의 변화수가 생길 수 있으며 다양한 전략을 위해서 대국자의 창의성이 요구된다. 아래에 기재한 수순은 많은 변화수중 하나의 예에 불과하다. 그 수순에 대해서는 직접 장기판에 기물을 놓으면서 수순을 음미하시고 암기하지 마시고 아이디어만 음미 바란다. 상대의 응수에 따라 이 수순은 전혀 다른 방향으로 갈 수 있기 때문이다.

귀마 대 귀마 포진 기본1형

① a4졸b4 ② i7병h7 ③ h1마g3 ④ h10마g8 ⑤ h3포e3
⑥ h8포e8 ⑦ e4졸f4 ⑧ c10마d8 ⑨ g1상e4 ⑩ e7병d7

기본1형 이후 변화 전략 요약표1

전략 수순	이른중포 공격포진	이른차 공격포진	초궁 내림 공격포진	한우차 올림 방어포진	학익진 공격포진
변화수	1	2	3	4	5
11	b3포b5	i1차h1	c1마d3	c1마d3	c1마d3
12	g10상e7	g10상e7	g10상e7	g10상e7	g10상e7
13	c4졸c5	a1차a5	e2장e1	c4졸c5	c4졸c5
14	i10차i6	d10사d9	i10차i6	i10차i6	i10차i6
15	c1마d3	a5차g5	i1차i2	i1차h1	g4졸g5
16	c7병c6	e9장d10	a10차a9	i6차f6	g8마h10
17	c5졸Xc6병	c1마d3	b1상d4	b3포b5	b1상d4
18	i6차c6	f10사e9	i6차c6	e7상Xg4졸	e9장d9
19	b5포b2	e4상Xg7병	i2차c2	f4졸Xg4상	i4졸i5
20	e9장e10	h7병Xg7상	c7병b7	g8마e7	i6차i9
21	i4졸h4	g5차Xg7병	f1사e2	g4졸f4	b3포b5
22	g8마h10	e8포e10	a9차c9	e9장d9	h10마f9
23	b2포f2	c4졸c5	a1차c1	b5포b2	b5포f5
24	h10마f9	d7병d6	c6차g6	d10사e9	d9장e9
25	h4졸h5	h1차h6	i4졸h4	e2장e1	f5포f2
26	c6차a6	c7병d7	d7병d6	c7병c6	i9차g9
27	a1차Xa6차	h6차h4	c4졸c5	b4졸b5	i5졸h5
28	a7병Xa6차	i10차f10	e8포c8	c6병Xc5졸	d7병d6
29	b1상d4	g7차g5	e4상Xg7병장군	b5졸Xc5병	f4졸f5
30	a10차a9	e10포c10	g6차e6	d9장d10	c7병c6

기본1형의 변화 전략 요약표2

전략 수순\변화수	좌중궁 방어포진 6	한좌사 올림 방어포진 7	초좌차 올림 공격포진 8	한좌차 올림 공격포진 9	한궁 내림 방어포진 10
11	c1마d3	c1마d3	a1차a5	c1마d3	c1마d3
12	e9장d9	g10상e7	d10사d9	g10상e7	e9장e10
13	b3포b5	c4졸c5	c1마d3	c4졸c5	e2장e1
14	d10사e9	d10사d9	e9장d10	a10차a9	i10차i9
15	c4졸c5	b3포b5	e2장e1	b3포b5	i1차i2
16	e8포e10	a10차a9	g10상e7	c7병b7	a10차a9
17	b5포b2	b5포b2	a5차g5	i1차h1	i2차a2
18	i10차i6	c7병b7	f10사e9	d10사d9	c7병b7
19	b2포i2	b2포i2	e4상Xg7병	b5포b2	b1상d4
20	i6차h6	i10차g10	h7병Xg7상	i10차i6	a9차b9
21	i4졸h4	i4졸h4	g5차Xg7병	e4상Xg7병	a2차a5
22	a7병b7	d7병c7	e8포e10	h7병Xg7상	g10상e7
23	a1차Xa10차	i2포c2	g7차g5	h1차h9장군	f1사e2
24	e10포Xa10차	c7병c6	a7병b7	e9장d10	b9차c9
25	i2포d2	c2포Xc6병	c4졸c5	b2포i2	e3포i3
26	b8포e8	d8마Xc6포	i10차i8	i6차f6	e8포i8
27	d2포d5	c5졸Xc6마	f1사e2	h9차g9	a5차d5
28	g8마e7	a9차c9	b8포e8	e8포i8	g7병g6
29	d5포b5	c6졸d6	i1차h1	e3포e8	c4졸c5
30	b7병a7	c9차c8	a10차a1	g8마e9	i9차d9

지금까지 기본1형 이후의 전략 예에 대해서 알아 보았고 다음은 다른 기본형의 종류를 알아보자. 귀마 대 귀마 포진 중 실전에서 가장 빈번하게 나오는 기본형 19가지 형을 모두 정리하면 아래 표와 같다. 물론 이것 이외에도 전략에 따라서는 더 많은 변

화형이 나오겠지만 대체로 무난히 진행된 대국에서 많이 나오는 기본형만 정리한 것이다. 아래표에는 선, 후수 각각 가급적 지켜야 하는 수순만 일목요연하게 정리를 한다. 각각의 기본형 수순에서 어긋나면 상대에게 응징을 당할 수 있는 기본형이 많으니 반드시 지켜야 하는 수순은 숙지하여야 한다. 이 기본형 수순 이상의 수순은 전략에 따라 자유롭게 구상을 하면 된다. 표에서 "."은 위와 동일이라는 표시이고, 핑크색부위는 변화가 시작되는 부위이고 파란색부위는 기본형 후 변화수 부위이다.

귀마 대 귀마 포진 기본형 요약표

기본형＼수순	1	2	3	4	5	6	7	8	9	10
1	a4졸b4	i7병h7	h1마g3	h10마g8	h3포e3	h8포e8	e4졸f4	c10마d8	g1상e4	e7병d7
2	상동(·)	·	·	·	·	·	·	·	·	c7병c6
3	·	·	·	·	·	·	·			c7병b7
4	·	·	·	·	·	·	·	e7병d7	g1상e4 외 기타	
5	·	·	·	·	·	·	·	e7병d7	i1차h1	
6	·	·	·	·	·	·	·	i10차i6	g1상e4 외 기타	
7	·	·	·	·	·	·	·	g7병f7	g1상e4	c7병c6
8	·	·	·	·	·	·	i1차h1	변화수		
9	·	·	·	·	·	·	b3포b5			
10	·	·	·	·	·	c10마d8	e4졸f4 장외 기타			
11	·	·	·	·	·	e9한d9				
12	·	·	·	·	·	c10마d8	b1상d4 외 기타			
13	·	·	·		·	i10차i6	e4졸f4 장외 기타			
14	a4졸b4	i7병h7	h1마g3	c10마d8	h3포e3	h10마g8	e4졸f4 장외 기타			
15	·	·	·	c10마d8	h3포e3	i10차i9	c1마d3 외 기타			

16	·	·	·	c10마 d8	h3포c3	h8포h3 외기타			
17	·	·	·	c10마 d8	h3포e3	i10차i6	c1마d3 외 기타		
18	·	·	·	i10차i6					
19	a4졸b4	i7병h7	c1마d3	h10마 g8					

비고) 1. "·"은 상기와 수순이 같다는 표기이고 핑크색 부위부터 변화수가 시작됨을 표시함.
　　　2. 파란색부위는 기본형의 끝으로 그 후부터는 대국자의 자유로운 선택에 의해 게임이 진행됨.
　　　3. 타 포진의 기본형도 이 표기법을 따른다.

2) 원앙마 대 귀마 포진법

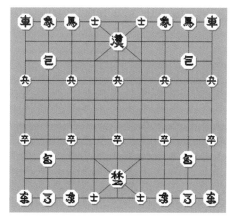

그림18

● 원앙마 대 귀마 포진법 특징

이 포진 차림은 원앙마 포진이 선수로 귀마를 상대로 공격을 하는 차림이다. 원앙마 포진은 양마를 중요시하고 마를 중앙으로 진출시키는 것이 특징이다. 이 원앙마 포진이 선수 공격자에게 주는 장점은 한마디로 압축하자면 강한 조직력을 통한 '압력'이다. 선수 공격자는 강한 조직력을 바탕으로 중앙을 통제하고 항상 상대의 면포를 위협할 기회를 노리고 상대를 크게 조이려고 한다. 이 조직적 압력이 강하기 때문에 일단 틀만 갖춘다면 상대방이 공격할 대상을 찾지 못하고 힘에 밀리다 패하는 경우가 많다. 특히 상대방의 차가 중앙에 진출했다가 마와 졸과 포의 그물에 걸려서 갈 곳이 없어 죽는 경우도 대단히 많아서 후수 귀마 입장에서는 차의 진출을 신중히 해야 한다. 원앙마는 일단 형태를 갖추고 나면 막강한 조직력을 갖기 때문에 전반적인 포진 전략은 일찍

부터 마의 전진기지를 중앙에 세운 후 졸을 상대의 진영으로 전진시켜 교환을 한 후 잉여 졸을 이용하여 상대 수비 기물의 자리 이탈을 강요한다. 그 후 면포나 기타 7선에 있는 수비 기물을 강하게 수세에 몰리게 하면 유리하게 된다. 또한 변에 진출했던 상이 종반전으로 진입하는 시점에서 궁성을 공략하여 외사를 만들게 하면 그 후에 귀포의 공격으로 상대를 공략하기 쉬워진다. 원앙마 포진의 단점은 포진의 형태를 갖출 때까지의 시간이 상대적으로 너무 걸리고 상대방이 먼저 기습을 하면 수습하는데 시간이 많이 걸린다는 점과 상대에게 위협을 주지 않으면서 포진을 형성하기 때문에 귀마 대 귀마 포진에 비해 후수입장에서 후수포진을 형성하는데 그리 큰 어려움이 없고 상대를 덜 긴장하게 만든다는 점과 상대방이 편히 안궁을 하고 여유롭게 기물의 형태를 갖출 때까지 시간을 허락한다는 점이다. 또한 양변의 상의 처신이 애매하고, 상이 상대 차에게 멱을 눌릴 위험이 있고, 공격속도가 귀마 포진에 비해서 다소 속도감이 떨어지고 비교적 공격 수법이 일정하고 단조로워서 상대방이 잘 대처한다면 초는 선수이면서도 게임을 풀어나가는데 어려움을 겪을 수 있으므로 전략적인 작전수립과 노련한 운영능력이 많이 필요하다.

● 원앙마 대 귀마 포진 전략

포진 전략 수립 시 고려할 사항

● 선수 공격 전략

· 첫수로 어떤 기물을 먼저 움직이느냐에 따른 전략
· 어떤 마가 면포의 다리로 먼저 나가느냐와 어떤 포가 면포로 쓰이느냐에
　따른 전략(우원앙마 또는 좌원앙마)
· 포의 분할 시기와 방법에 따른 전략
· 중앙에 어떤 기물이 나가냐에 따른 전략(중앙마 또는 중앙상)
· 차의 진출 시기에 따른 전략
· 상의 진출 시기와 진출 위치에 따른 전략
　(중앙상을 할지 아니면 변에 배치할지… 등등….)
· 안궁 시기와 방법에 따른 전략

● 후수 방어 전략

· 선수 공격을 어떻게 방어 하느냐에 따른 전략
· 중앙의 기물 배치를 어떻게 할 것이냐에 따른 전략
　(중앙상 배치 또는 중앙병 모음 전략 등등)

· 상대의 원앙마의 힘을 어떻게 상쇄시킬지에 따른 전략
  (마의 교환 전략 또는 졸의 진출 전략)
· 귀마 앞에 진출한 상을 어떻게 처리해주느냐에 따른 전략
· 역공을 어떻게 만들어 가느냐에 따른 전략

원앙마 대 귀마 포진 기본1형

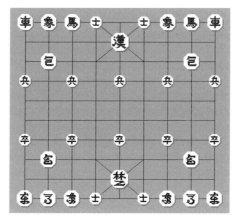

그림19

① i4졸h4 ② h10마g8 ③ h1마g3 ④ h8포e8 ⑤ h3포e3
⑥ a7병b7 ⑦ b1마c3 ⑧ b10상d7 ⑨ e4졸d4 ⑩ c10마d8

원앙마 대 귀마 포진 기본1형

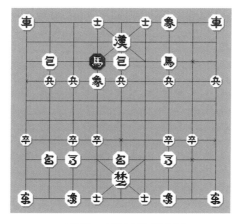

그림20 : 기본1형 완성도

각 수의 의미를 포진 전략적 관점에서 알아보자.

① i4졸h4 : 원앙마 대 귀마의 포진법에서 이 첫수는 귀마 대 귀마 포진법에서 첫수로 졸을 접는 방향과 완전히 반대쪽 졸을 접는 것이 다르다. 여기에도 전략적인 의미가 숨어있다. 여기서 만약 a4졸b4로 졸을 접게 되면 선수를 두었던 원앙마가 후수인 귀마에게 공격을 당하는 결과가 된다. 즉, 2. i7병g7병으로 우측에서 한이 병을 접고 차후에 b10상과 b8포가 b4자리를 겨냥하여 한에서 포, 상 양득 작전을 펴서 초에서 불리하게 된다. 이러한 전략적인 이유가 졸과 병을 접는 행마와 깊은 연관관계가 있어서 첫수부터 이런 것들을 잘 인식하고 조심히 행마를 해야 한다.

② h10마g8 : 빨리 면포를 설치하기 위해 마를 진출시킨다. 비상시에 i10의 차가 옆으로 피할 자리도 마련하는 의미도 있다.

③ h1마g3 : 오른쪽 포를 면포로 설치하기 위해 h1마를 포다리로 쓰기 위해 진출시킨다.

④ h8포e8 : 면포를 설치하면서 궁의 안정화를 시킨다.

⑤ h3포e3 : 같이 면포를 설치한다.

⑥ a7병b7 : 차길을 열기 위한 수이다.

⑦ b1마c3 : 원앙마를 이루기 위한 나머지 마를 진출시킨다.

⑧ b10상d7 : 비상시 농포공격의 위험을 미연에 방지하고자 차 옆을 비우는 효과도 있고 공격을 위한 의미도 있다.

⑨ e4졸d4 : 합졸을 하면서 졸을 튼튼히 하고 차후에 다른 기물이 나갈 길을 여는 효과도 있다.

⑩ c10마d8 : 귀마 장기의 수비의 핵심인 귀마를 설치한다. 궁의 수비를 위한 의미도 있고 차후에 졸을 보호해 주기 위한 의미도 있다.

여기까지 수순이 원앙마 대 귀마 포진의 기본1형이다. 이 수순이 가장 무난한 정석이며 이 수순 이외에도 많은 변화형이 있는데 나머지는 기본형 요약표에서 정리하도록 한다.

● 원앙마 대 귀마 포진의 기본형 종류

기본1형을 포함하여 원앙마 대 귀마 포진 중 실전에서 가장 빈번하게 나오는 가장 기본적인 기본형 11가지 형을 모두 정리하면 아래 표와 같다. 이 기본형 수순 이상의 수순은 전략에 따라 자유롭게 구상을 하면 된다.

원앙마 대 귀마 포진 기본형 요약표

수순 / 기본형	1	2	3	4	5	6	7	8
1	i4졸h4	h10마g8	h1마g3	h8포e8	h3포e3	a7병b7	b1마c3	b10상d7
2	·(상동)	·	·	·	·	·	·	e7병 f7
3	·	·	·	·	·	·	·	c10마d8
4	·	·	·	·	·	·	·	c7병c6
5	·	·	·	·	·	·	e4졸d4	i10차h10
6	·	·	·	·	a4졸b4	b10상d7	b1마c3	c10마d8
7	·	·	·	·	b1마c3	a7병b7	b3포e3	a10차a9
8	·	·	·	c10마d8	h3포e3	b8포e8	a4졸b4	b10상d7
9-1	b1마c3	i7병h7	b3포e3	h10마g8	a4졸b4	b10상d7	e4졸d4장	h8포e8
9-2	b1마c3	i7병h7	b3포e3	h10마g8	h1마g3	h8포e8	a4졸b4	b10상d7
9-3	b1마c3	h10마g8	b3포e3	h8포e8	h1마g3	i7병h7	e4졸d4	b10상d7

3) 면상 대 귀마 포진법

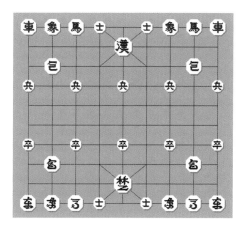

그림21 : 시작도

● 면상 대 귀마 포진법 특징

　면상 선수 포진에서는 가장 중요한 중앙의 수비수이자 공격 기물인 면포를 놓는 대신에 면상과 졸과 고등마 등 수비 기물의 방벽을 중앙에 배치하여 면을 두텁게 강화한 후 서로 다른 선에 분할하여 배치된 두 개의 포를 활용하여 화려한 공중전을 하겠다는 지극히 다이내믹하고 공격적인 포진이다. 이 포진에서 선수 공격 측에서 짤 수 있는 중요한 전략 중 하나는 포를 좀 더 공격에 사용하여 초반부터 효과적으로 농포(弄包)를 활용하여 적진의 기물의 위치를 교란시키는 작전이다. 이것이 성공한다면 주도권을 잡게 되고, 공격수의 활동영역이 넓어지게 되고 반면에 후수 귀마 수비 측은 수비수가 위협받게 되어 기물들이 서로 엉키는 등 상당한 수비교란을 받게 된다. 면상 측의 기습적인 농포공격으로 한의 차가 고립되거나 묶여서 한이 기동성을 상실하게 될 수도 있다. 그러나 면상을 설치하기 위해 안궁을 하고 1선과 3선에서 활약하도록 상포와 하포로 분할하는 시간이 다소 걸려서, 지극히 선수 공격만으로 상대를 위협하면서 절묘하게 시간절약을 하면서 기물 배치를 해야만 포진을 무난히 형성할 수 있다는 단점이 있다. 따라서 경험이 부족한 초보자가 단지 면상의 모양만 만드는 것을 목표로 시간을 허비하면서 어설프게 포진을 형성한다면 상대가 대처하기가 용이하고 역습이 가능하기 때문에 상대의 반격에 수비적으로는 아주 위험한 포진이다. 이 면상 포진은 실전경험이 풍부하고 노련한 고수들이 많이 구사하는 포진이기는 하나, 엉성하게 전략을 짜면 상대방의 면포공격에 대처하기에는 궁성의 중앙인 면이 너무 약해서 유리벽처럼 쉽게 부숴질 수 있는, 수비적으로 약한 면모를 보이는 포진이기도 하다. 자신의 허술한 수비의 약점을 잘 알아서 교묘히 상대방의 공격수의 침투를 방지함과 동시에 상대가 공격을 하지 못하게 시간적인 틈을 주지 않고 시간차 공격을 하고 선수 공격을 이어가면서 수비를 자연스럽게 연결해야만 유리한 게임운영을 할 수 있는 포진이다. 특히 상대가 귀마인 경우는 상대방도 똑같이 면포를 이용해서 농포공격을 하면서 역습을 할 소지가 상당히 많기 때문에 치밀한 전략을 세워야 한다.

면상 대 귀마 포진 기본1형

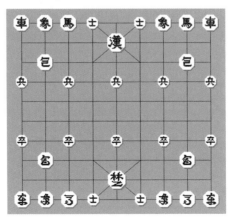

그림22 : 시작도

① a4졸b4 ② i7병h7 ③ c1마d3 ④ h10마g8 ⑤ h3포c3
⑥ h8포e8 ⑦ e2초e1 ⑧ c10마d8 ⑨ f1사e2 ⑩ e8포i8

면상 대 귀마 포진 기본1형

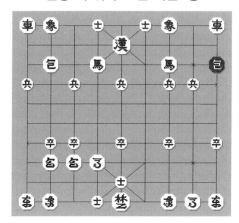

그림23 : 완성도

● 면상 대 귀마 포진 전략

포진 전략 수립 시 고려할 사항

● 선수 공격 전략
- · 언제 면상을 설치하는가에 따른 전략
- · 중앙에 졸의 벽을 어떻게 설치하는가에 따른 전략
- · 귀마의 처리방안에 따른 전략 (고등마 또는 곁마 외 다수)
- · 상대의 진마(g8마)를 어떻게 공격하느냐에 따른 전략
- · 포의 분할 시기와 방법에 따른 전략
- · 차의 진출 시기에 따른 전략
- · 안궁시기와 방법에 따른 전략
- · 곁마와 상의 처리 방법에 따른 전략

● 후수 방어 전략
- · 농포의 기습 공격을 어떻게 방어하는가에 따른 전략
- · 진마(g8마)를 어떻게 방어해 주느냐에 따른 전략
- · 역공을 어떻게 만들어 가느냐에 따른 전략
- · 차의 진출 시기를 언제 하느냐에 따른 전략
- · 상대의 포진형성을 어떻게 방해하느냐에 따른 전략

● 면상 대 귀마 포진의 기본형 종류

기본1형을 포함하여 면상 대 귀마 포진 중 실전에서 가장 빈번하게 나오는 가장 기본적인 기본형 6가지 형을 모두 정리하면 아래 표와 같다. 이 기본형 수순 이상의 수순은 전략에 따라 자유롭게 구상을 하면 된다.

면상 대 귀마 포진 기본형 요약표

기본형＼번호	1	2	3	4	5	6	7	8
1	a4졸b4	i7병h7	c1마d3	h10마g8	h3포c3	h8포e8	e2초e1	c10마d8
2	·(상동)	·	·	·	·	·	·	e7병d7
3	·	·	·	·	·	·	b1상e3	변화수
4	·	·	·	·	·	·	c3포i3	·
5	·	·	·	e7병d7	h3포c3	i10차i6	b1상e3	·
6	·	h10마g8	c1마d3	h8포e8	h3포c3	i10차h10	c2초e1	·

4) 양귀마 대 귀마 포진법

양귀마 대 귀마 포진 기본1형

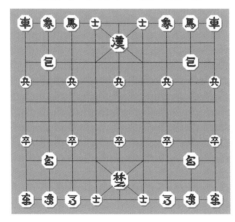

그림24 : 시작도

● 양귀마 대 귀마 포진법 특징

이 포진 차림은 양귀마가 선수가 되어 후수인 귀마포진을 상대하는 포진 차림이다. 이 양귀마 선수 포진에서 선수 공격 측에서 짤 수 있는 전략 중 하나는 효과적으로 중앙졸을 전진시켜서 중앙에 졸의 장막을 쳐서 적진을 마비시키는 작전이다. 또한 변의 한쪽을 졸로 벽을 만들고 열린 줄에 일찍 차를 배치시켜서 상, 차 합동작전으로 적진의

2선에 일찍 침투하여 상대를 교란시키는 작전이 주효하다. 이 양귀마 포진의 장점은
양상(兩象)의 길을 많이 열어 놓음으로 인해 상대방의 졸과 차에 위협을 가하면서 양
득작전이나 침투작전이나 생포작전 등등 공세를 취하기 좋은 점을 꼽을 수 있다. 포진
초기에 차는 적진에 일찍 침투하여 들어가서 적진을 교란하기가 쉽고 양쪽의 졸/병이
상쇄된 후 상이 적진에 주둔하게 되면 궁의 중앙을 노리는 작전을 쓰기가 쉽고 이어서
뒤 따르는 마의 공격 루트도 적의 궁 중앙에 침투하기 쉽게 되어 있다. 초반에 중앙졸
을 진격시키는 이 작전이 성공한다면 졸 뒤에서 후원하는 공격수의 활동영역이 넓어지
게 되고 반면에 귀마 수비 측은 뒤로 후퇴하게 되어 상당한 압박을 받게 된다. 후수 귀
마 측에서 차를 전면에 진출시킬 때는 양귀마 포진의 양상의 그물에 걸리기 쉬우므로
상의 위협을 잘 고려하여 행마를 해야만 차가 죽는 불행한 경우는 피할 수 있다. 또한
양귀마 차림으로 시작하여 면상 포진으로 변환시킬 수도 있다. 상대가 이런 포진의 변
화에 대처를 못하여 게임의 흐름을 양귀마가 쥐는 경우도 많다. 그러나 이 양귀마 선수
포진은 상대방이 양귀마 포진에 대해 방비법을 알아서 미리 조치를 하면 불리할 수 있
다. 만약 상의 표적을 피하기 위해 졸을 재배치하여 상이 공격목표를 잃게 되면 공격의
실마리를 놓칠 수 있다. 또한 양귀마 포진측의 차의 길을 포로 차단하여 궁성근처의 침
투를 방지해 놓고 면졸의 대살(對殺)을 감행하는 동시에 졸 공격을 먼저 감행하게 되면
양귀마의 양상이 위협을 받아 오히려 꼬이게 된다. 이 포진 차림에서는 후수인 귀마 측
에서 공격 표적을 피하여 적절한 전략을 구사하여 방어한다면 쌍방 서로 팽팽하게 맞
서는 답답한 형태를 이루게 되어서 서로 상대 진영으로 침투하기가 너무 어렵게 되는
경우도 많다.

쌍방 모두 차의 돌파구를 잘 마련하는 것이 승패에 직결이 된다고 말할 수 있다.

양귀마 대 귀마 포진 기본1형

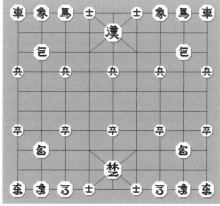

그림25 : 시작도

① a4졸b4 ② h10마g8 ③ c1마d3 ④ h8포e8 ⑤ e4졸e5
⑥ i7병h7 ⑦ h1상f4 ⑧ h7병h6 ⑨ b3포e3 ⑩ c10마d8

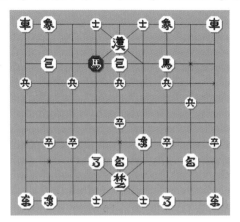

그림26 : 완성도

● 양귀마 대 귀마 포진 전략

포진 전략 수립 시 고려할 사항

● 선수 공격 전략

· 첫수로 어떤 기물을 움직이느냐에 따른 전략
· 어떤 마가 면포의 다리로 먼저 나가느냐에 따른 전략
· 어떤 포가 면포로 쓰이느냐에 따른 전략
· 중앙졸을 어떻게 처리하느냐에 따른 전략
· 포의 분할시기와 방법에 따른 전략
· 차의 진출 시기에 따른 전략
· 안궁시기와 방법에 따른 전략

● 후수 방어 전략

· 선수 공격을 어떻게 방어하느냐에 따른 전략 (차의 침투 방지 등등)
· 상대의 양득작전을 어떻게 방어하느냐에 따른 전략
· 역공을 어떻게 만들어 가느냐에 따른 전략
· 선수를 어떻게 가지고 오느냐에 따른 전략

● 양귀마 대 귀마 포진의 기본형 종류

　기본1형을 포함하여 양귀마 대 귀마 포진 중 실전에서 가장 빈번하게 나오는 가장
기본적인 기본형 10가지 형을 모두 정리하면 아래 표와 같다. 이 기본형 수순 이상의

수순은 전략에 따라 자유롭게 구상을 하면 된다.

양귀마 대 귀마 포진 기본형 요약표

수순 기본형	1	2	3	4	5	6	7	8	9	10
1	a4졸b4	h10마g8	c1마d3	h8포e8	e4졸e5	i7병h7	h1상f4	h7병h6	b3포e3	c10마d8
2	.	.	.	.	.	.	.	.	.	h6병g6
3	.	.	.		.	c10마d8	h3포e3	e7병e6		
4	.	c10마d8	c1마d3	b8포e8	e4졸e5	e7병f7 장군	b3포e3	g10상e7		
5	.	c10마d8		.	.	.	.	i7병h7		
6	.	c10마d8	g1마f3	b8포e8	c4졸d4	e7병f7 장군	h3포e3	g10상e7		
7	g1마f3	h10마g8	h3포e3	h8포e8	e4졸e5	a7병b7	c1마d3	c10마d8		
8	g1마f3	h10마g8	a4졸b4	h8포e8	e4졸e5	i7병h7	h3포e3	c10마d8		
9	c1마d3	a7졸b7	b3포e3	c10마d8	g1마f3	b8포e8	e4졸e5	e7병f7		
10	c1마d3	a7졸b7	b3포g3	i7병h7	g3포g5	g7병f7	g5포g2	h7병g7		

5) 양귀상 대 귀마 포진법

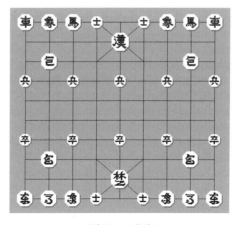

그림27 : 시작도

● 양귀상 대 귀마 포진법 특징

양귀상 대 귀마 포진 차림은 선수인 양귀상이 귀마를 상대로 포진을 형성하여 공격을 하는 차림이다. 양귀상 포진은 양상이 면포 옆의 양귀에 배치되어 진을 짜는 포진으로, 포진법 중에는 아주 드물게 사용하는 포진법이다. 처음 시작하는 차림의 형태는 원앙마 차림과 같이 마/상/상/마로 차려져서 상대방은 원앙마 포진인줄 알았다가 포진이 진행되면서 비로소 양귀상인 줄 알게 된다. 이 포진의 특징은 양귀마 포진과 유사하게 양상을 잘 활용하는데에 역점을 두는데 주로 졸을 전진시켜서 졸/병의 교환을 도모한 후 양상을 이용하여 상대방의 면포를 위협하는 전략을 구사할 수 있고 양상이 미치는 범위가 16군데나 되기 때문에 상대편 기물을 위협하기 쉽게 되어 있다. 양귀상을 차리는 전략도 양마를 어떻게 처리하는 가에 따라서 몇 가지로 나뉘게 된다. 양귀상 포진은 포진을 짜기에는 시간이 많이 소요되나 일단 형성이 되면 졸의 교환이 이루어 진 후 상의 활동 범위가 넓고 상의 활약이 두드러져서 상대가 상당히 곤란해지는 포진이다. 후수 귀마의 입장에서 중앙에 일찍 차가 진출하면 졸과 양상의 그물에 걸려서 차가 횡사하는 경우가 많으니 특히 조심해야 한다. 후수인 귀마의 입장에서는 상대가 양귀상 포진을 차릴 기미가 보이면 차와 중포를 이용하거나 상, 마, 차의 연합작전을 하여 상대의 양귀상 차림을 최대한 방해하여 한 쪽 귀상만 만들게 하고 양귀상을 포기하게 하는 전략을 구사해야 중반전과 종반전에서 승산이 있다. 따라서 이러한 양귀상 포진의 장, 단점을 잘 파악하여 후수의 전략을 수립해야 한다.

양귀상 대 귀마 포진 기본1형

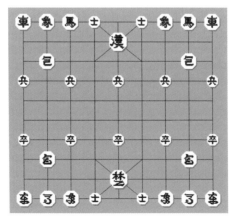

그림28 : 시작도

① i4졸h4 ② h10마g8 ③ h1마g3 ④ h8포e8 ⑤ h3포e3
⑥ a7병b7 ⑦ e4졸d4 ⑧ g7병f7 ⑨ b1마c3 ⑩ c10마d8
⑪ b3포d3 ⑫ b10상d7 ⑬ d1사d2 ⑭ d10사d9 ⑮ e2장e01

⑯ e9장d10 ⑰ c1상f3 ⑱ f10사e9 ⑲ d3포d1

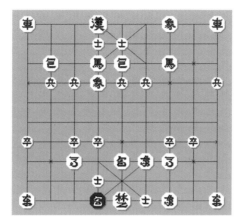

그림29 : 완성도

● 양귀상 대 귀마 포진 전략

포진 전략 수립 시 고려할 사항

● 선수 공격 전략

- · 첫수로 어떤 기물을 움직이느냐에 따른 전략
- · 어떻게 효율적으로 마를 보호하면서 양귀상을 짜느냐에 따른 전략
- · 포의 분할 시기와 방법에 따른 전략
- · 차의 진출 시기에 따른 전략
- · 안궁시기와 방법에 따른 전략
- · 양귀상 형성 후 어떻게 상대의 병과 졸을 대살시켜서 상의 활동을 강화하는가에
  따른 전략

● 후수 방어 전략

- · 선수 공격을 어떻게 방어 하느냐에 따른 전략 (차의 침투 방지 등등)
- · 상대의 양득작전을 어떻게 방어하느냐에 따른 전략
- · 역공을 어떻게 만들어 가느냐에 따른 전략
- · 선수를 어떻게 가지고 오느냐에 따른 전략

● 양귀상 대 귀마 포진의 기본형 종류

기본1형을 포함하여 양귀상 대 귀마 포진 중 실전에서 가장 빈번하게 나오는 가장
기본적인 기본형 4가지 형을 모두 정리하면 아래 표와 같다. 이 기본형 수순 이상의 수
순은 전략에 따라 자유롭게 구상을 하면 된다.

기본형 \ 수순	1	2	3	4	5	6	7	8	9
1	i4졸h4	h10마g8	h1마g3	h8포e8	h3포e3	a7병b7	e4졸d4	g7병f7	b1마c3
2	.	.	.	.	.	c10마d8	b1마c3	b10상d7	d1사d2
3	h1마g3	h10마g8	h3포e3	h8포e8	b1마c3	i7병h7	b3포d3	e7병f7	g4졸f4
4	a4졸b4	i7병h7	h1마g3	h10마g8	h3포e3	h8포e8	d1사d2	d10사d9	e2장e1

양귀상 대 귀마 포진 기본형 요약표

6) 귀마 대 귀마 포진법 (맞상형)

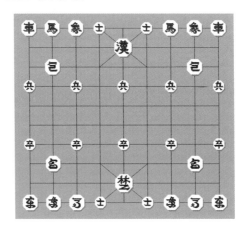

그림30 : 시작도

● 귀마 대 귀마 맞상 포진법 특징

이 귀마 대 귀마의 맞상 포진 차림은 예전에 동네에서 많은 동호인들이 이런 차림으로 장기를 두곤 하였으므로 소위 '동네장기'라고 칭하는 차림으로서 처음 장기를 배울 때 여러분들도 이런 차림으로 장기를 둔 경험이 많았으리라 생각이 든다. 또한 아직도 인터넷의 아마추어의 대국에서 많이 등장이 되는 포진 차림이다. 그러나 이 포진 차림은 앞에서 1번으로 소개했던 귀마 대 귀마 포진의 병렬형 차림과는 대조적으로, 선수 공격을 하는 귀마에게는 별로 선수의 효과가 없는 포진 차림이다. 서로 기물들이 대칭으로 되어 있어서 흉내장기를 두기에는 좋으나 중요한 역할을 하는 귀마 앞에 놓인 '귀윗상'이 쌍방 서로 길이 같아서 싱겁게 교환을 한 후 다른 기물들을 단순히 배치하는데 중점을 두고 서로 긴장감 없이 아주 무미건조한 대국이 이루어지곤 하여 1.5점을 후수에게 덤을 주어야 하는 프로대국에서는 프로들은 피하는 포진 차림이다. 전략적이라기보다는 전술적으로 게임이 운영되는 경향이 짙은 차림이고 잔수를 잘 내서 상대의 기물을 교묘히 잡아 최종적으로는 기물의 우세로 승패를 결정짓는 작전이 주효한 포진 차림이다. 따라서 서로 빅을 형성할 가능성이 높은 포진이므로 변칙적으로 처음에는 면상을 차려서 초반에 농포로 기습 공격하는 수법을 구사하기도 하여 상대를 놀라게 하는 작전을 구사할 수는 있어서 경험이 많지 않은 초심자의 입장에서는 이에 대한 방비책을 가지고 있어야 한다. 이 포진의 특징은 어느 한 쪽이 면상 포진으로 시작했다가 경우에 따라서 귀마로 변환을 하는 포진의 변환 유연성은 가지고 있다. 그러나 작전에 따라서는 방어하는 측면에서도 똑같이 농포공격을 하면서 쉽게 대처할 수 있어서 선수 공격을 하는 측에서는 작전을 잘 수립해야 효과적으로 게임을 풀 수 있다. 공격의 실마리를 좀처럼 잡기 힘든 경향이 높은 포진 차림이다.

  이 차림은 초심자들이 서로 장기의 행마법을 익히기 위해서 두기에는 서로 부담이 없는 차림이지만 장기의 깊은 맛을 느끼기에는 너무 단조로운 포진 차림이다. 처음에는 이 포진으로 장기를 배운 후 다른 포진으로 깊이를 더 하는 것을 추천하고 싶다.

귀마 대 귀마 맞상 포진 기본1형

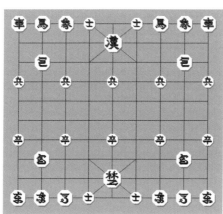

그림31 : 시작도

① c1마d3 ② g10마f8 ③ b1상d4 ④ i7병h7 ⑤ h3포c3
⑥ h8포e8 ⑦ c3포i3 ⑧ e8포i8 ⑨ b3포e3 ⑩ e9장e10
⑪ i4졸h4 ⑫ d10사e9 ⑬ a4졸b4 ⑭ h10상f7 ⑮ g1상i4
⑯ i10차g10 ⑰ h1마f2 ⑱ b8포h8

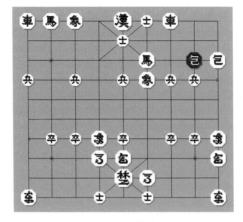

그림32 : 완성도

● 귀마 대 귀마 맞상 포진 전략

● 선수 공격 전략

· 졸, 마 중 어떤 기물을 먼저 움직이느냐에 따른 전략
· 어떤 마가 면포의 다리로 먼저 나가느냐에 따른 전략
· 면포를 쓸지 면상을 쓸지에 따른 공격 전략
· 어떤 포가 면포로 쓰이느냐에 따른 전략
· 포의 분할 시기와 방법에 따른 전략
· 차의 진출 시기에 따른 전략
· 안궁시기와 방법에 따른 전략

● 후수 방어 전략

· 선수 공격을 어떻게 방어 하느냐에 따른 전략
· 역공을 어떻게 만들어 가느냐에 따른 전략

● 귀마 대 귀마 맞상 포진의 기본형 종류

기본1형을 포함하여 귀마 대 귀마 맞상 포진 중 실전에서 가장 빈번하게 나오는 가장 기본적인 기본형 8가지 형을 모두 정리하면 아래 표와 같다. 이 기본형 수순 이상의 수순은 전략에 따라 자유롭게 구상을 하면 된다.

귀마 대 귀마 맞상 포진 기본형 요약표

수순 / 기본형	1	2	3	4	5	6	7	8	9
1	c1마d3	g10마f8	b1상d4	i7병h7	h3포c3	h8포e8	c3포i3	e8포i8	b3포e3
2	h1마g3	b10마c8	h3포e3	b8포e8	e4졸f4	e7병d7	g1상e4	g7병g6	i1차h1
3	a4졸b4	i7병h7	h1마g3	b10마c8	h3포c3	h10상f7	c1마d3	b8포e8	b1상d4
4	a4졸b4	i7병h7	c1마d3	g10마f8	b3포e3	h8포e8	h1마g3	b10마c8	h3포f3
5	· (상동)	·	·	·	h3포c3	h8포h3	e4졸f4	h10상e8	g1상e4
6	·	·	·	·	h3포c3	h8포h3	d3마f2	h3포h9	b1상e3
7	·	·	·	b10마c8	h3포c3	h8포h3	d3마f2	h3포h9	b1상e3
8	·	g10마f8	c1마d3	h8포e8	h3포c3	h10상f7	b1상e3	e7병d7	d3마e5

7) 귀마 대 원앙마 포진법

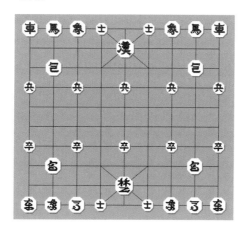

그림33 : 시작도

● 귀마 대 원앙마 포진법 특징

귀마가 선수이고 원앙마가 후수인 이 포진 차림은 실전에서도 많이 등장하는데, 선수의 공격자가 합리적이고 전략적인 공격으로 기선을 제압해야만 승산이 있다. 과거에는 귀마가 선수이면 원앙마 후수가 무조건 불리하다는 식으로 인식이 되었으나 그후 수십 년 동안 원앙마를 열심히 연구하던 많은 고수들의 지속적인 연구에 힘입어 최근에는 원앙마 후수 포진도 귀마 선수를 상대로 둘만한 포진 차림이 되었고 최근 아마추어 대국자 간의 인터넷 대국에서도 심심치 않게 볼 수 있게 되었다. 후수 측의 모양은 초반에는 밀려 있게 되지만 공격 측에서도 쉽게 공격을 성공시킬 수 없다는 점이 특징이다. 선수 공격자는 후수 원앙마가 포진을 짜는데 시간이 걸린다는 단점을 잘 감안하여 전략적인 계획을 수립 후 공격을 해야 한다. 그러나 후수의 포진은 커다란 역동적 힘을 감추고 있기 때문에 방심은 금물이다. 후수 측이 역동적으로 큰 잠재적 에너지를 가지고 수비를 할 수 있기 때문이다. 또 이 포진 차림에서는 과도히 공격적이고 충동적인 선수 공격자를 상대로 후수 방어가 잘 통한다. 이 원앙마 후수포진이 후수 방어자에게 주는 장점은 겉으로는 약해 보여도 만만치 않은 강한 조직력과 기물간의 상호 보완 능력이다. 후수방어자는 강한 조직력을 바탕으로 중앙을 통제하면서 상대방의 면포를 위협할 기회를 노리고 항상 역습을 할 찬스를 노리면서 상대의 목을 서서히 조이는 전략을 구사한다. 이 은근과 끈기로 뭉친 조직적 압력이 강하기 때문에 일단 틀만 갖춘다면 원앙마 포진의 기물간의 상호 유기적인 협력관계가 너무 좋아서 선수 공격자가 공격할 대상을 찾지 못하다가 제 풀에 지쳐서 서서히 힘에 밀리다 패하는 경우가 많다. 수비 측에서는 원앙마 포진의 백미는 중앙전이므로 면포하는 방향을 상황에 따라 잘 설정한 후 졸/병 교환 후 중앙을 장악하는 전략을 구사할 수 있는 반면에 공격 측에서 착안할 작전은 상대가 원앙마 포진일 경우 양마의 멱을 막는 것이 중요하다는 점을 염두에 두고 수비의 두 마가 서로 돕는 형태에서 공격자의 졸이 어느 한쪽 마를 공격하면 이 조화가 깨진다는 점을 이용해야 한다. 아니면 처음부터 원앙마의 두 마 중 하나를 교환하여 양마의 조화를 깨는 전략을 구사할 수도 있다. 귀마 선수 대 원앙마 후수포진에서의 또 다른 공격 전략은 양차를 활용하여 원앙마 형태를 갖추지 못하게 방해하는 것이다. 원앙마가 선수일 때는 다소 여유가 있게 판을 짤 수 있으나, 반대로 후수가 되어서 선수 공격을 하는 귀마 포진을 상대할 경우는 단 한 수라도 느슨한 수를 두거나 상대의 공격에 방심을 하다가는 원앙마의 형태도 짜기도 전에 양차의 습격을 받아서 쉽게 무너지는 경우도 많으므로 긴장감을 가지고 철저한 전략적 사고를 바탕으로 판을 짜야 승산이 있다.

귀마 대 원앙마 포진 기본1형

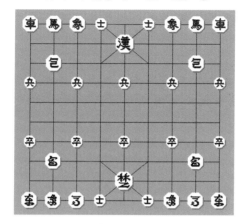

그림34 : 시작도

① i4졸h4 ② h10마g8 ③ h1마g3 ④ h8포e8 ⑤ h3포e3 ⑥ e7병d7 ⑦ a4졸b4

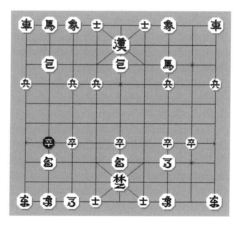

그림35 : 완성도

● 귀마 대 원앙마 포진 전략

포진 전략 수립 시 고려할 사항

● 선수 공격 전략

· 어떤 졸을 먼저 접느냐에 따른 전략
· 어떤 마가 면포의 다리로 먼저 나가느냐에 따른 전략
· 어떤 포가 면포로 쓰이느냐에 따른 전략
· 상대 원앙마 포진 형성을 어떻게 방해하느냐에 따른 전략
· 포의 분할 시기와 방법에 따른 전략

· 차의 진출 시기에 따른 전략
· 안궁 시기와 방법에 따른 전략

● 후수 방어 전략

· 귀마의 초반 기습 공격을 어떻게 방어해주느냐에 따른 전략
· 원앙마의 틀을 어떻게 효율적으로 형성하느냐에 따른 전략
· 역공을 어떻게 만들어 가느냐에 따른 전략

● 귀마 대 원앙마 포진의 기본형 종류

기본1형을 포함하여 귀마 대 원앙마 포진 중 실전에서 가장 빈번하게 나오는 가장 기본적인 기본형 15가지 형을 모두 정리하면 아래 표와 같다. 이 기본형 수순 이상의 수순은 전략에 따라 자유롭게 구상을 하면 된다.

귀마 대 원앙마 포진 기본형 요약표

수순\기본형	1	2	3	4	5	6	7	8	9
1-1	i4졸h4	h10마g8	h1마g3	h8포e8	h3포e3	e7병d7	a4졸b4	변화수	·
1-2	·(상동)	·	·	·	·	·	c1마d3	·	·
1-3	·	·	·	·	·	·	g4졸f4	·	·
1-4	·	·	·	·	·	a7병b7	c1마d3	·	·
1-5	·	·	·	·	·	b10마c8	b1상d4	d10사d9	i1차i5
1-6	·	·	·	·	·	·	·	·	g4졸f4
1-7	·	·	·	·	·	·	·	·	e4졸f4
1-8	i4졸h4	h10마g8	h1마g3	h8포e8	h3포e3	b10마c8	c1마d3		
2	·	·	·	·	c1마d3	변화수			
3	·	·	·	b10마c8	h3포e3	·			
4-1	·	b10마c8	h1마g3	b8포e8	h3포e3	h10마g8	c1마d3	e7병d7	d1사d2
4-2	·	b10마c8	h1마g3	b8포e8	h3포e3	h10마g8	c1마d3	e7병d7	a4졸b4
4-3	·	b10마c8	h1마g3	b8포e8	h3포e3	h10마g8	b1상d4		

| 5 | · | a7병b7 | h1마g3 | h10마 g8 | h3포e3 | h8포e8 | c1마d3 | b7병b6 | c4졸c5 |
| 6 | h1마g3 | h10마 g8 | h3포e3 | i7병h7 | e4졸f4 장군 | h8포e8 | g1상e4 | e7병d7 | a4졸b4 |

8) 귀마 대 면상 포진법

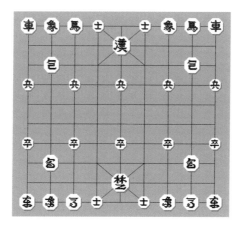

그림36 : 시작도

● 귀마 대 면상 포진법 특징

이 포진 차림에서 귀마 선수 공격의 입장에서는 공격 기물들을 좀 더 강력하고 왕성하게 가동할 수 있는 반면 후수 면상 측에서는 면상의 틀을 갖추는 과정 중에 많은 변화수에서 상당히 활동영역이 좁아서 잘못 꼬이게 되면 수비에서 상당히 고전할 수 있어서 장기수가 아주 높지 않으면 후수 면상으로 귀마 선수 공격을 방어하는 이런 차림은 전략적으로 피하는 것이 좋다. 귀마 선수 측에서 날카롭게 공격을 한다면 후수 측에서는 면상의 형태도 갖추기 전에 좌측의 병을 상대의 양차합세 작전으로 잃기 쉽고, 면포의 중앙 공격과 차의 측면 양측 합동공격으로 초반부터 무너질 수 있다. 또한 면상의 틀을 갖추는 것에 너무 중점을 두다 보면 귀마포진 측의 농포작전에 차, 마가 묶여서 우형이 되기 쉽다. 후수 면상 방어를 하는 입장에서는 포진의 원칙을 잘 지키면서 기물의 손실 없이 수비를 갖추고 동등성을 찾은 후 공격을 해야 승산이 있다. 공격 측에서는 상대가 면상 포진을 완성하지 못하게 방해를 하거나 상대 면상 포진의 면을 허무는 전략으로 임하면 쉽게 주도권을 쥐는 경우도 많다. 그러나 장기는 항상 상대적인 것이기 때문에 후수 면상의 이런 약점을 이용하지 않고 무턱대고, 전략 없이 공격을 하면 의외로 후수 면상 측에서 쉽게 초반의 약점을 수습하고 게임을 풀어가는 경우도 많다. 경우에 따라서는 귀마가 방심할 정도로 초반에 모양을 나쁘게 가지고 가다가 역습을 하면서 선수를 빼앗고 판을 완전히 바꾸는 '허허실실' 전법으로 고수의 면모를 보이는 실전국도 많이 볼 수 있는 것이 과거에 이 차림에서 많이 있었다. 특히 면상을 즐겨 쓰시던 존경하는 故 이일훈 고수님(9단)과 故 최종윤 고수님(9단)의 많은 대국에서 이런 장면이 많이 나온다. 아무튼 이 포진 차림에서는 쌍방 전략과 전술을 잘 짜서 신중한 경기 운영을 해야 장기의 깊은 맛을 만끽할 수 있다.

귀마 대 면상 포진 기본1형

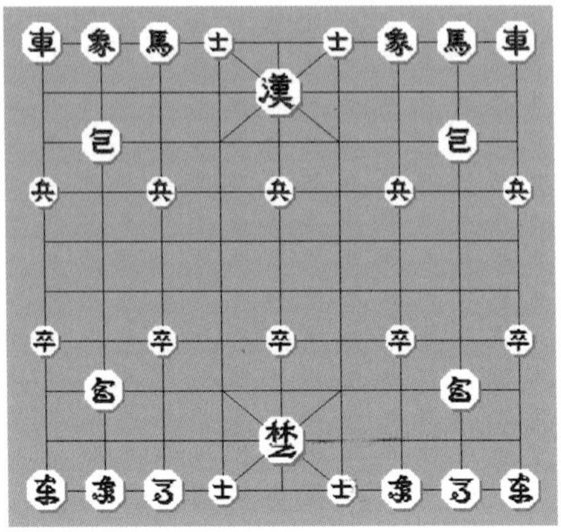

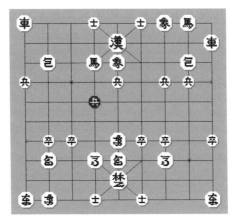

그림37 : 시작도

① a4졸b4 ② i7병h7 ③h1마g3 ④ c10마d8 ⑤ h3포e3 ⑥ i10차9
⑦ e4졸f4장군 ⑧ b10상e8 ⑨ g1상e4 ⑩ c7병c6 ⑪ c1마d3 ⑫ c6병d6

그림38 : 완성도

● 귀마 대 면상 포진 전략

포진 전략 수립 시 고려할 사항

● 선수 공격 전략

· 어떤 마가 면포의 다리로 먼저 나가느냐에 따른 전략
· 어떤 포가 면포로 쓰이느냐에 따른 전략
· 언제 차가 진출하여 상대의 면상을 방해하느냐에 따른 전략
· 상대 약한 기물을 어떻게 공격하느냐에 따른 전략
· 포의 분할 시기와 방법에 따른 전략
· 안궁 시기와 방법에 따른 전략

● 후수 방어 전략

· 면상차림을 어떻게 형성하느냐에 따른 전략
· 양득작전을 어떻게 막느냐에 따른 전략
· 선수 공격을 어떻게 방어하느냐에 따른 전략
· 역공을 어떻게 만들어 가느냐에 따른 전략

● 귀마 대 면상 포진의 기본형 종류

기본1형을 포함하여 귀마 대 면상 포진 중 실전에서 가장 빈번하게 나오는 가장 기본적인 기본형 6가지 형을 모두 정리하면 아래 표와 같다. 이 기본형 수순 이후의 수순은 전략에 따라 자유롭게 구상을 하면 된다.

귀마 대 면상 포진 기본형 요약표

수순＼기본형	1	2	3	4	5	6	7	8	9
1	a4졸b4	i7병h7	h1마g3	c10마d8	h3포e3	i10차i9	e4졸f4 장군	b10상e8	g1상e4
2	·	·	·	·	·	·	e3포i3	변화수	·
3	·	·	·	·	·	d8마f9	변화수	·	·
4	·	·	·	·	·	h8포c8	e4졸f4 장	·	·
5	·	c10마d8	h1마g3	d8마f9	h3포e3	e9한e10	e4졸f4	f10사e9	g1상e4
6	·	c10마d8	i4졸h4	h8포c8	i1차i5	e9한e10	h1마g3	f10사e9	h3포e3

9) 귀마 대 양귀마 포진법

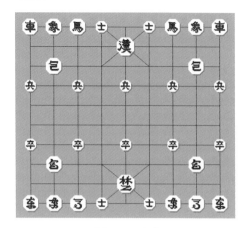

그림39 : 시작도

● 귀마 대 양귀마 포진법 특징

　　이 귀마 대 양귀마 포진 차림은 귀마 선수의 입장에서 상당히 유리하게 게임을 풀어 갈 수 있다. 양귀마의 차림 자체가 처음부터 중앙병을 보호하는 기물이 없어서 상대 측의 면포의 설치와 동시에 양귀마 포진의 중앙병을 위협하여 후수가 위협을 받아 몰리게 된다. 응수를 잘못하게 되면 처음부터 병을 허무하게 잃게 되므로 철저한 방어 전략이 필요하다. 그러나 소극적인 방어자세만 취하게 되면 선수인 귀마의 선수 공격이 연속적으로 집요하게 계속되므로 후수인 양귀마는 포진을 형성하기가 아주 어렵게 된다. 설사 포진을 형성하더라도 기물의 손실을 많이 본다면 만회를 할 기회가 그리 많지 않아 승리할 확률이 상대적으로 낮다. 이 포진 차림에서 초보자들께서 알아두시면 좋을 사항은 가급적 귀마의 첫수는 마를 진출시켜서 면포를 빨리 설치하는 것이 유리하다는 사실이다. 그렇게 되면 양귀마 측에서는 중앙병을 보호하기 위해 병을 중앙에 모아야 하고 그 때문에 귀윗상이 나갈 자리가 막히게 되어 처음부터 포진이 꼬여서 불리하게 된다. 후수로서는 상당한 인내가 필요하고 포진이 완성될 때까지는 기물의 손실 없이 성실히 방어에 임하면서 항상 역습을 할 찬스를 보면서 게임을 풀어야 승산이 있다. 반면에 귀마 선수는 농포작전과 침투작전 등 다양한 전략을 구사할 수 있으나 단 한 수라도 의미 없는 수를 두게 되면 후수인 양귀마가 즉시 날카롭게 반격할 태세를 갖출 수 있으므로 치밀한 공격 전략을 짜고 상대를 몰아치면서 공격을 해야 한다. 한의 입장에서 보면 아주 실력이 월등한 고수가 아니라면 후수 양귀마로 귀마 선수 공격을 방어하는 이런 포진 차림은 후수로서는 전략적으로 피하는 것이 좋다.

귀마 대 양귀마 포진 기본1형

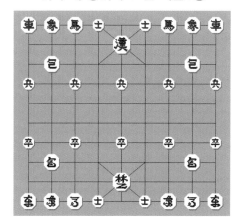

그림40 : 시작도

① h1마g3 ② c10마d8 ③ h3포e3 ④ c7병d7 ⑤ i4졸h4 ⑥ h10상f7
⑦ i1차i5 ⑧ g7병h7 ⑨ i5차g5 ⑩ b8포e8 ⑪ h4졸h5 ⑫ a7병b7

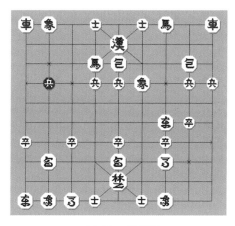

그림41 : 완성도

● 귀마 대 양귀마 포진 전략

포진 전략 수립 시 고려할 사항

● 선수 공격 전략

· 첫수로 어떤 기물을 움직이느냐에 따른 전략. 졸을 접는 것 보다 가급적 진마를
  먼저 진출하여 면포로 양귀마의 중앙병을 위협하는 것이 좋은 전략임.
· 농포기습 공격을 이용한 상대의 포진형성 교란 전략

- 어떤 기물을 우선 배치하느냐에 따른 전략
- 어떤 마가 면포의 다리로 먼저 나가느냐에 따른 전략
- 어떤 포가 면포로 쓰이느냐에 따른 전략
- 상대 독병을 어떻게 공격하느냐에 따른 전략
- 포의 분할 시기와 방법에 따른 전략
- 차의 진출 시기에 따른 전략
- 안궁 시기와 방법에 따른 전략

● 후수 방어 전략

- 독졸을 어떻게 방어해 주느냐에 따른 전략
- 선수 공격을 어떻게 방어하느냐에 따른 전략
- 역공을 어떻게 만들어 가느냐에 따른 전략

● 귀마 대 양귀마 포진의 기본형 종류

기본1형을 포함하여 귀마 대 양귀마 포진 중 실전에서 가장 빈번하게 나오는 가장 기본적인 기본형 11가지 형을 모두 정리하면 아래 표와 같다. 이 기본형 수순 이후의 수순은 전략에 따라 자유롭게 구상을 하면 된다.

귀마 대 양귀마 포진 기본형 요약표

수순 기본형	1	2	3	4	5	6	7	8
1	h1마g3	c10마d8	h3포e3	c7병d7	i4졸h4	h10상f7	i1차i5	g7병h7
2	·	·	·	c7병d7	i4졸h4	h10상f7	i1차i5	a7병b7
3	·	·	·	c7병d7	a4졸b4	b8포e8	i4졸h4	i10차i9
4	·	·	·	g7병f7	i4졸h4	i10차i9	b1상d4	b8포e8
5	·	·	·	g7병f7	i4졸h4	i10차i9	i1차i5	b8포e8
6	·	·	·	g7병f7	b1상d4	b8포e8	i4졸h4	i10차i9
7	·	a7병b7	h3포e3	c7병d7	i4졸h4	i10차i9	h4졸h5	g10마f8
8	·	a7병b7	h3포e3	c7병d7	i4졸h4	h10상f7	e3포e5	e9장d9
9	·	g10마f8	h3포e3	c7병d7	a4졸b4	h8포e8	c1마d3	c10마d8
10	a4졸b4	g10마f8	c1마d3	h8포e8	h3포c3	c10마d8	e2장e1	h10상f7
11	a4졸b4	c10마d8	c1마d3	b8포e8	d3마f2	b10상d7	b4졸b5	c7병b7

10) 귀마 대 양귀상 포진법

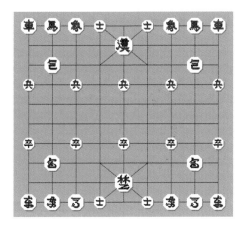

그림42 : 시작도

● 귀마 대 양귀상 포진법 특징

이 포진 차림은 귀마 선수의 입장에서 상당히 유리하게 게임을 풀어갈 수 있다. 귀마 선수는 후수 양귀상이 형성되지 못하도록 초반부터 차가 선두로 나가서 중포의 도움을 받아서 양귀상을 형성하지 못하게 위협할 수 있어서 귀마 선수로 제대로 공격을 하면 양쪽 상을 귀로 배치를 하는 양귀상 포진을 거의 하지도 못하고 한쪽만 배치하는 반 쪽짜리인 한쪽 귀상포진으로 만족해야 하는 경우가 많다. 억지로 양귀상을 형성하려고 무리를 하면 대세에 뒤져서 판을 짜기도 전에 무너지기가 쉽다. 후수로 귀마 선수 공격을 방어하는 이런 포진 차림은 전략적으로 피하는 것이 좋다. 설사 형성을 하였다 하더라도 양상이 양귀의 위치를 차지하고 있어서 포의 활동이 부자연스럽고 양상의 길을 트기 위해 병을 중앙에서 전진시키기 때문에 병이 없는 지역이 생기게 되어 이 곳에 공격을 받게 되면 상당히 곤란하게 된다. 양귀상을 차리고 안궁을 하고 상포와 하포를 분리를 할 때까지의 시간이 너무 걸려서 상대가 방해를 하려면 얼마든지 방해할 수 있기 때문에 아주 불리하다. 하지만, 이 포진 차림도 다른 차림과 마찬가지로 장기는 상대적인 것이기 때문에 이런 양귀상의 단점을 잘 이용하지 않으면 후수라도 게임을 잘 풀어나가는 경우는 얼마든지 있지만 제대로 된 공격을 하는 선수 귀마 공격자를 만나면 전략적인 사고를 가지고 신중히 임해야 한다.

귀마 대 양귀상 포진 기본1형

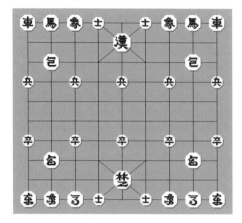

그림43 : 시작도

① i4졸h4 ② h10마g8 ③ h1마g3 ④ h8포e8 ⑤ h3포e3
⑥ b10마c8 ⑦ b1상d4 ⑧ b8포d8 ⑨ e4졸f4 ⑩ c7병d7
⑪ g1상e4 ⑫ g7병g6 ⑬ a4졸b4 ⑭ d10사d9
⑮ a1차a5 ⑯ e9장e10 ⑰ a5차c5 ⑱ a10차a8 ⑲ c1마d3

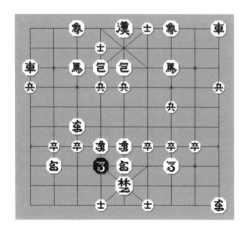

그림44 : 완성도

● 귀마 대 양귀상 포진 전략

포진 전략 수립 시 고려할 사항

● 선수 공격 전략

· 어떻게 상대의 양귀상 포진을 방해하느냐에 따른 전략

· 어떤 마를 면포의 다리로 먼저 나가느냐에 따른 전략

· 어떤 포가 면포로 쓰이느냐에 따른 전략

· 포의 분할 시기와 방법에 따른 전략

· 차의 진출 시기에 따른 전략

· 안궁 시기와 방법에 따른 전략

● 후수 방어 전략

· 선수 공격을 어떻게 방어 하느냐에 따른 전략

· 역공을 어떻게 만들어 가느냐에 따른 전략

· 양귀상을 어떻게 무난히 형성해 주느냐에 따른 전략

● 귀마 대 양귀상 포진의 기본형 종류

기본1형을 포함하여 귀마 대 양귀상 포진 중 실전에서 가장 빈번하게 나오는 가장 기본적인 기본형 2가지 형을 모두 정리하면 아래 표와 같다. 이 기본형 수순 이상의 수순은 전략에 따라 자유롭게 구상을 하면 된다.

귀마 대 양귀상 포진 기본형 요약표

수순 기본형	1	2	3	4	5	6	7	8
1	i4졸h4	h10마g8	h1마g3	h8포e8	h3포e3	b10마c8	b1상d4	b8포d8
2	·	·	·	·	·	·	·	d10사d9

11) 원앙마 대 면상 포진법

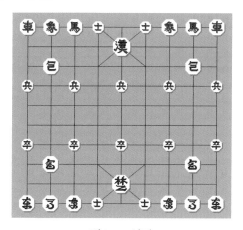

그림45 : 시작도

● 원앙마 대 면상 포진법 특징

이 포진 차림에서는 원앙마 선수의 다양한 첫수에 따라서 후수 면상을 짜는 수순이 다양해질 수 있으나 어떠한 수순이라도 쌍방 느긋하고 무난하게 기물 배치를 할 수 있으며 다소 기계적으로 기물을 배치하는 경향이 짙다. 귀마 대 귀마 포진 차림과 비교해서는 다소 긴장감이 없다고 할 수 있다. 쌍방 공격의 목표가 뚜렷하지 않아서 공격의 실마리를 잡기가 어렵지만 선수하는 쪽에서 약간 유리하게 게임을 풀어 나갈 수 있다. 마로 중앙을 통제하고 졸을 전진시켜서 졸 교환을 하는 전략을 짤 수도 있으나 전략적인 게임보다는 다소 전술적인 게임으로 흐르기가 쉽다. 후수 면상의 경우는 양포를 공격에 쓸 수 있어서 포의 다양한 측면공격이 특징적이다. 포와 차의 합동작전으로 적진을 교란하는 특징적인 공격이 나올 수 있다. 초반에는 서로 편안하게 게임을 진행할 수 있으나 종반에 가면 면상 쪽에서 약간 불리할 수 있으므로 포진의 유연성을 가지고 필요 시에는 귀마로 변환하는 전략도 고려해야 한다. 급격한 변화수가 없으므로 너무 전술적인 게임이 되어 다소 지루할 수 있으며 차근히 기물의 이득을 보면서 끝까지 한 수 한 수 최선을 다해 경기를 진행해야 한다.

원앙마 대 면상 포진 기본1형

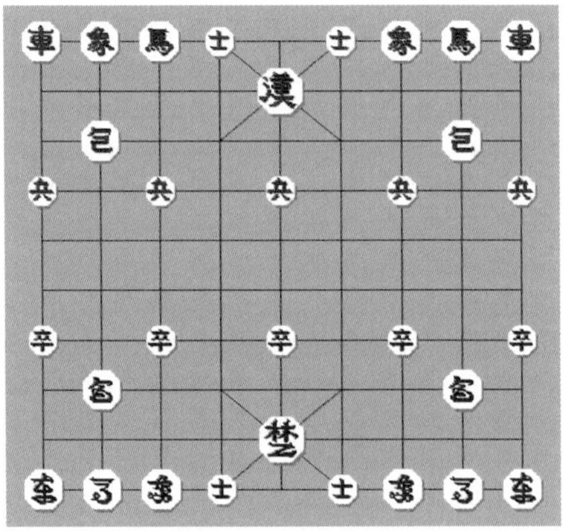

그림46 : 시작도

① i4졸h4 ② a7병b7 ③ h1마g3 ④ c10마d8 ⑤ h3포e3 ⑥ i10차i9

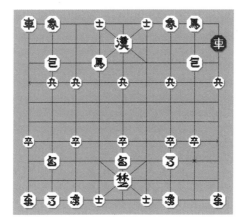

그림47 : 완성도

● 원앙마 대 면상 포진 전략

포진 전략 수립 시 고려할 사항

● 선수 공격 전략

· 어떤 마를 면포의 다리로 먼저 나가느냐에 따른 전략
· 어떤 포가 면포로 쓰이느냐에 따른 전략
· 포의 분할 시기와 방법에 따른 전략
· 차의 진출 시기에 따른 전략
· 안궁 시기와 방법에 따른 전략

● 후수 방어 전략

· 면상을 어떻게 형성해주느냐에 따른 전략
· 선수 공격을 어떻게 방어 하느냐에 따른 전략
· 역공을 어떻게 만들어 가느냐에 따른 전략

● 원앙마 대 면상 포진의 기본형 종류

기본1형을 포함하여 원앙마 대 면상 포진 중 실전에서 가장 빈번하게 나오는 가장 기본적인 기본형 6가지 형을 모두 정리하면 아래 표와 같다. 이 기본형 수순 이상의 수순은 전략에 따라 자유롭게 구상을 하면 된다.

수순\기본형	1	2	3	4	5	6
1	i4졸h4	a7병b7	h1마g3	c10마d8	h3포e3	i10차i9
2	.	.	.	.	.	h8포c8
3	.	.	b1마c3	.	b3포e3	b10상e8
4	.	h10마g8	h1마g3	c10마d8	h3포e3	a7병b7
5	b1마c3	c10마d8	b3포e3	i7병h7	a4졸b4	b8포g8
6	h1마g3	a7병b7	b1마c3	c10마d8	b3포e3	a10차a9

12) 면상 대 원앙마 포진법

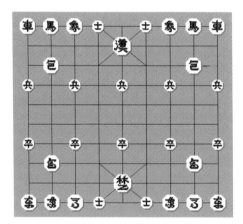

그림48 : 시작도

● **면상 대 원앙마 포진법 특징**

이 포진은 면상이 선수로 원앙마를 상대하여 대적하는 차림이다. 상대의 입장에서 보면 처음 1차 포진의 차림은 마치 귀마의 차림처럼 보여서 상대의 처음 몇 수를 보면서 귀마인지 면상인지를 구분해야 한다. 어떤 마를 우선으로 두느냐를 보면 면포인 귀마차림인지 아니면 면상차림을 위한 것인지가 쉽게 판단이 된다. 선수를 두는 입장에서는 처음 몇 수부터 농포를 준비하여 상대를 위협하면서 자연스럽게 판을 짜는 것이 특징이다. 따라서 면상의 기미가 보이면 원앙마 포진의 후수 입장에서는 선수 면상의 농포를 염두에 두고 조심히 원앙마 포진을 짜야 한다.

즉, 처음 마의 진출을 고려할 때 어떤 마를 선택할지 잘 결정해야 마와 차가 포에 의해 묶이거나 초반에 차를 잃지 않는다. 따라서 행마의 기본이 잘 담겨있는 기본형의 처음 몇 수를 잘 숙지하면 좋다. 일단 서로 포진을 짜게 되면 면상과 원앙마의 장, 단점이 서로 상쇄 되어서 공수 양면에서 별로 특징이 없이 대국이 진행되는 경향이 짙다. 원앙마는 면포를 노려야 하는데 면포 대신에 면상이 있어서 공격이 효율적이 못 되고 면상포진의 공격 입장에서는 상대인 원앙마의 특징인 진마가 중앙마와 협동하여 서로 지켜주기 때문에 농포공격의 대상이 없어서 서로 공격의 방향을 잡기가 어려운 국면이다. 따라서 전략에 따라서는 일단은 초기에는 면상을 하다가 후에 면포로 전환하는 전략을 구사하기도 한다. 이 차림에 의한 게임은 전략적인 면보다는 다분히 전술적인 요소가 더 많은 게임의 양상을 보인다.

면상 대 원앙마 포진 기본1형

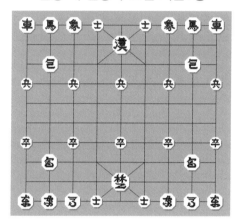

그림49 : 시작도

① c1마d3 ② h10마g8 ③ h3포c3 ④ a7병b7 ⑤ i4졸h4
⑥ h8포e8 ⑦ c3포i3 ⑧ i7병h7 ⑨ g1상i4 ⑩ g10상i7
⑪ h1마f2 ⑫ b10마c8 ⑬ g4졸f4 ⑭ i10차h10 ⑮ b3포g3 ⑯ e7병d7장군

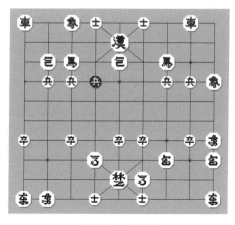

그림50 : 완성도

● 면상 대 원앙마 포진 전략

포진 전략 수립 시 고려할 사항

● 선수 공격 전략

· 언제 면상을 설치하는가에 따른 전략
· 귀마의 처리 전략
· 포의 분할 시기와 방법에 따른 전략
· 차의 진출 시기에 따른 전략
· 안궁 시기와 방법에 따른 전략

●후수 방어 전략

· 선수 공격을 어떻게 방어하느냐에 따른 전략
· 역공을 어떻게 만들어 가느냐에 따른 전략

● 면상 대 원앙마 포진의 기본형 종류

기본1형을 포함하여 면상 대 원앙 포진 중 실전에서 가장 빈번하게 나오는 가장 기본적인 기본형 4가지 형을 모두 정리하면 아래 표와 같다. 이 기본형 수순 이상의 수순은 전략에 따라 자유롭게 구상을 하면 된다.

면상 대 원앙마 포진 기본형 요약표

수순 기본형	1	2	3	4	5	6	7	8
1	c1마d3	h10마g8	h3포c3	a7병b7	i4졸h4	h8포e8	c3포i3	i7병h7
2	·	b10마c8	i4졸h4	b8포e8	b3포g3	h10마g8	b1상e3	h8포f8
3	·	b10마c8	b3포g3	b8포e8	i4졸h4	a7병b7	b1상e3	e7병f7
4	a4졸b4	i7병h7	c1마d3	h10마g8	h3포c3	h8포e8	c3포i3	e7병d7 장군

13) 원앙마 대 양귀마 포진법

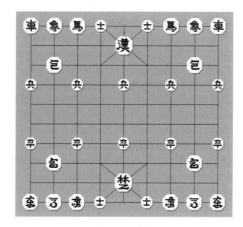

그림51 : 시작도

● 원앙마 대 양귀마 포진법 특징

원앙마 선수 대 양귀마 후수 포진 차림은 실전에서도 잘 나오지 않는 보기 드문 차림이다. 원앙마가 선수 공격이고 양귀마가 후수 방어인 이 차림에서는 쌍방 마와 상의 위치 자체가 원앙마와 양귀마는 기물의 배치상 아주 다른 성격을 가지고 있어서 원리상 양귀마가 선수일 때는 다소 대처가 가능하지만 후수일 때는 처음부터 아주 불리하게 된다. 선수 공격자인 원앙마 공격자의 첫수는 졸을 접지 않고 마를 진출해야 선수효과가 있다. 양귀마의 중앙병을 처음부터 공략하여 상대를 불편하게 하는 것이 주요 전략 중 하나이다. 양귀마 입장에서는 게임 초반부터 위험을 받을 기물이 좌우의 차뿐만 아니라 중앙병도 아주 피곤할 정도로 신경을 많이 써야 하므로 양귀마는 많이 불리하여 너무 몰리는 대국이 될 수 있어서 후수일 때는 후수 양귀마 포진을 전략적으로 피하는 것이 좋다.

아직까지는 양귀마 포진이 연구가 많이 되지 않아서 차후 더 깊은 연구가 되어 더 튼튼하고 완벽한 포진이 등장할 수는 있으나 현재까지는 원앙마를 대적하기에는 많이 밀리는 경향이 있다. 이 포진 차림의 특이한 점 중 하나는 양귀마 후수 쪽에서 변형 면상을 차려서 대적할 수가 있다는 점이다. 초보자들이 모든 포진을 경험하는 의미로 재미 삼아 승패를 떠나서 시범적으로 둘 수는 있으나 중요한 승부가 걸린 대회라면 양귀마로 원앙마를 대적하려면 전략적인 면에서 많은 연구가 앞서야 할 것으로 생각이 든다. 현재까지는 실전에서 이런 포진 차림으로 양귀마가 승리하는 확률이 가장 낮다.

원앙마 대 양귀마 포진 기본1형

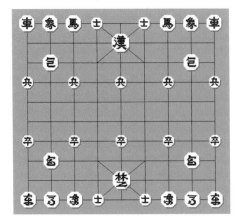

그림52 : 시작도

① h1마g3 ② g10마f8 ③ h3포e3 ④ c7병d7
⑤ e4졸f4장군 ⑥ h8포e8 ⑦ g3마e4

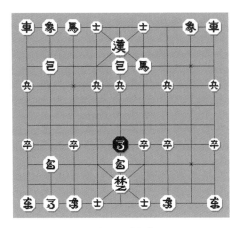

그림53 : 완성도

● 원앙마 대 양귀마 포진 전략

포진 전략 수립 시 고려할 사항

● 선수 공격 전략

· 어떤 기물을 첫수로 움직이느냐에 따른 전략. 졸을 접는 것보다 마를 먼저
진출하는 것이 정석이다.
· 어떤 졸을 먼저 접느냐에 따른 전략

· 어떤 마를 면포의 다리로 먼저 나가느냐에 따른 전략

· 어떤 포가 면포로 쓰이느냐에 따른 전략

· 상대 독졸을 어떻게 공격하느냐에 따른 전략

· 포의 분할 시기와 방법에 따른 전략

· 차의 진출 시기에 따른 전략

· 안궁 시기와 방법에 따른 전략

● 후수 방어 전략

· 중앙졸을 어떻게 방어해주느냐에 따른 전략

· 선수 공격을 어떻게 방어하느냐에 따른 전략

· 역공을 어떻게 만들어 가느냐에 따른 전략

● 원앙마 대 양귀마 포진의 기본형 종류

기본1형을 포함하여 원앙마 대 양귀마 포진 중 실전에서 가장 빈번하게 나오는 가장 기본적인 기본형 5가지 형을 모두 정리하면 아래 표와 같다. 이 기본형 수순 이상의 수순은 전략에 따라 자유롭게 구상을 하면 된다.

원앙마 대 양귀마 포진 기본형 요약표

수순 기본형	1	2	3	4	5	6	7
1	h1마g3	g10마f8	h3포e3	c7병d7	e4졸f4 장군	h8포e8	g3마e4
2	· (상동)	·	·	·		·	i4졸h4
3	·	·	·	f8마d9	i4졸h4	h10상e8	e4졸d4
4	b1마c3	c10마d8	b3포e3	c7병d7	a4졸b4	a10차a9	i4졸h4
5	·	·	·	g7병f7	a4졸b4	b8포e8	i4졸h4

14) 양귀마 대 원앙마 포진법

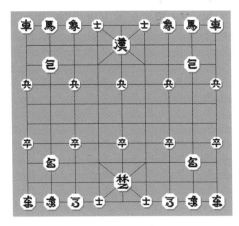

그림54 : 시작도

● 양귀마 대 원앙마 포진법 특징

양귀마 선수 대 원앙마 후수 포진 차림은 실전에서도 보기 드문 차림이다. 양귀마가 선수이기 때문에 후수였던 원앙마 대 양귀마 차림보다는 훨씬 수월하게 판을 짤 수 있고, 쌍방 별다른 이득이나 손실 없이 게임을 풀게 된다. 포진을 형성하는 점에서는 서로 무난하게 포진을 형성하며 포진 형성 후에도 빡빡한 게임진행이 이루어진다. 단조로움을 피하기 위해 양귀마 선수에서 면상 포진을 형성하여 초반에 게임을 풀다가 중반, 종반에 면포로 전환되는 작전도 짤 만하다.

양귀마가 선수이므로 공격적인 성향을 가진 대국자에게 어울리는 차림이나 양귀마 포진 자체가 양포를 쓰기가 불편하고 포의 분할에 시간이 많이 걸리고, 안궁을 하지 않은 상태에서는 수비에 약한 면을 가지고 있으므로 가급적이면 수비를 갖춘 후 공격하는 것이 바람직하다. 이 포진 차림에서 선수 공격자인 양귀마 선수는 첫수는 졸을 접지 않고 마를 진출해야 선수효과가 있다. 원앙마 후수 차림은 원앙마 자체가 단단한 포진이어서 별다른 긴장감 없이 무난히 판을 짤 수가 있다.

양귀마 대 원앙마 포진 기본1형

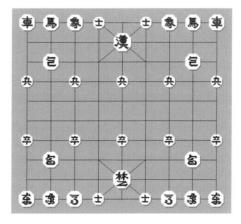

그림55 : 시작도

① c1마d3 ② b10마c8 ③ b3포e3 ④ b8포e8 ⑤ e4졸e5
⑥ a7병b7 ⑦ b1상d4 ⑧ e7병f7

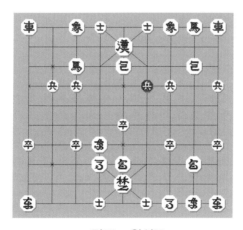

그림56 : 완성도

● 양귀마 대 원앙마 포진 전략

포진 전략 수립 시 고려할 사항

● 선수 공격 전략

· 어떤 기물을 먼저 쓰느냐에 따른 전략. 졸을 접는 것 보다 마를 먼저 진출하는 것이 정석이다.
· 어떤 마가 면포의 다리로 먼저 나가느냐에 따른 전략

· 어떤 포가 면포로 쓰이느냐에 따른 전략
· 포의 분할 시기와 방법에 따른 전략
· 차의 진출 시기에 따른 전략
· 안궁 시기와 방법에 따른 전략

● 후수 방어 전략

· 선수 공격을 어떻게 방어 하느냐에 따른 전략
· 역공을 어떻게 만들어 가느냐에 따른 전략

● 양귀마 대 원앙마 포진의 기본형 종류

기본1형을 포함하여 양귀마 대 원앙마 포진 중 실전에서 가장 빈번하게 나오는 가장 기본적인 기본형 7가지 형을 모두 정리하면 아래 표와 같다. 이 기본형 수순 이상의 수순은 전략에 따라 자유롭게 구상을 하면 된다.

양귀마 대 원앙마 포진 기본형 요약표

수순 \ 기본형	1	2	3	4	5	6	7	8
1	c1마d3	b10마c8	b3포e3	b8포e8	e4졸e5	a7병b7	b1상d4	e7병f7
2	·(상동)	·	·	·	·	h10마g8	g1마f3	a7병b7
3	·	·	·	·	·	h10마g8	g1마f3	h8포f8
4	g1마f3	h10마g8	h3포e3	h8포e8	e4졸e5	b10마c8	c1마d3	i7병h7
5	·	·	·	·	·	·	·	e7병d7
6	·	·	f3마d2	h8포e8	h1상e3	e7병f7	i4졸h4	a7병b7
7	·	b10마c8	h3포e3	b8포e8	e4졸e5	a7병b7	b1상d4	b7병b6

4장. 종반전 전략

가. 이기는 기물과 비기는 기물에 대한 기초지식

종반전에서 정확한 형세 판단을 위해서는 통상적으로 어떤 기물이 이기는 기물이고 비기는 기물인지에 대해 기초적인 지식으로 무장할 필요가 있고 이기는 기물과 비기는 기물에 대해서 알려면 우선 장기용어를 알아두면 편리하다. 아래의 정의를 살펴보자면…

① **대삼능** : 장기의 큰 조각 3개를 일컫는 말로서, 차,포,마,상 기물에서 3개의 기물의 조합을 말한다. 예를 들어, 차/포/마, 마/마/포, 상/마/포, 상/상/포, 포/포/상, 포/포/마 등등을 말하지만 보통은 차가 없는 큰 기물 3개를 말하는 경우가 많다.

② **소삼능** : 졸 2개와 큰 조각 1개를 포함한 경우나 큰 조각2개와 졸1개가 포함된 조합을 소삼능이라 한다. 예를 들어, 마/상/졸, 마/포/졸, 차/양졸, 양상/졸 등등을 말한다.

③ **차이능** : 차와 큰 기물 1개의 조합을 말한다. 예를 들어, 차/마,차/포,차/상 등등을 말한다.

④ **차삼능** : 차이능에 졸이 한 개 포함된 경우를 보통 차삼능이라 한다. 예를 들어, 차/포/졸, 차/마/졸, 차/상/졸 등을 말한다.

이기는 기물인지 비기는 기물인지를 판별하기 위해서는 3가지 요소를 반드시 고려해야 하는데 첫째는 쌍방 남아있는 사의 수가 몇 개인가와 둘째는 공격하는 쪽에서 남아있는 기물이 어떤 종류인지와 셋째는 수비하는 쪽에서 사 이외에 어떤 기물이 남아 있는가이다.

● 이기는 기물

1. 쌍방 양사가 있을 때의 경우 이기는 기물

① 이기는 기물1 : 공격하는 측에서 **차, 포**를 포함한 대삼능일 때는 반드시 승리한다. 그러나 차, 포가 없는 대삼능 조합은 이론적으로는 비기는 기물이다.

② 이기는 기물2 : 공격하는 측에서 차/상/졸, 차/포/졸 등의 **차삼능**일 때는 반드시 승리한다.

③ 이기는 기물3 : 공격하는 측에서 **포/포/병** 일 때는 반드시 승리한다.

2. 쌍방 외사거나 수비하는 측에서 외사일 경우 이기는 기물

① 이기는 기물1 : 공격하는 측에서 차,포가 없는 **대삼능**이라도 모든 대삼능 기물에서 반드시 필승한다.

② 이기는 기물2 : 공격하는 측에서 차/상, 차/포 등의 **차이능**일 때는 반드시 승리한다.

③ 이기는 기물3 : 공격하는 측에서 **포/졸/졸**일 때는 반드시 승리한다

④ 이기는 기물4 : 공격하는 측에서 **졸/졸/졸**일 때는 반드시 승리한다

3. 수비하는 측에서 사가 없는 민궁일 경우 이기는 기물

: 많은 경우에 이기기가 쉽다. 공격하는 측에서도 같은 민궁일 경우는 빅장을 잘 고려해야 한다. 수비하는 측에서 포가 있어도 이길 수 있다.

① 이기는 기물1 : 공격하는 측에서 차,포가 없는 **대삼능**이라도 모든 대삼능 기물에서 반드시 필승한다.

② 이기는 기물2 : 공격하는 측에서 차/상, 차/포 등의 **차이능 이상**일 때는 반드시 승리한다.

③ 이기는 기물3 : 공격하는 측에서 **포/졸/졸**일 때는 반드시 승리한다

④ 이기는 기물4 : 공격하는 측에서 **민궁에 포/상/졸** 이라도 필승한다.

⑤ 이기는 기물5 : 공격하는 측에서 **민궁에 상/졸, 마/졸** 등 졸1개에 마/상등이 있으면 필승한다.

● 비기는 기물

4. 쌍방 양사가 있을 때의 경우 비기는 기물

① 비기는 기물1 : 공격하는 측에서 **차,포를 포함하지 않은** 대삼능일 때는 이론적으로는 비기는 기물이다.

② 비기는 기물2 : 공격하는 측에서 차/상, 차/마 등의 **차이능**일 때는 이론적으로는 비기는 기물이다.

③ 비기는 기물3 : 공격하는 측에서 **차/졸/졸**일 때는 이론적으로는 비기는 기물이다.

④ 비기는 기물4 : 공격하는 측에서 마/상/졸, 마/포/졸, 차/양졸, 양상/졸 등 소삼능일 때는 이론적으로는 비기는 기물이다.

5. 쌍방 외사거나 수비하는 측에서 외사일 경우 비기는 기물

① 비기는 기물1 : 공격하는 측에서 **차/졸**일 때는 비기는 기물이다.

6. 수비하는 측에서 사가 없는 민궁일 경우 비기는 기물

① 비기는 기물1 : 공격하는 측에서 **민궁에 포/포/상**인 경우는 비길 수 있다.

② 비기는 기물2 : 공격하는 측에서 **민궁에 양포/마**인 경우라도 수비측에서 포가 하나 있으면 비길 수 있다.

③ 비기는 기물3 : 공격하는 측에서 **양사에 포/졸**인 경우는 이론적으로는 비길 수 있다.

④ 비기는 기물4 : 공격하는 측에서 **양사에 졸/졸**인 경우라도 수비하는 측에서 포가 하나 있으면 이론적으로는 비길 수 있다

⑤ 비기는 기물4 : 공격하는 측에서 **외사에 상/졸**인 경우라도 수비하는 측에서 포가 하나 있으면 이론적으로는 비길 수 있다

　　지금까지는 가장 표준적이고 이론적인 판단기준을 설명한 것이고 그 외의 다른 기물조합도 많이 존재하지만 그 경우에 이기는 기물인지 비기는 기물인지를 판단하기 위해서는 '막는다/피한다'의 수비의 두 가지 요소와 힘의 논리적인 관점에서 기물 조합을 살펴보면 어느 정도는 판별할 수 있다. 즉, 공격하는 기물의 수와 수비하는 기물의 수가 같으면 이길 수 없고, 왕이 피할 도피장소의 수가 많으면 절대 이길 수 없다는 기본적인 원리가 존재한다. 또한 한국장기의 특징 중 하나인 빅장이 존재하므로 이 요소도 반드시 고려해서 방어해야 한다. 따라서 일방적으로 방어만 하는 입장에서 지루한 일이겠지만 지지 않고 비기도록 방어하는 원리도 상대의 공격을 막거나, 잘 피하도록 방어태세를 갖추고 빅장으로 위기를 모면해야 비길 수 있는 기물을 비기는 것이고 이 원리를 망각하면 위치가 나쁘게 되어 이론적으로는 비길 수 있는 기물도 패하게 되는 것이다.

나. 종반전 전략의 특성

　　장기게임의 3단계인 포진, 중반전, 종반전 중 마지막 단계인 종반전이야 말로 가장 중요한 단계이며, 여기서의 전략이 승패와 직결된다.

　　종반전 전략을 수립하기 위해서는 형세 판단을 정확히 해야 한다. 중반전투를 치르고 나면 쌍방 어느 정도의 전력(기물)의 차이가 생기는데 이때는 쌍방 냉정히 게임을 어떻게 마무리하느냐를 마음속으로 결정해야 한다. 특히 대회의 점수제 장기라면 중반전투의 결과로 어느 정도 기물 점수상 우열이 가려져서 획기적인 반전이 없다면 그대로 승부로 굳혀질 가능성이 많으나, 점수제가 아닌 승부제인 경우는 종반전 전략에 따

라 결과가 완승, 빅, 완패 중 셋 중 하나로 결정지어진다.

종반전 전략은 넓은 시야를 가지고 원하는 게임결과의 방향설정을 하는 것이 핵심이다. 만약 아군의 기물수가 상대방보다 월등히 많은 경우라면 완승전략을 수립하여 신속히 아군의 기물을 적 궁성에 모두 집결시켜서 효과적으로 가장 효율적으로 **빠르게** 이길 수 있는 연합작전을 통해 외통을 노려야 하고 서로 기물이 비슷하여 미세한 점수차로 이겨야 하는 경우는 수비를 강화하면서 적의 허를 찔러서 조금씩 점수차를 넓히는 쪽으로 방향을 잡아야 하는 등 공격과 방어의 방향설정이 아주 중요하다. 특히 비기는 기물이라고 알고 있는 경우에도 기물의 놓여있는 위치와 형태에 따라서 승패가 엇갈릴 수 있는 여지가 있기 때문에 올바른 전략을 선택해야 한다.

다. 종반전 공격 전략의 분류

앞에서 살펴본 이기는 기물과 비기는 기물에 대한 지식은 단지 표준적인 기준이고 오직 기물의 수에 의한 판별이며 가장 중요한 위치적 요소가 배제된 기준이어서 쌍방 공격과 수비 전략에 따라 승부의 결과가 달라질 수 있다. 이 단계에서 생길 수 있는 모든 경우에 대해 논하는 것은 너무 방대해서 다 할 수도 없고 설사 그러한 것을 모두 나열한다 하더라도 여러분들이 일일이 암기를 할 수도 없는 일이다. 본 장에서는 가장 중요한 외통 유형에 대한 전형적인 아이디어만 엄선하여 설명하기로 한다. 종반전 전략은 크게 대별하자면, 차가 아군만 남아 있거나 쌍방 남아 있을 때의 공격 전략과 차가 없는 경우의 조각 장기의 공격 전략으로 나눌 수 있으며 실전에서 자주 나오는 대표적이고 중요한 종반 전략들을 엄선하여 아래와 같이 분류표를 작성해 보았다. 덧붙여서 조각 장기 중에도 실전에서는 빈도수가 적어서 거의 나오지 않지만 전략이라는 관점에서 여러분들이 알아두면 장기 실력 향상에 크게 도움이 될, 수비하는 측에서 기물을 전혀 움직일 수 없는 부동수 상황에서의 필승 전략에 대해서도 논하고자 한다.

● 종반전 전략의 분류표

대표적인 종반전 전략들을 정리하면 아래와 같이 나눌 수 있다. 여기서 각 전략 별로 어떤 아이디어와 공격 수법으로 공격을 하는지 알아보자.

전략1	적왕을 아군 세력권으로 유도하는 전략
전략2	적왕이 피할 곳을 모두 봉쇄하는 전략
전략3	상대의 사를 없애는 민궁 전략
전략4	상대의 기동성 있는 기물의 수를 줄이는 교환 전략
전략5	졸을 활용한 외통 전략(차/졸,마/졸,상/졸,졸/졸 등의 입궁 전략)
전략6	포를 활용한 전략 (포+기타기물 합동작전)
전략7	대삼능기물로 외통을 노리는 전략
전략8	양포를 이용한 포격 전략
전략9	차의 기동력을 이용한 공격 전략
전략10	상대 왕이 움직일 수 없는 상황인 부동수 공략 전략1 (상길 찾기)
전략11	상대 왕이 움직일 수 없는 상황인 부동수 공략 전략2 (기물 재배치 전략)
전략12	상대 왕이 움직일 수 없는 상황인 부동수 공략 전략3 (상포합동작전)
전략13	상대 왕이 움직일 수 없는 상황인 부동수 공략 전략4 (상대기물이용 전략)
전략14	상대 왕이 움직일 수 없는 상황인 부동수 공략 전략5 (환격 전략)

그러면 지금부터 각각의 전략에 대해서 상세히 예제와 더불어 살펴 보도록 하자.

라. 종반전 전략 해설

1) 적왕을 아군 세력권으로 유도하는 전략

치밀하게 기물들을 운용하여 적왕을 전략적으로 아군의 세력권으로 유인하는 상황을 만들어가는 것도 중요하다. 다음의 예제는 기물이 우세한 상황에서 어떻게 적을 몰아쳐서 아군의 세력권으로 넣고 유리하게 게임을 운영하여 외통으로 승리하는가 그 전략을 잘 보여주고 있다.

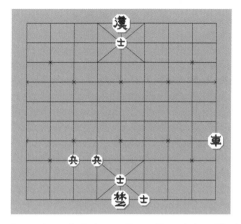

그림1 : 아군 세력권으로 유도하는 전략 – 한차례

그림1의 상황을 형세 판단해 보면… 원래는 이론적으로는 양사의 방어에 차,양병 공격 기물 조합이면 비기는 기물이라고 알려져 있지만 문제의 상황은 한병 중 하나가 이미 궁에 들어온 상황이라 초에서 방어가 힘든 상황이다. 여기서 한에서 쓸 수 있는 전략을 아래 수순에서 알아보자.

① i4차b4 : 궁의 좌측에 한의 기물이 몰려있다. 여기서 차를 좌측으로 이동하여 세력권 속에 초의 왕을 넣어야 한다. 목표하는 자리는 d1 자리이다. 그래서 오른쪽의 차가 왼쪽으로 이동하였다.

② 한수쉼 : 초에서는 뚜렷한 방어 수단이 없어서 한 수 쉰다.

③ b4차b1장군 ④ e2사d1 : 일단 한의 사를 1선 d1 자리로 몰리게 만든다.

⑤ d3병d2 ⑥ f1사e2 ⑦ c3병d3 ⑧ e2사Xd2병 : 약해진 d1자리로 힘을 모으고 초에서도 하나 남은 사를 중앙에 넣지만 한에서는 남은 병을 궁성에 투입하여 외사를 만드는 것이 좋다.

⑨ d3병Xd2사 ⑩ e1장f1

⑪ b1차Xd1사장군 ⑫ f1장f2 ⑬ d1차e2장군#

결국은 d1자리에서 힘이 딸려서 초가 고배를 마신다. 그 수순을 다시 정리하면 다음과 같다. 힘의 세력권 속에 적의 목적물을 넣어서 원하는 목표를 달성하는 전략에 대해서 다시 그 수순을 음미하시기 바란다.

해답 수순

① i4차b4 ② 한수쉼 ③ b4차b1장군 ④ e2사d1 ⑤ d3병d2
⑥ f1사e2 ⑦ c3병d3 ⑧ e2사Xd2병 ⑨ d3병Xd2사 ⑩ e1장f1
⑪ b1차Xd1사장군 ⑫ f1장f2 ⑬ d1차e2장군#

2) 적왕이 피할 곳을 모두 봉쇄하는 전략

상대방의 왕의 모양을 자유롭지 못하게 만드는 중요 지점을 파악해서 그 곳을 아군의 기물로 통제해야 하고 특히 상대의 왕이 피할 중요한 도피처를 봉쇄하는 것이 좋다. 그곳이 통제되면 상대의 왕이 갈 곳이 없어지게 되어 아군이 외통으로 승리하는데 유리하게 된다.

아래의 간단한 예를 보면서 초의 공격 수법을 살펴보자

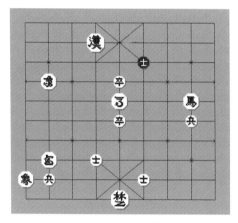

그림2 : 초차례

상황을 살펴보면 초의 기물 중 상이 이미 궁성의 중앙을 봉쇄하여 한왕을 좌측으로 몬 형태이다. 그렇다면 한왕이 갈 수 있는 곳은 1군데 밖에 없는 상태이다.

① e6마c7장군 ② d9장d8 : 이미 궁 중앙이 봉쇄된 상태에서 마가 장군을 불러서 자리를 잡고 한왕을 천궁으로 몰고

③ c7마b9장군 ④ d8장d9 : 다시 장군을 불러서 한왕을 오갈데 없는 부동의 상태로 만든다.

⑤ b3포e3 ⑥ h6마f7 : 이어서 초는 제3의 기물을 투입하는데 초의 포로 e줄을 장악한다. 한에서는 마가 방어에 나서지만⋯역부족이다.

⑦ e7졸d7 ⑧ f8사e8 : 이어서 초의 졸이 d줄로 이동하여 d8자리를 봉쇄한다.

⑨ e3포e7 ⑩ f7마g5 : 초포가 e줄을 완전히 봉쇄하니 한에서는 둘 데가 마땅치 않

다.

⑪ b9마c7장군# : 한의 왕이 갈 곳이 완전히 차단된 상태에서 초마가 장군을 부르며 게임을 마감한다.

3) 상대의 사를 없애는 민궁 전략

이론적으로 공격은 상대의 수비 기물이 약해질수록 유리하다. 종반전에서 궁의 대표적인 수비 기물이 사이고 공격 측에서는 희생을 하는 한이 있어도 사를 없애서 사가 없는 민궁으로 만들면 외통으로 승리하기가 쉽다. 아래의 예를 살펴보자.

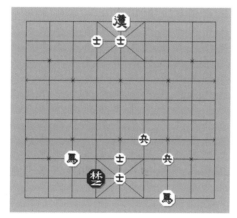

그림3-1 : 한차례 – 사를 없애는 민궁 전략

상황을 살펴보면 초는 사 2개와 초왕만 달랑 남은 상태이다. 한에서 공격할 수 있는 기물은 마 2개와 병 2개인데… 가장 효율적으로 이기는 수법을 살펴보자. 기물 점수로는 마가 병보다는 더 가치가 높으나 이런 상황에서는 직선공격수인 병이 마보다는 더 중요하다. 가장 중요한 것은 직선공격수의 가치를 높이려면 사를 없애는 것임을 알면 좋다.

① g1마Xe2사 ② e3사Xe2마 : 우선 마 하나를 투자하여 초의 사를 하나로 줄이는 것이 중요한 전략이다.

③ g3병f3 ④ e2사Xf3병 : 그 다음 전략은 병을 궁성에 투입하여 남은 사와 교환하여 민궁으로 만드는 것이다.

⑤ f4병Xf3사 ⑥ d2장d3 : 초왕은 천궁자리인 d3로 가서 버티지만…

⑦ c3마d5 ⑧ 한수쉼 : 이런 모양에서 마가 가야 할 자리는 초왕의 d3와 날일자(日) 위치인 f4자리이다.

⑨ d5마f4장군 ⑩ d3장d2

⑪ f3병e2장군# : d4자리가 차단된 상태에서 병이 입궁을 하면서 장군을 부르면 초 왕은 갈 곳이 없어 게임이 끝난다.

해답 수순

① g1마Xe2사 ② e3사Xe2마 ③ g3병f3 ④ e2사Xf3병 ⑤ f4병Xf3사
⑥ d2장d3 ⑦ c3마d5 ⑧ 한수쉼 ⑨ d5마f4장군 ⑩ d3장d2 ⑪ f3병e2장군#

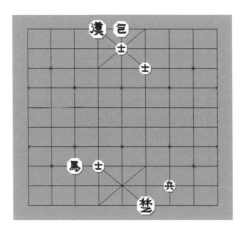

그림3-2 : 한차례 – 사를 없애는 민궁 전략

이 전략에 대한 다른 예를 살펴보자. 문제의 상황을 살펴보면 공격을 하는 한에서 는 포,마,병이 남았고 초에서는 외사와 초왕뿐이다. 그런데 한병은 이미 2선까지 간 상태이고 궁에 붙을 수 없는 상황인데 이 상황에서 가장 효율적으로 이길 수 있는 방법 은 무엇일까? 9수 만에 이기는 간단한 수법이 있다.

① c3마d1 ② d3사e2 : 첫수로 마가 간 위치가 기가 막힌 자리이다. 현재 초왕이 갈 수 있는 곳은 없는데 한마가 f2자리를 봉쇄하면 그 다음 수에 한병이 f2에 붙으면 초왕을 갈 데가 없어 지게 되어 d3의 사가 궁 중앙에서 방어를 해야 한 다.

③ g2병g1장군 ④ f1장e1 : 이때가 병이 1선으로 가서 장군을 치는 것이 중요하다. 이렇게 되면 한병으로서는 갈 데까지 가서 완전히 수명이 다한 상태이다. 그러 면 초왕이 f2는 못 가기 때문에 갈 수 있는 곳은 오직 한 곳인 e1밖에 없다. 이

상태에서 잘 살펴보면 한에서는 포가 초사와 왕을 묶은 결과가 된다.

⑤ d1마c3 ⑥ 한수쉼 : d1에 있던 마가 c3로 이동하게 되면 결과적으로 d1자리는 마가 봉쇄를 한 결과가 되고, f1자리는 한병이 봉쇄한 모양새가 된다. 또한 묶인 사는 한마와 한포가 공통으로 겨냥을 하는 상황이 되는 것이다.

⑦ e10포Xe2사 ⑧ 한수쉼 : 묶인 사를 포가 포획을 해도 초왕은 앉은 상태에서 당해야만 하는 상황이다.

⑨ e2포e10장군# : 사를 잡고 포가 다시 한궁으로 돌아가면서 포장군으로 게임을 마무리한다.

이 예는 민궁을 만드는 과정과 민궁을 만든 후 아무 기물도 막아 줄 수 없는 상황을 만드는 수법과 초왕이 도피할 수 없게 도피처를 완전히 차단하는 수법을 보여주는 좋은 예제이다. 아래 해답 수순을 다시 정리하면 다음과 같다.

해답 수순
① c3마d1 ② d3사e2 ③ g2병g1장군 ④ f1장e1 ⑤ d1마c3
⑥ 한수쉼 ⑦ e10포Xe2사 ⑧ 한수쉼 ⑨ e2포e10장군#

4) 상대의 기동성 있는 기물의 수를 줄이는 교환 전략

종반전이 되면 전투에 투입할 수 있는 기동력 있는 뛰는 기물을 더 많이 가지고 있는 편이 더 유리하다. 따라서 종반전으로 접어들면 기물이 많은 측은 뛰는 기물의 교환을 추진하면 편하게 대국을 이끌 수 있다. 특히 종반전에서 상대보다 아군의 마의 수가 많게 되면 가급적 대차 작전을 써서 차를 서로 교환하고 서로 차가 없는 상태로 만든 후 잉여 마로 신속한 공격을 하면 종반전 운용이 쉬워진다. 그리고 종반전에서는 경우에 따라 쌍방 차가 없는 경우, 아군 포로 기동력 있는 기물인 상대 마를 잡는 것이 좋다. 종반전에서는 마가 차의 역할을 하기 때문이다.

이 전략은 선수를 유지하여 계속 주도권을 잡기 위한 전략으로서 이때는 적의 기동성 있는 뛰는 기물을 잡으면서 공격을 이어간다. 다음 예제는 초가 희생을 통해서 한을 어떻게 공략하는지 그 전략을 생생하게 보여준다.

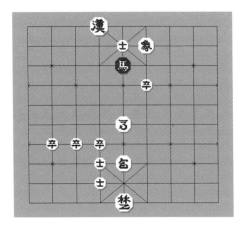

그림4-1 : 초차례

상황을 살펴보면 초에서는 공격할 수 있는 기물이 많고 한에서 뛰는 기물은 마와 상뿐이다. 점수상으로는 초의 포가 한의 마보다 더 높지만 이 상황에서는 전략적으로 초포를 희생하여 한마를 없애는 것이 절대적으로 중요하다.

① e3포Xe8마 ② e9사Xe8포 : 첫수로 초포가 한의 마를 잡으면서 희생을 한다.

③ c4졸c5 ④ e8사e9 : 졸이 전진을 시작한다.

⑤ c5졸c6 ⑥ d10장d9

⑦ d4졸d5 ⑧ f9상i7 : 그 다음 졸이 전진을 하여 궁성까지 간다.

⑨ d5졸d6 ⑩ i7상g10

⑪ d6졸d7 ⑫ d9장d10 : 그 후에 3수부터 12수까지 초에서는 마와 졸을 궁성 앞에 집결시키는 것이 일관된 작전수행 과정이다.

⑬ e5마g6 ⑭ e9사e8

⑮ c6졸c7 ⑯ g10상d8

⑰ c7졸c8 ⑱ d10장e9

⑲ f7졸e7 ⑳ e8사f8

㉑ d7졸Xd8상장군 ㉒ e9장f9 : 졸이 한상을 잡으면서 궁성에 진입하고 한왕이 f자리로 도망가고 유일한 방어수는 사 하나이다.

㉓ g6마Xf8사 ㉔ f9장Xf8마 : 마가 희생을 하면서 하나 남은 사를 없애고

㉕ e7졸e8장군# : 궁성에 진입한 졸로 게임을 끝낸다.

수순은 다소 길어도 스토리는 간단명료하다. 전략을 다시 정리하자면… 뛰는 기물인 마를 포로 잡고 하나 남은 뛰는 기물인 상을 갈데없이 몰아서 무력하게 만든 후하나 남은 사를 마와 교환하여 민궁으로 만든 후 졸이 입궁하여 이긴다는 내용이

다.

① e3포Xe8마 ② e9사Xe8포 ③ c4졸c5 ④ e8사e9 ⑤ c5졸c6
⑥ d10장d9 ⑦ d4졸d5 ⑧ f9상i7 ⑨ d5졸d6 ⑩ i7상g10 ⑪ d6졸d7
⑫ d9장d10 ⑬ e5마g6 ⑭ e9사e8 ⑮ c6졸c7 ⑯ g10상d8
⑰ c7졸c8 ⑱ d10장e9 ⑲ f7졸e7 ⑳ e8사f8 ㉑ d7졸Xd8상장군
㉒ e9장f9 ㉓ g6마Xf8사 ㉔ f9장Xf8마 ㉕ e7졸e8장군#

또 다른 예제를 보자.

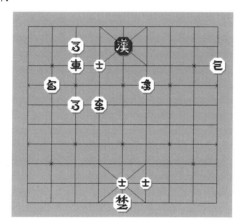

그림4-2 : 초차례

상황을 살펴보면 초에서는 공격하는 기물이 5개이고 한에서는 한왕을 포함하여 4
개가 있다. 여기서 가장 중요한 수비 기물은 한의 차와 사다.

① d6차Xd8사장군 ② c8차Xd8차 ③ c6마Xd8차 ④ e9장Xd8마 : 우선 초에서는 차
와 마를 투자하여 한의 차와 사를 없애는 것이 제일 중요하다. 즉, 뛰는 기물인
차를 교환하고 사를 잡아서 민궁으로 만드는 전략이다.

⑤ c9마e10장군 ⑥ d8장e9 : 그 다음 마를 이용하여 한왕을 궁지에 몰면서 우측에
놓인 한포를 잡으러 가는 것이 중요하다.

⑦ e10마g9 ⑧ e9장f10

⑨ b7포g7 ⑩ f10장e9 ⑪ g9마Xi8포 ⑫ e9장e10 : 이렇게 마로 포를 잡고 나면 한
에서는 궁에는 방어 기물은 하나도 없고 초의 대삼능 대기물을 상대로 왕이 피
해가야 한다.

⑬ i8마g9장군 ⑭ e10장e9 : 우선 기물 중 초마는 g9에 자리를 잡고 한왕의 e10자
리를 봉쇄한다.

⑮ g7포d7 ⑯ 한수쉼

⑰ f7상d4 ⑱ e9장f10

⑲ d7포d1 ⑳ 한수쉼 : 그 다음 포가 상의 도움을 받아 d1자리로 자리를 잡고

㉑ d4상b7 ㉒ 한수쉼 : 마지막 기물인 초상이 b7에 자리를 잡으면서 궁의 e9자리
   를 봉쇄하여 결과적으로 한왕은 f줄에서 e줄로 이동이 완전히 차단된다.

㉓ d1포f1장군# : 마지막으로 e줄이 차단된 한왕을 f줄에서 포로 장군을 부르면 게
   임이 끝나게 된다.

해답 수순

① d6차Xd8사장군 ② c8차Xd8차 ③ c6마Xd8차 ④ e9장Xd8마
⑤ c9마e10장군 ⑥ d8장e9 ⑦ e10마g9 ⑧ e9장f10 ⑨ b7포g7
⑩ f10장e9 ⑪ g9마Xi8포 ⑫ e9장e10 ⑬ i8마g9장군 ⑭ e10장e9
⑮ g7포d7 ⑯ 한수쉼 ⑰ f7상d4 ⑱ e9장f10 ⑲ d7포d1 ⑳ 한수쉼
㉑ d4상b7 ㉒ 한수쉼 ㉓ d1포f1장군#

---

5) 졸을 활용한 외통 전략(차/졸,마/졸,상/졸,졸/졸 등의 입궁 전략)

이 전략은 상대방을 민궁으로 만든 후 직선공격수인 졸과 그를 지지하는 기물에 의
해 수행된다. 아래의 예를 보도록 하자.

이 전략은 졸이 작전의 핵심이 되는 전략으로서 최종적으로는 졸을 궁성에 진입시
켜서 입궁을 하여 적왕을 외통으로 이기는 전략이다.

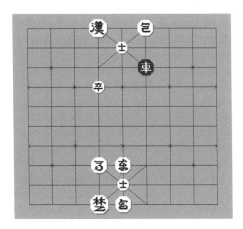

그림5 : 초차례

문제의 상황을 분석해 보자. 우선 한에서는 차와 외사, 그리고 포가 있고 초에서는

포,마,차,졸이 있다. 여기서 명쾌하게 이기는 전략은 무엇일까?

① 1차적으로 적의 수비 기물을 없애기 위해 초와 포를 이용해서 한의 차와 사를 없애서 간단하게 기물을 정리하고 (수순1~수순4)

② 2차적으로는 남은 마와 졸을 궁성에 진입시켜 졸 입궁으로 이기는 전략이다.(수순4~수순26)

① e3차Xe9사장군 ② f8차Xe9차 :

③ e1포Xe9차 ④ d10장Xe9포 : 우선 1차 전략인 한의 수비 기물을 일부 없애는 일부터 먼저 시행한다.

⑤ d3마e5 ⑥ 한수쉼 : 그 다음 마를 한의 궁성에 접근시켜서 졸이 궁성에 진입할 수 있도록 도와준다.

⑦ e5마c6 ⑧ 한수쉼 :

⑨ c6마e7 ⑩ f10포d8장군 :

⑪ d1장e1 ⑫ 한수쉼 :

⑬ e7마g8장군 ⑭ e9장d9 :

⑮ d7졸e7 ⑯ 한수쉼 : 드디어 졸이 궁성에 진입하기 일보직전이다.

⑰ g8마f6 ⑱ 한수쉼 : 그 다음 해야 할 일은 마의 위치를 한궁과 대각선 방향의 날 일자 위치에 자리를 잡는 것이다. 그래야 졸이 중앙에 입궁을 할때 한의 왕이 7선으로 올라가는 유일한 피신처를 봉쇄할 수 있다.

⑲ e7졸e8 ⑳ d8포h8 : 드디어 졸이 한의 궁성에 진입한다.

㉑ f6마d7 ㉒ 한수쉼 : 마의 위치를 잡는다.

㉓ d7마e5 ㉔ h8포c8 :

㉕ e5마f7 ㉖ 기권 : 이제 남은 일은 졸이 27. f8졸e9장군#로 입궁하여 장군하는 수만 남아서 한에서는 포기를 한다.

해답 수순

① e3차Xe9사장군 ② f8차Xe9차 ③ e1포Xe9차 ④ d10장Xe9포 ⑤ d3마e5
⑥ 한수쉼 ⑦ e5마c6 ⑧ 한수쉼 ⑨ c6마e7 ⑩ f10포d8장군 ⑪ d1장e1
⑫ 한수쉼 ⑬ e7마g8장군 ⑭ e9장d9 ⑮ d7졸e7 ⑯ 한수쉼 ⑰ g8마f6
⑱ 한수쉼 ⑲ e7졸e8 ⑳ d8포h8 ㉑ f6마d7 ㉒ 한수쉼 ㉓ d7마e5
㉔ h8포c8 ㉕ e5마f7 ㉖ 기권

6) 포를 활용한 전략 (포+기타기물 합동작전)

포가 앞에서 방어를 해 주지 못하는 왕을 공략하는 전략으로서 상대방의 왕 앞에 포가 없는 약점을 이용하기 위한 포 이용 작전 (궁성 집중 포격 작전)등이 이 전략에 해당된다.

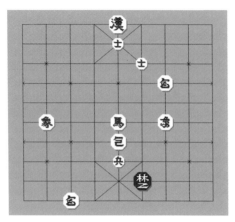

그림6 : 한차례

문제의 상황을 살펴보면 초에서는 사가 없는 민궁이고 양포와 상이 있지만 효과적으로 방어하기가 어렵다. 이런 기물의 조합에서는 다음과 같은 효과적인 전략으로 상대를 제압할 수 있다.

① b5상e7 ② g7포g3 : 그 첫수로는 한상의 위치를 재 조정하여 c4자리에 배치하여 초왕이 도망갈 통로에 있는 e1자리를 차단하는 것이다. 그래서 상의 멱을 막으려고 초의 포가 이동을 한다.

③ e7상c4 ④ f2장f1 : 상이 c4자리에 가서 f2자리를 노리고 있어서 초왕이 재빨리 f1자리로 이동한다. 만약 아무런 조치를 취하지 않으면 ⑤ e3병f3장군 ⑥ f2초 Xf3졸로 졸희생을 하고 그 다음 수에 ⑦ e4포e6 마 장군으로 한이 이기는 수순이 있다.

⑤ e3병f3 ⑥ g3포c3 : 병이 f2로 찌르는 외통수가 있어서 이를 막으려면 포가 상의 멱을 막는 수 외에는 없다.

⑦ e5마g4 ⑧ f1장e1 : 마지막으로 e5자리에서 대기하고 있던 마가 출동하여 포/마 합동작전으로 초왕을 잡는다.

⑨ g4마e3장군#

이 문제의 해답은 비교적 간단하지만 종반전의 중요한 전략이 다 담겨있는 문제이다.

해답 수순
① b5상e7 ② g7포g3 ③ e7상c4 ④ f2장f1 ⑤ e3병f3
⑥ g3포c3 ⑦ e5마g4 ⑧ f1장e1 ⑨ g4마e3장군#

7) 대삼능 기물로 외통을 노리는 전략

이 전략은 서로 차가 없고 한쪽에서 대삼능 기물만 남았을 때의 전략이다.

아래의 예를 보도록 하자. 상황은 초가 절대적으로 기물은 우세한데 어떻게 빨리 효율적으로 게임을 끝낼 수 있을까?

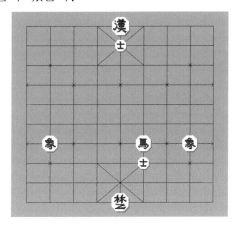

그림7 : 한차례

이런 상황에서 쉽게 이기려면 마를 이용하여 초의 왕을 3선인 천궁으로 유인하는 것이 유리하다. 그 후에 오른쪽 상을 위치를 재조정하고 그 다음 왼쪽 상을 다시 위치 재조정하여 f3위치에서 꼼짝 달싹 못하고 사면초가에 몰린 초왕을 상장군으로 이기는 전략이다.

① f4마d3장군 ② e1장e2

③ d3마e5장군 ④ e2장e3 : 마가 초왕을 위협하면서 초왕을 천궁으로 유인한다.

⑤ h4상f7 ⑥ f3사e2 : 오른쪽 상이 f7자리로 가서 왼쪽으로 이동할 준비를 한다.

⑦ b4상d7 ⑧ e2사e1 : 이어서 왼쪽 상이 d7자리로 이동하여 g5자리로 이동할 준비를 한다.

⑨ d7상g5 ⑩ e1사e2

⑪ e5마g4장군 ⑫ e3장f3 : 마지막으로 e5마가 초왕을 f3자리로 가도록 강요하면 초왕은 달리 방법이 없다.

⑬ f7상c5장군# : f7에서 대기하고 있던 상이 장군을 부르며 게임을 마무리한다.

① f4마d3장군 ② e1장e2 ③ d3마e5장군 ④ e2장e3 ⑤ h4상f7
⑥ f3사e2 ⑦ b4상d7 ⑧ e2사e1 ⑨ d7상g5 1⑩ e1사e2
⑪ e5마g4장군 ⑫ e3장f3 ⑬ f7상c5장군#

8) 양포를 이용한 포격 전략

이 전략은 양포를 이용한 압박 전략이다. 아래의 예를 보도록 하자.

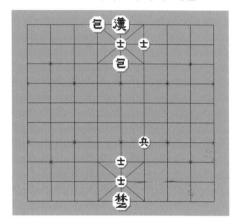

그림8 : 한차례

상황을 보면 초에서는 양사가 있으나 e줄이 포에 의해 묶여있고 초궁이 d줄이나 f
줄로 가더라고 한의 귀포가 따라가기 때문에 불안하기만 하다. 이때는 포에 의해 묶인
것을 이용하여 한병이 궁성에 입성한 후 초궁이 어느 한쪽으로 돌면 일단 한병과 사를
교환한 후 남은 사를 양포를 이용하여 잡고 두줄을 포로 겨냥하여 이기는 전략이다.
그 해답 수순은 다음과 같다.

① f4병f3 ② e1장d1 ③ f3병Xe3사 ④ e2사Xe3병 ⑤ e9사d9장군
⑥ e3사d3 ⑦ d10포Xd3사 ⑧ d1장e1 ⑨ e10장e9 ⑩ e1장e2
⑪ d3포d10 ⑫ e2장e1 ⑬ d9사d8 ⑭ 한수쉼 ⑮ e9장d9 ⑯ e1장d1
⑰ f9사e9 ⑱ d1장e1 ⑲ e8포e10장군 ⑳ e1장f1 ㉑ e9사f9 ㉒ 한수쉼
㉓ d9장e9 ㉔ 한수쉼 ㉕ d10포f8 ㉖ 한수쉼 ㉗ f8포f10장군#

9) 차의 기동력을 이용한 공격 전략

이 전략은 차의 빠른 위치 선정과 기동력을 이용하여 공격하는 전략이다.

문제의 상황을 보면 한차가 중앙을 장악하여 외사를 겨냥하고 있다. 또 다른 차는 3선에서 좌측, 우측으로 필요에 따라 방향을 빨리 바꾸면서 초를 공략할 수 있다.

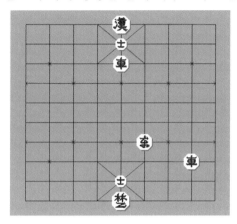

그림9 : 한차례

한에서는 우선 초궁을 측궁이 되도록 강요하는 것이 중요하고 측궁이 된 후에는 앞과 옆에서 차가 공략을 하는 전략을 쓰면 된다.

① h3차d3 : 우선 첫수로 외통을 노리면서 한의 차가 3선에 붙은 후 초의 차를 2선이나 1선으로 유인한다.

② f4차f2 ③ d3차b3 ④ e1장d1 : 3선에서 좌측으로 빠지게 되면 다음 수에 외통이되므로 초왕이 측궁으로 갈 수 밖에 없게 된다.

⑤ b3차b1장군 ⑥ d1장d2 ⑦ e8차d8장군 ⑧ e2사d3 : 양차를 앞,옆 공격으로 d줄에 힘이 집중되게 되고

⑨ b1차b2장군 ⑩ d2장d1 ⑪ d8차Xd3사장군 : d3자리에 헛점이 생기게 된다.

⑫ d1장e1 ⑬ b2차b1장군# : 마침내 초가 한차의 장군을 피할 수 없게 되어 외통으로 지게 된다.

해답 수순

① h3차d3 ② f4차f2 ③ d3차b3 ④ e1장d1 ⑤ b3차b1장군
⑥ d1장d2 ⑦ e8차d8장군 ⑧ e2사d3 ⑨ b1차b2장군 ⑩ d2장d1
⑪ d8차Xd3사장군 ⑫ d1장e1 ⑬ b2차b1장군#

10) 상대 왕이 움직일 수 없는 상황인 부동수 공략 전략1 (상길 찾기) : 9수 만에 이기기

졸이 서로 상쇄되어 졸이 거의 없는 종반전에 접어들면 상의 활약이 두드러진다. 그러기 위해서 상을 원하는 자리에 자유자재로 이동할 수 있도록 상길을 찾기 위한 기초훈련을 할 필요가 있다.

예를 들어 적왕이 움직일 수 없는 상황에서 아군의 움직일 수 있는 기물이 상밖에 없을 때 원하는 위치로 상을 이동하는 동선을 찾는 전략 등이 이에 해당한다.

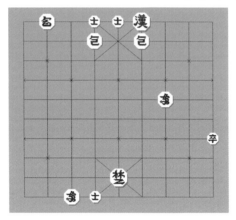

그림10 : 초차례

부동수 문제를 잘 풀려면 기물을 묶어두는 기물의 종류와 그 역할을 잘 이해하고 뛰는 기물을 잘 활용하여 이길 수 있는 모양을 미리 생각해 둔 뒤 가장 빠른 수순으로 이겨야 한다. 본 문제의 상황은 b10포와 g6상을 건드리지 말고 c1상이나 i4졸만 이용하여 이겨야 한다. i4졸을 i줄을 따라서 10선까지 간 후 졸이 10선에서 장군을 부르면 이길 수는 있으나 그 수순이 너무 길어서 여기서는 정답은 아니고 상길을 찾는 것이 중요한데 이 상이 가야 하는 최종 목적지가 d7이면 이길 수 있는데 그 길을 찾는 과정에서 f줄을 거치면 안 된다. 왜냐하면 상이 f줄 아무데나 가게 되면 d9포의 다리가 되어 d9포가 움직일 수 있게 되어서 이길 수 없기 때문이다. 이런 제약조건을 다 충족시키면서 이기는 수순은 아래와 같다.

해답 수순

① c1상e4 ② 한수쉼 ③ e4상b6 ④ 한수쉼 ⑤ b6상e8
⑥ 한수쉼 ⑦ e8상g5 ⑧ 한수쉼 ⑨ g5상d7장군#

11) 상대 왕이 움직일 수 없는 상황인 부동수 공략 전략2 (자리 재배치 전략) :
9수 만에 이기기

이 전략은 상대방의 왕이 움직일 수 없는 상황을 그대로 유지하면서 기타 움직일 수
있는 다른 기물들을 적절히 움직이어 부동인 적왕과 그 수비 기물이 움직이지 못하는
범위에서 다른 기물의 위치를 재배치하여 외통으로 이기는 전략이다.

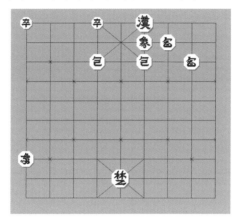

그림11 : 초차례

문제의 상황을 살펴보면 한의 기물을 묶어두고 있는 기물은 g9포이며 이 포로 인해
모든 기물이 꼼짝 못하게 되었다. 이길 수 있는 전략을 짜보면 a3상을 움직여서 이 상
을 b8위치나 c7에 놓고 d10졸로 장군을 치면 이길 수 있는데 그 상길을 찾을 때 제약
조건을 잘 살펴야 실수 없이 이길 수 있다. 우선 어떤 수를 써서라도 상이 d줄과 f줄을
거치지 말아야 한다. 그러기 위해서는 상은 d줄과 f줄이 아닌 조건에서 b8이나 c7으로
가는 동선만 찾으면 되는데 가능한 위치는 b8이고 그 해답 수순은 다음과 같다.
① a3상d1 ② 한수쉼 ③ d1상b4 ④ 한수쉼 ⑤ b4상e6 ⑥ 한수쉼
⑦ e6상b8 ⑧ 한수쉼 ⑨ d10졸e10장군#

12) 상대 왕이 움직일 수 없는 상황인 부동수 공략 전략3 (상/포 합동작전) :
11수 만에 이기기

이것은 우형 전략 중 특히 왕과 관련된 나쁜 모양과 관련된 전략이다. 이 전략은 상
대방의 왕이 움직일 수 없는 상황에서 상과 포를 적절히 이동하여 묘한 모양으로 승리
하는 전략이다.

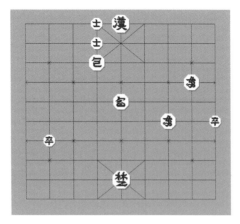

그림12 : 초차례

　11수 만에 이기기 위해서는 i줄의 졸을 이동시켜서는 11수 만에 이길 수 없고 g5상이나 h7상을 움직여야 하는데 현재 한왕을 묶고 있는 기물은 h7상이므로 g5상을 움직여야 한다. 만약 그 상의 최종 목적지가 g7이 된다면 그때 한왕이 e9자리로 탈출하게 되므로 그 자리는 안 된다. 그렇다면 상이 어디를 가야 이길 수 있을까? 묘하게도 e9자리에 상이 가게 되면 e6포의 다리가 되어 포장으로 승리할 수가 있다. 이런 구상 속에서 상길을 찾아야 하고 최종 목적지 e9 자리에 가려면 바로 전에 g6에 가면 되므로 그 동선을 찾으면 아래 해답 수순이 된다.

해답 수순
① g5상i2 ② 한수쉼 ③ i2상f4 ④ 한수쉼 ⑤ f4상h1 ⑥ 한수쉼
⑦ h1상e3 ⑧ 한수쉼 ⑨ e3상g6 ⑩ 한수쉼 ⑪ g6상e9장군#

　13) 상대 왕이 움직일 수 없는 상황인 부동수 공략 전략4 (상대 기물 이용 전략) : 11수 만에 이기기

　부동으로 움직이지 못하는 상황에서 적의 기물을 이용하여 외통으로 이기는 전략이다.

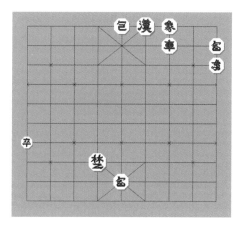

그림13 : 초차례

한의 기물 상황을 보면 한이 포,차,상이 있어서 오히려 초보다도 유리하지만 i8상에 의해 차가 묶여서 마비되어 있어서 차가 거의 무용지물이다. 또한 10선에 있는 상은 자기 차가 멱을 누르고 있어서 전혀 움직일 수 없는 상황이다. 이 상황에서 이기는 전략을 잘 짜야 하는데 상대방의 기물을 이용하면서 이길 수 있는 수법이 있다. 우선 i8상은 움직이면 안 되고 i9포도 현재로서는 움직이면 한왕이 f9나 e9로 도망치기 때문에 다른 기물이 현재 포의 역할을 하기 전에는 움직이면 안 된다. 따라서 움직일 수 있는 기물은 e2포와 a4졸 밖에 없는데 a4졸로는 이기는 방법이 없고 e2포를 이용하는 방법을 강구해야 한다. 만약 e2포가 h자리에 가서 i9포의 역할을 할 수만 있다면 i9포를 이용하여 포장군으로 이기는 그림이 그려진다. 과연 e2포가 h9로 가려면 어떻게 하는지 생각해 보면 답이 나온다. 초왕의 다리를 이용하여 e9에 간 후 한차의 다리를 이용하여 g9로 가는 것이 중요한 핵심 아이디어다.

① d3장e3 ② 한수쉼 : 첫수로 초왕을 e줄로 움직여서 포의 다리를 만든다.

③ e2포e9 ④ 한수쉼 : 초왕 다리를 이용하여 e2포를 작전대로 e9 자리로 이동한다.

⑤ e3장d3 ⑥ 한수쉼 : 여기서 아주 주의를 해야 하는 행마가 있는데 포다리로 사용되었던 초왕을 d줄로 옮겨야 한다는 점이다. 무심코 포를 먼저 h9로 이동시키게 되면 이때를 놓치지 않고 한의 e10포가 e2나 e1으로 포를 이동하게 되면 한왕의 탈출로가 생겨서 절대로 이길 수가 없게 된다.

⑦ e9포h9 ⑧ 한수쉼 : 포를 h9로 옮겨서 i9포를 자유롭게 할 수가 있게 되었다.

⑨ i9포i3 ⑩ 한수쉼 : 자유로워진 i9포를 앞으로 넘겨서 다음 수의 포장군 외통수를 노린다.

⑪ i3포i10장군# : 10선에 있는 한의 상을 이용하여 포장군을 치고 게임을 끝낸다.

이 예제는 전략적인 사고가 많이 담긴 문제이므로 처음에 풀지 못하였다 해도 반복해서 해답을 하나씩 이해하기 바란다. 반드시 여러분의 장기 실력이 늘 것이라고 저자는 확신한다.

해답 수순

① d3장e3 ② 한수쉼 ③ e2포e9 ④ 한수쉼 ⑤ e3장d3 ⑥ 한수쉼
⑦ e9포h9 ⑧ 한수쉼 ⑨ i9포i3 ⑩ 한수쉼 ⑪ i3포i10장군#

14) 상대 왕이 움직일 수 없는 상황인 부동수 공략 전략5 (환격 전략) : 9수만에 이기기

이 전략은 부동수 상황에서 왕을 보호하고 있는 적의 기물을 이용하여 묘수로 이기는 전략이다. 적에게 호장을 했을 때 호장하는 기물을 적의 수비수가 제거했을 때 또다른 아군 공격수가 그 수비수를 다시 잡으면서 장군을 불러서 외통으로 이기는 전략이다. 바둑의 '환격', '먹여치기'전략과 그 개념과 아이디어에서는 비슷하다.

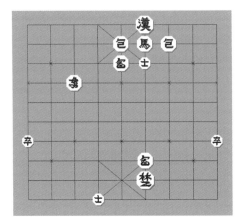

그림14 : 초차례

이 문제는 앞에서 소개했던 다른 부동수 문제와는 조금 다른 발상이 필요하다. 상황을 보면 9수 만에 이기기 위해서는 양변의 졸을 이용해서는 9수만에 이길 수 없다. 그렇다면 어떻게 어떤 기물로 이겨야 할까?

우선 c7상은 한왕의 퇴로를 봉쇄하는 역할을 하기 때문에 움직이면 안되고 f3포도 지금 움직이면 f8사가 e8초포를 잡기 때문에 당장은 움직일 수 없다. 그렇다면 움직일 수 있는 기물은 e8포인데 이것으로 어떤 수를 낼 수 있을까?

① e8포g8 ② 한수쉼 : 우선 포를 우측으로 이동해서 포의 위치를 바꾸어 본다.

③ g8포d8 ④ 한수쉼 : 다시 포를 좌측으로 이동하는데 d8,a8,b8자리로 이동할 수 있는데 절대 c8자리만은 안 된다. 왜냐하면 상의 멱을 막기 때문이다. 이 점만 주의하면 된다.

⑤ f3포f1 ⑥ f8사e8 : 1,3수를 먼저 한 이유는 이 5수 때문이었다. 포로 사를 치면서 외통으로 이긴다고 위협을 하면 한에서는 사를 치울 수 밖에 없다.

⑦ d8포f8장군 : 이때 전광석화처럼 우측으로 이동했던 포가 사를 다리로 삼아 f8자리로 들어가 포장군을 부르며 자살을 한다.

⑧ e8사Xf8포 : 한에서 포장군을 막는 방법은 장군을 부른 포를 잡는 수 밖에 없고

⑨ f1포Xf8사장군 : f줄에서 미리 대기하고 있던 포가 다시 사를 잡으면서 외통으로 게임을 마무리한다.

해답 수순

① e8포g8 ② 한수쉼 ③ g8포d8 ④ 한수쉼 ⑤ f3포f1
⑥ f8사e8 ⑦ d8포f8장군 ⑧ e8사Xf8포 ⑨ f1포X f8사장군#

이상으로 종반전 전략에 대한 해설을 마치도록 하고 수읽기 훈련으로 넘어가도록 하자.

5장. 수읽기 훈련

수읽기라 함은 어떤 상황에서 어떻게 진행될지 가장 가능성 높은 행마를 미리 머리 속에서 영상화 또는 시뮬레이션 하는 것을 말하며 둘 수 있는 수가 여럿일 경우는 각 경우를 다 계산하여 가장 좋은 수를 찾는 과정을 의미한다. 길게 예상을 할수록 깊이가 더해진다. 이를 영어로는 Calculation이라 한다. 고수의 특징 중의 하나가 이 능력이며, 장기 실력의 차이의 대부분이 이 수읽기 능력이다. 장기 실력의 향상을 위해서는 수읽기를 잘 하도록 익숙할 때까지 자가 훈련을 하는 것이 필요한데 그리 쉽지는 않으나 아주 불가능한 것도 아니다. 필자는 이를 위해 연구를 하다가 좋은 방법을 터득하였다. 아래에 그 방법을 공유하니 잘 활용 바란다.

가) 수읽기 향상을 위한 영상(Visualization) 훈련법 (영상을 기억하는 훈련)
· 장기의 기물은 움직이기 때문에 하나하나 영상의 정확한 위치를 기억하지 않으면 수읽기를 할 수가 없다.
· 한 수 한 수 장기판에 기물을 놓는 방법을 이용해 다음 수를 예측한다 해도 맥을 짚거나 급소를 찌르는 감각이 없으면 다음 수가 보이지 않는다. 따라서 최종 가능한 모양을 상정하여 수읽기를 하면 훨씬 용이해 진다.

나) 영상 훈련법 기본 원리
· 기억되어 있는 영상에서 수읽기는 용이하다.
· 기억되어 있는 패턴(공식)에서 수읽기는 용이하다.
· 수법을 익히면 수읽기가 용이하다
· 포진에서의 세세한 변화를 미리 연구해 두면 수읽기가 된 효과가 있는 것과 같다.

다) 수읽기 훈련법
· 기물을 움직여 보고 그 길을 기억한다.
· 수읽기는 예상 가능한 길의 수순조합을 미리 읽는 것이므로 내 기물의 가능한 길과 상대 기물의 가능한 길을 서로 조합해서 읽어야 한다. 특히 상, 마의 길은 미리 예상을 하여 사정권을 파악한 후 수읽기를 하면 더 도움이 된다.
· 외길수순은 읽기 쉬우나 첫수 선택이 3개 이상이면 5수를 읽으려면 내 수 3수, 상대 수 2수인데 내 수와 상대방의 선택할 경우의 수가 많으면 수읽기가 복잡해진다.
· 5수를 보기 위해서라도 물론 중복된 것을 포함하여 수십 개의 경우의 수가 생길 수 있다. 따라서 포진에서는 미리 변화수 연구가 없으면 짧은 시간에 난전

에 대처하기가 어렵다. 7수~11수 외길 수순만의 영상을 무리 없이 따라갈 수 있기만 해도 대단한 실력이다.

· 고수는 더 많은 수를 깊게 읽을 수 있는 능력을 갖춘다. 따라서 깊게 읽고 깊게 생각하려 노력을 해야 한다.

가. 수읽기 훈련 1단계

외통문제를 이용하여 수읽기 연습을 하면 아주 효과적이다. 우선 1단계로서 1권의 장기의 매력 1~9번 문제의 시작도와 결과도를 보면서 머리 속에서 수순을 따라가는 훈련을 해 보도록 한다.

문제1 : 한차례

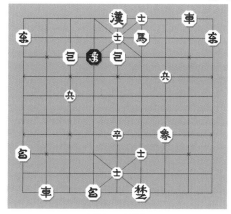

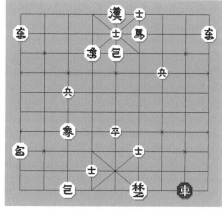

그림1 : 시작도   그림2 : 결과도

그림1 해답 : ① b1차Xd1포장군 ② e2사Xd1차 ③ c8포c1장군 ④ d1사e2
　　　　　　 ⑤ g4상e1장군 ⑥ e2사d1 ⑦ e1상c4장군 ⑧ d1사d2
　　　　　　 ⑨ h10차h1장군#

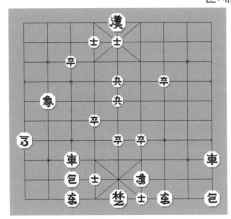

그림3 : 시작도

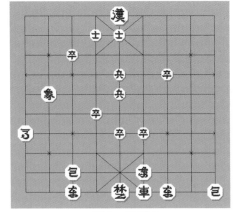

그림4 : 결과도

그림3 해답 : ① c3차e3장군 ② d2사e2 ③ e3차Xe2사장군 ④ e1장e2차
⑤ i3차d3장군 ⑥ e2장e1 ⑦ d3차Xf1차장군#

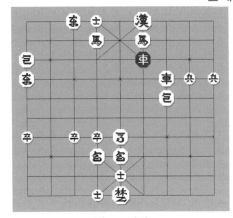

그림5 : 시작도

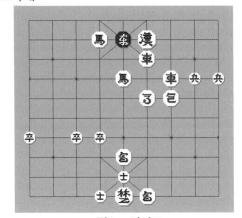

그림6 : 결과도

그림5 해답 : ① a7차Xa8포 ② f8차Xa8차 ③ d3포f1장군 ④ f9마e7
⑤ e4마f6장군 ⑥ a8차f8 ⑦ c10차Xd10사장군 ⑧ f10장f9
⑨ d10차e9장군#

문제4 : 초차례

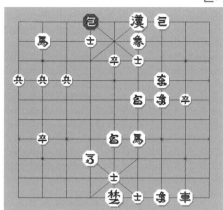

그림7 : 시작도

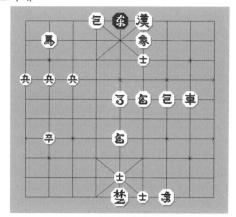

그림8 : 결과도

그림7 해답 : ① e8졸Xf8사 ② g10포Xg6상 ③ d3마Xf4마 ④ d9사e9
⑤ f4마e6 ⑥ e9사Xf8졸 ⑦ g7차e7 ⑧ h1차Xh6졸 ⑨ e7차e10장군

문제5 : 한차례

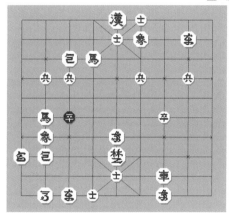

그림9 : 시작도

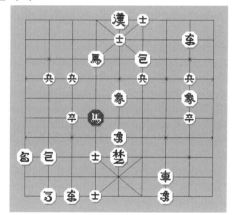

그림10 : 결과도

그림9 해답 : ① b4상e6 ② e3장f3 ③ b5마c3장군 ④ e2사d3 ⑤ f9상h6장군
⑥ g5졸h5 ⑦ c8포f8장군 ⑧ f3장e3 ⑨ c3마d5장군

문제6 : 초차례

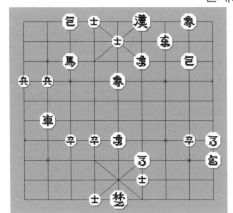

그림11 : 시작도

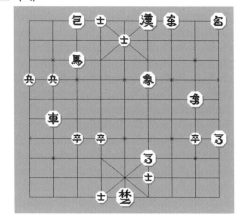

그림12 : 결과도

그림11 해답 : ① i3포i10장군 ② h10상f7 ③ g9차g10장군 ④ f10장f9
⑤ e4상h6장군 ⑥ f9장f8상 ⑦ g10차g8장군 ⑧ f8장f9
⑨ g8차Xh8포장군 ⑩ f9장f10 ⑪ h8차h10장군 ⑫ e7상g10
⑬ h10차Xg10상장군

문제7 : 초차례

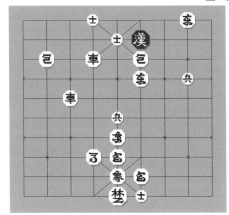

그림13 : 시작도

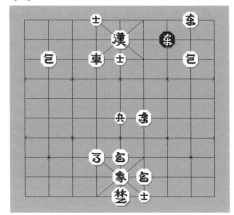

그림14 : 결과도

그림13 해답 : ① f7차Xh7병 ② f8포c8 ③ e4상h2 ④ c6차h6 ⑤ h7차Xh6차
⑥ c8포h8 ⑦ h6차f6장군 ⑧ e9사f8 ⑨ f6차g6장군 ⑩ f8사e8
⑪ h2상f5장군 ⑫ f9장e9 ⑬ g6차g9장군

문제8 : 초차례

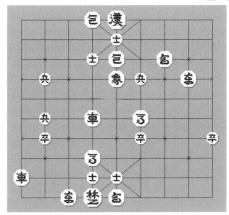

그림15 : 시작도

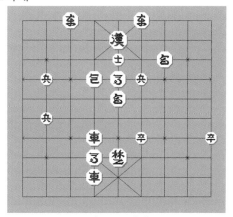

그림16 : 결과도

그림15 해답 : ① b4졸c4 ② e8포Xe2사 ③ c4졸d4 ④ d5차e5 ⑤ d4졸e4
⑥ d10포d7 ⑦ d1장Xe2포 ⑧ a2차Xd2사장군 ⑨ e2장e3
⑩ e5차d5 ⑪ h7차h10장군 ⑫ e9사f10 ⑬ e4졸d4 ⑭ d5차Xd4졸
⑮ e1포e6장군 ⑯ e7상c10 ⑰ f5마e7장군 ⑱ d8사e8
⑲ c1차Xc10상장군 ⑳ e10장e9 ㉑ h10차Xf10사장군

문제9 : 초차례

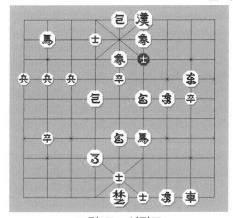

그림17 : 시작도

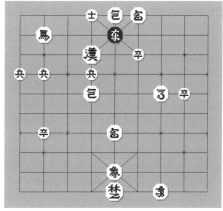

그림18 : 결과도

그림17 해답 : ① h7차h9 ② f10장e9 ③ h9차Xf9상장군 ④ e9장d8 ⑤ e7졸f7
⑥ f4마Xg6상 ⑦ f6포Xf8사장군 ⑧ e8상g5 ⑨ f8포f10
⑩ d9사d10 ⑪ d3마f4 ⑫ c7병d7 ⑬ f4마Xg6마 ⑭ h1차h2
⑮ f7졸f8 ⑯ h2차Xe2사장군 ⑰ f1사Xe2차 ⑱ g5상Xe2사
⑲ f9차e9장군

나. 수읽기 훈련 2단계

그 다음 훈련 2단계로는 각종 14개 포진의 각각의 기본1형을 수순을 보면서 처음 시작도와 포진 완성도까지의 과정을 머리 속에서 수읽기 하는 것이다.

1) 귀마 대 귀마 포진 기본1형

① a4졸b4 ② i7병h7 ③ h1마g3 ④ h10마g8 ⑤ h3포e3
⑥ h8포e8 ⑦ e4졸f4 ⑧ c10마d8 ⑨ g1상e4 ⑩ e7병d7

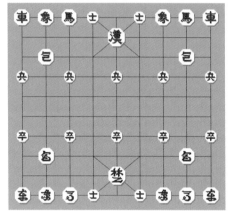

그림19 : 시작도

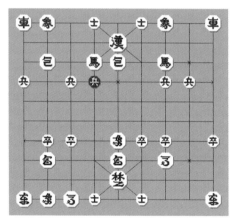

그림20 : 기본1형 완성도

2) 원앙마 대 귀마 포진 기본1형

① i4졸h4 ② h10마g8 ③ h1마g3 ④ h8포e8 ⑤ h3포e3
⑥ a7병b7 ⑦ b1마c3 ⑧ b10상d7 ⑨ e4졸d4 ⑩ c10마d8

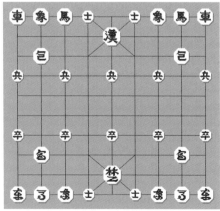

그림21 : 시작도

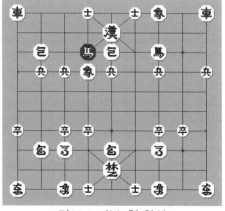

그림22 : 기본1형 완성도

3) 면상 대 귀마 포진 기본1형

① a4졸b4 ② i7병h7 ③ c1마d3 ④ h10마g8 ⑤ h3포c3
⑥ h8포e8 ⑦ e2초e1 ⑧ c10마d8 ⑨ f1사e2 ⑩ e8포i8

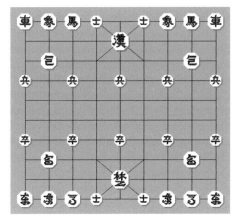

그림23 : 시작도

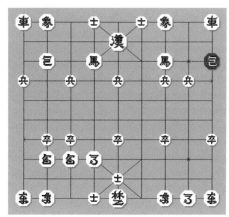

그림24 : 완성도

4) 양귀마 대 귀마 포진 기본1형

① a4졸b4 ② h10마g8 ③ c1마d3 ④ h8포e8 ⑤ e4졸e5
⑥ i7병h7 ⑦ h1상f4 ⑧ h7병h6 ⑨ b3포e3 1⑩ c10마d8

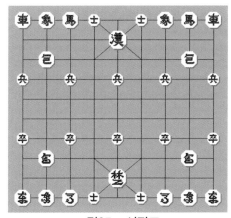

그림25 : 시작도

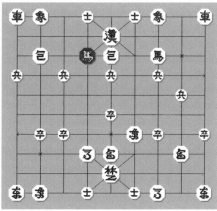

그림26 : 완성도

5) 양귀상 대 귀마 포진 기본1형

① i4졸h4 ② h10마g8 ③ h1마g3 ④ h8포e8 ⑤ h3포e3
⑥ a7병b7 ⑦ e4졸d4 ⑧ g7병f7 ⑨ b1마c3 ⑩ c10마d8
⑪ b3포d3 ⑫ b10상d7 ⑬ d1사d2 ⑭ d10사d9 ⑮ e2장e01
⑯ e9장d10 ⑰ c1상f3 ⑱ f10사e9 ⑲ d3포d1

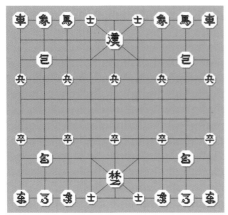

그림27 : 시작도

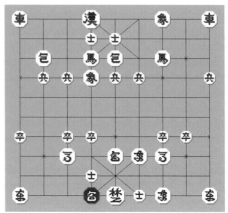

그림28 : 완성도

6) 귀마 대 귀마 맞상 포진 기본1형

① c1마d3 ② g10마f8 ③ b1상d4 ④ i7병h7 ⑤ h3포c3
⑥ h8포e8 ⑦ c3포i3 ⑧ e8포i8 ⑨ b3포e3 ⑩ e9장e10
⑪ i4졸h4 ⑫ d10사e9 ⑬ a4졸b4 ⑭ h10상f7 ⑮ g1상i4
⑯ i10차g10 ⑰ h1마f2 ⑱ b8포h8

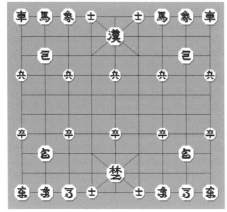

그림29 : 시작도

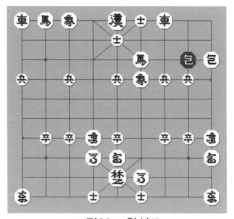

그림30 : 완성도

7) 귀마 대 원앙마 포진 기본1형

① i4졸h4 ② h10마g8 ③ h1마g3 ④ h8포e8 ⑤ h3포e3
⑥ e7병d7 ⑦ a4졸b4

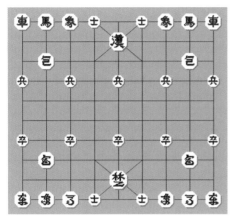

그림31 : 시작도

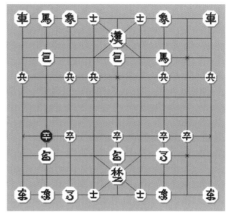

그림32 : 완성도

8) 귀마 대 면상 포진 기본1형

① a4졸b4 ② i7병h7 ③ h1마g3 ④ c10마d8 ⑤ h3포e3
⑥ i10차i9 ⑦ e4졸f4장군 ⑧ b10상e8 ⑨ g1상e4 ⑩ c7병c6
⑪ c1마d3 ⑫ c6병d6

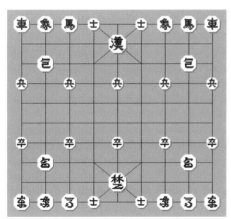

그림33 : 시작도

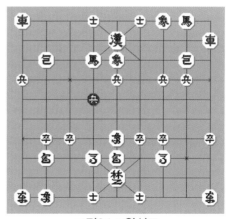

그림34 : 완성도

9) 귀마 대 양귀마 포진 기본1형

① h1마g3 ② c10마d8 ③ h3포e3 ④ c7병d7 ⑤ i4졸h4
⑥ h10상f7 ⑦ i1차i5 ⑧ g7병h7 ⑨ i5차g5 ⑩ b8포e8
⑪ h4졸h5 ⑫ a7병b7

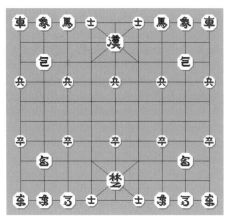
그림35 : 시작도

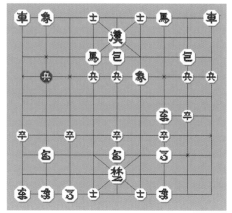
그림36 : 완성도

10) 귀마 대 양귀상 포진 기본1형

① i4졸h4 ② h10마g8 ③ h1마g3 ④ h8포e8 ⑤ h3포e3
⑥ b10마c8 ⑦ b1상d4 ⑧ b8포d8 ⑨ e4졸f4 ⑩ c7병d7
⑪ g1상e4 ⑫ g7병g6 ⑬ a4졸b4 ⑭ d10사d9 ⑮ a1차a5
⑯ e9장e10 ⑰ a5차c5 ⑱ a10차a8 ⑲ c1마d3

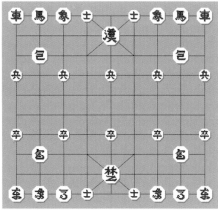
그림37 : 시작도

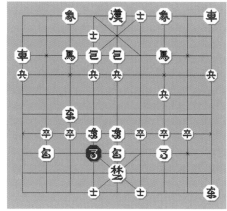
그림38 : 완성도

11) 원앙마 대 면상 포진 기본1형

① i4졸h4 ② a7병b7 ③ h1마g3 ④ c10마d8 ⑤ h3포e3 ⑥ i10차9

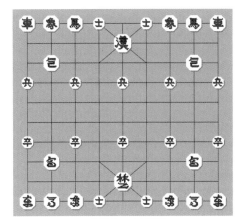

그림39 : 시작도

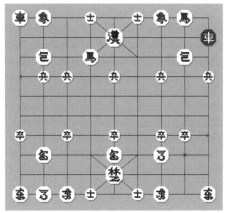

그림40 : 완성도

12) 면상 대 원앙마 포진 기본1형

① c1마d3 ② h10마g8 ③ h3포c3 ④ a7병b7 ⑤ i4졸h4
⑥ h8포e8 ⑦ c3포i3 ⑧ i7병h7 ⑨ g1상i4 ⑩ g10상i7
⑪ h1마f2 ⑫ b10마c8 ⑬ g4졸f4 ⑭ i10차h10 ⑮ b3포g3 ⑯ e7병d7장군

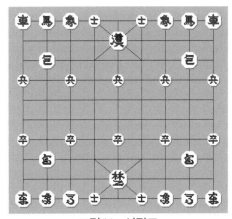

그림41: 시작도

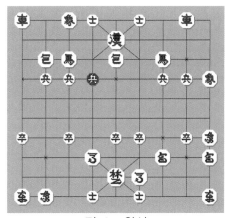

그림42 : 완성도

① h1마g3 ② g10마f8 ③ h3포e3 ④ c7병d7 ⑤ e4졸f4장군
⑥ h8포e8 ⑦ g3마e4

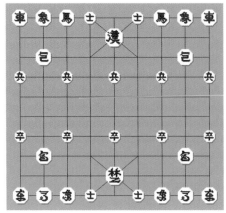

그림43 : 시작도

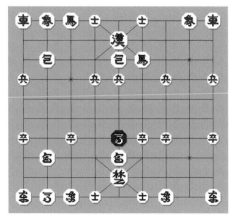

그림44 : 완성도

14) 양귀마 대 원앙마 포진 기본1형

① c1마d3 ② b10마c8 ③ b3포e3 ④ b8포e8
⑤ e4졸e5 ⑥ a7병b7 ⑦ b1상d4 ⑧ e7병f7

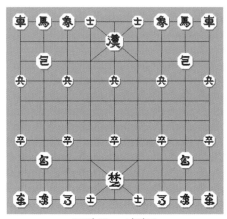

그림45 : 시작도

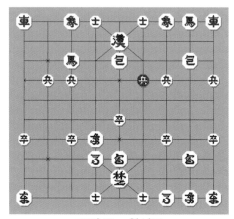

그림46 : 완성도

다. 수읽기 훈련 3단계

수읽기 1단계와 2단계가 익숙해지면 그 다음 3단계로 넘어간다. 실전에서는 많은

선택수 중 하나의 수를 선택해야 하는 경우가 많다. 이를 위해 응수가 여러 경우인 경우 각각에 대한 수읽기를 하는 요령을 익혀 보도록 하자. 문제의 시작도를 가지고 해답의 각 경우를 머리속으로 수순을 따라가는 훈련을 하는 것이다. 이 문제는 경우의 수가 17개나 되기 때문이 그리 쉬운 문제는 아니지만 영상을 따라가는 능력을 향상시키는 데는 도움이 된다. 이처럼 묘수풀이문제는 겉으로 보기에는 단순해 보여도 응수에 따라서 이렇게 경우의 수가 많은 것을 알 수 있다.

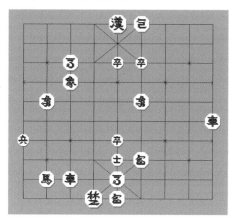

그림47 : 첫수가 다양한 경우의 수읽기 훈련 시작도
(한차례)

변화수 수순	1	2	3	4	5	6
1	i5차d5+	i5차d5+	i5차d5+	i5차d5+	i5차d5+	i5차d5+
2	e3사d3	e3사d3	e3사d3	e3사d3	e3사d3	f3포d3
3	c2차c1+	c2차c1+	c2차c1+	c2차c4+	c5차Xc3사+	c2차c1+
4	d1장d2	d1장d2	d1장d2	d1장d2	b6상Xd3차	d1장d2
5	c1차d1+	b2마c4+	b2마c4+	d5차Xd3사#	c2차c3+	c1차d1#
6	f3포Xd1차	f3포c3	f3포c3		d1장d2	
7	b2마c4#	c1차c2+	d5차Xd3사+		d3차Xd3상#	
8		d2장d1	d2장d3			
9		d5차Xd3사#	c1차d1#			

변화수 / 수순	7	8	9	10	11	12
1	i5차d5+	i5차d5+	i5차d5+	i5차d5+	i5차d5+	i5차d5+
2	f3포d3	e4졸d4	e4졸d4	e4졸d4	e4졸d4	e4졸d4
3	c2차c1+	d5차Xd4졸+	d5차Xd4졸+	d5차Xd4졸+	d5차Xd4졸+	d5차Xd4졸+
4	d1장d2	e3사d3	f3포d3	f3포d3	b3상d3	f6상d3
5	b2마c4#	c2차c4+	c2차c1+	c2차c1+	c2차c1+	c2차c1+
6		d1장d2	d1장d2	d1장d2	d1장d2	d1장d2
7		d4차Xd3사+	c1차d1#	b2마c4+	c1차d1+	b2마c4#
8		f6상Xd3차		f6상Xc4마	f3포Xd1차	
9		c4차c2+		f10포f2#	b2마c4#	
10		d2장d1			f6상Xc4마	
11		c2차c1+			f10포f2#	
12		d1장d2				
13		c1차d1+				
14		f3포Xd1차				
15		b2마c4#				

변화수 / 수순	13	14	15	실패해답1	실패해답2
1	i5차d5+	c2차c1+	i5차d5+	i5차d5+	i5차d5+
2	e4졸d4	d1장d2	b3상d3	e4졸d4	e4졸d4
3	c2차c6+	i5차d5+	c2차c1+	d5차Xd4졸+	d5차d4졸+
4	d1장d2	e4졸d4	d1장d2	e3사d3	e3사d3
5	d5차Xd4졸+	d5차Xd4졸+	b2마c4#	c2차c1+	c5차c3사+
6	e3사d3	e3사d3		d1장d2	b6상Xd3차
7	c6차c2+	c1차c2+		후속장군수단 없음	후속장군수단 없음
8	d2장d1	d2장d1		실패??	실패??
9	c2차c4+	c2차c4+			
10	d1장d2	d1장d2			
11	d4차Xd3사+	d4차Xd3사+			
12	f6상Xd3차	f6상Xd3차			
13	c4차c2+	c4차c2+			
14	d2장d1	d2장d1			
15	c2차c1+	c2차c1+			
16	d1장d2	d1장d2			
17	c1차d1+	c1차d1+			
18	f3포Xd1차	f3포Xd1차			
19	b2마c4#	b2마c4#			

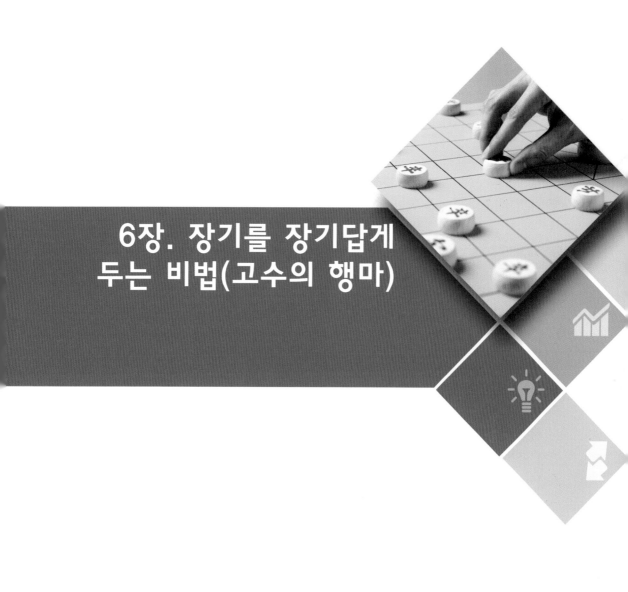

6장. 장기를 장기답게
두는 비법(고수의 행마)

장기를 두는 사람치고 고수가 되길 원하지 않는 사람은 없을 것이다. 어느 누구를 만나도 이기고 싶고 고수칭호를 받고 싶을 것이다. 그러면 과연 고수는 어떠한 특성을 지니고 있고 고수가 되려면 적어도 갖추어야 하는 최소한의 자격은 무엇일까? 이에 대해서 여러분들 모두 많이 생각하셨을 것으로 믿는다. 비록 필자는 결코 고수는 아니지만 아래에 필자가 수십 년간 관찰한 고수의 특성을 연구한 결과를 자세히 여러분과 같이 공유하고자 한다. 많은 내용이 앞에서 언급한 내용과 다소 중복이 될 수도 있으나 정리한다는 마음으로 차분히 하나씩 검토해 보기로 하자.

고수의 모범 행마법

아래는 고수의 행마의 특징에 대해서 열거한 것이다. 고수의 행마를 잘 살펴보면서 장기게임의 필승법 등을 알아보자.

실수방지

게임에서 패한 후 실수 때문에 졌다고 말하는 사람들이 많다. 냉정히 생각하면 이 사람들은 상대적으로 실력이 없는 것이라 말할 수 있다. 장기는 실수의 게임이다. 즉, 누가 더 많은 실수와 중대한 실수를 했느냐가 승패를 결정한다. 따라서 실수가 적은 사람이 이기게 된다. 실수를 적게 하는 것이 큰 실력인 것이다. 고수의 대부분은 좀처럼 실수를 하지 않는다. 그러나 인간인 이상 전혀 실수가 없을 수는 없다. 고수와 하수의 중요한 차이는 실수를 한 후 하수와 확연히 차이가 나는 특성을 가지고 있다. 이 점을 눈 여겨 볼 필요가 있다. 고수는 설사 실수를 하였다 하더라도 크게 동요되지 않고 위기를 극복하는 특성을 지닌다. 고수들간의 기보를 보면서 누가 어떤 장면에서 어떤 실수를 하였고 그 실수를 어떻게 차분히 극복하고 이겨내는가를 음미하다 보면 고수들의 그 강한 승부근성을 느낄 수 있다.

흐름에 맞는 적절한 행마

장기를 잘 두려면 고정된 행마 수순과 고정관념에서 벗어나야 한다. 어떤 수를 두던지 상황에 따라 올바른 행마를 항상 찾아야 한다. 어떤 수의 가치는, 즉, 자신이 둔 수가 올바른 것인지 아닌지는 상황에 따라 다 다르다. 어떤 때에는 좋은 행마였던 것이 어떤 상황에서는 치명적인 악수로 작용이 될 수가 있다. 맹목적으로 감각에 의존하는 위험한 행마보다 깊은 생각을 갖고 적절한 행마를 찾는 것이 진정한 장기이다. 기물을 움직이려고 할 때 구체적인 목적에 부합하는 행마를 해야 하고 급하고 중요한 수를 잘 구분하고 선택할 줄 알아야 흐름을 놓치지 않는다.

균형 감각

장기는 질서게임이다. 상대 기물의 균형이 무너지도록 상대를 몰아쳐서 공격을 해야 하고 수비를 할 때는 자신의 기물 형태의 힘의 질서가 무너지지 않도록 모양을 잘 유지하며 수비해야 한다.

선수 감각

장기에서 선수는 아주 중요하다. 상대의 기물을 취하고도 선수를 유지할 수 있다면 이보다 더 최상은 없다. 공격이 지속되는 수를 찾아서 우위를 유지한다. 희생이 필요하면 그 수도 고려대상에 두어야 한다. 상대의 기물을 취한 후 후수가 될 때를 주의하라. 우선 기물을 취했으므로 이득은 취했을지라도 선수를 빼앗기는 것 자체가 큰 실수가 되는 경우가 많기 때문이다. 기물을 취하는 것이 유리한지 선수를 계속 유지하는 것이 유리한지 상황을 잘 판단하여 행마를 결정해야 한다. 지속적인 선수를 바탕으로 한 공격이 가장 이상적이다.

시간 개념

고수는 시간을 버는 수에 대해 수벌기와 수낭비에 대한 개념을 확실히 갖고 시간 낭비하는 수를 두지 않는다. 행마를 하면서 시간을 버는 개념이 하수와 다르다. 즉, 선수 이동하는 개념을 갖는다. 어떤 수를 두기 전에 더 중요하고, 급한 수가 있으면 먼저 그 행마를 하여 상대로 하여금 응하게 한 후 그 다음 수로 대응하는 식의 행마를 한다.

수순의 중요성

공격하는 후보수가 여러 가지 있을 때 고수가 공격을 할 때는 그 순서를 잘 정해서 공격하는데 그 수순은 대부분이 논리적이므로 그 원리를 잘 알아두면 반드시 유용하게 쓰일 수 있다.

수읽기 능력

하수와 고수의 두드러진 능력차이는 아마도 이 수읽기 차이일 것이다. 수읽기 능력 향상을 위해 부단히 스스로 힘써야 한다.

수읽기를 할 때는 정확히 선수/후수 관점에 초점을 맞추어 주의깊게 해야 한다.

기물 진출의 우위

고수의 행마를 잘 살펴보면 격렬한 위협을 하지 않고서도, 단순해 보이지만, 단지 조용하면서도 갈 길을 가면서 더 많은 기물을 진출시키는 경우가 많다. 작전상 후퇴를 제외하고는 후퇴하는 행마는 가급적 삼가고 전진하는 행마를 한다. 일단 기물 진출에서 우수하면 새로운 이점이 생기고 이어서 새로운 압박할 찬스가 따라오고 상대를 이용하는 수단이 된다. 이것은 인생에 있어서도 적극적이고 진취적인 태도의 인간형이 기회가 왔을 때 그 기회를 잡을 수 있는 것과 같은 이치가 아닐까 싶다.

자유도와 기동력 개념

고수는 자유도의 개념과 기동력의 개념이 있어서 자신의 기동력을 강화하고 적의 기동력을 떨어뜨리려는 노력을 한다. 또한 적군의 행동 반경을 제한하여 압박을 하며 숨막히게 한다. 기회가 오면 상대의 기물이 움직이지 못하게 묶는 효과적 행마를 한다.

영역

고수는 상대보다 더 많은 영역을 차지하려 노력한다.

형태 우위

자신의 모양이 좋고 상대의 모양이 나빠지게 되면 저절로 합동작전의 찬스가 찾아온다. 모양의 좋고 나쁨을 잘 구분하여 행마를 해야 한다.

위치상 우위

기물이 뚜렷이 상대보다 우세하지 않은 형세에서 게임을 이기는 요령은 위치상 우세를 축적시키는 것이다. 이것을 꾸준히 쌓다 보면 기물의 이득을 보거나, 적에게 강압적으로 압박을 가하는 때가 온다. 이때가 되면 확실한 이기는 수순으로 강력한 공격작전으로 전환하라. 고수들의 모범 실전국을 잘 살펴보면 공통적으로 이런 진행과정을 엿볼 수 있다.

위치상의 우위는 가끔 종반전에서 기물상의 우위를 능가하는 경우도 많다. 기물을 취하기 위해 위치상 우위를 포기해야 하는 경우가 생기더라도 냉정하게 판단하여 기물 잡는 것을 포기해야 할 때도 있고 이런 정확한 판단이 아주 힘든 경우도 많다.

좋은 자리 차지

고수는 좋은 자리에 대한 감각이 탁월하여 요충지를 먼저 선점하려 작전을 짠다. 열릴 길을 미리 장악하는 개념이 있고 좋은 자리 쟁탈전을 불사한다.

기물 우세 추구

기물을 포획하여 숫자적으로 기물 우세를 추구하여 기물합세작전을 치밀하게 하여 상대 기물을 위협한다.

복잡성 추구

고수는 형세가 잘 풀리지 않을 때에는 적을 혼돈스럽게 할 겸 해서 게임을 복잡하게 만드는 시도도 하는 경우가 많다.

단계적 공격

고수의 공격은 단계적으로 이루어지는 경우가 많다. 첫 번째로는 왕의 궁성 근처를 약하게 유도하는 것이고 두 번째로는 그 약해진 왕 근처를 공략하는 것이다. 절대로 주의해야 할 것은 성급히 공격을 하여 모처럼 잡은 찬스를 놓치는 우를 범하지 말아야 한다는 사실이다. 공격의 기본은 공통 타겟(Target)이 되는 기물이 있으면 합동공격이 성립된다. 이는 보통 다단계로 이루어지는데 먼저 한 기물이 상대 기물을 겨냥한 후 후속으로 기동성 있는 다른 기물이 신속히 이동하여 타겟 기물을 공격하는 수법으로 진행된다. 예를 들어 상이 중앙에 진출하여 일단 졸/병 등을 겨냥한 후 차나 포가 이동하여 졸/병을 노리면 양득위협이 성립된다. 따라서 상대의 기물이 아군의 졸/병을 노리게 되면 타겟이 되지 않도록 졸/병을 이동시키는 것이 수비의 요령이다. 같은 이유로 , 상대 차가 중앙으로 나오면 표적이 되지 않도록 졸/병 등을 올리는 것이 필요할 때가 있다.

급소 감각

상대에게 약한 기물이 있으면 공격하는 입장에서는 고마울 따름이다. 적에게 압력을 가하고, 공격자로서는 활동적으로 위협적인 자세를 가할 수 있고 방어자로서는 엉키고,

위협을 당하는 기물을 보호하려는 소극적 자세를 취할 수 밖에 없다. 일단 구조적 약점이 생기면 그 약점에서 빠져 나오기 힘든데 마치 심장병이나 암을 앓고 있는 것과 비슷하다. 포진 초기부터 약점이 생기지 않도록 모양에 힘을 쏟아야 한다. 상대에게 약점을 잡혀서 계속적인 표적이 되면 전세를 뒤집기가 힘들다.

- 급소가 생기는 모양이 시작되면 상대의 가장 효과적 공격법에 의한 강력한 수로 무너질 수 있다. 이 시기에 승패가 판가름날 수 있다. 쌍방 힘의 균형이 깨지기 시작하기 때문이다.
- 급소를 효과적으로 공략하지 못하고 느슨한 수를 두면 기회를 놓치게 된다.
- 수읽기를 할 때 맥을 짚고 급소를 파악해서 수를 결정해야 한다. 급소의 전형을 잘 정리해서 패턴을 익히면 감각을 키울 수 있다.
- 많은 시간을 투자하지 않더라도 급소패턴을 많이 익혀두면 깊은 수를 짧은 시간에 볼 수 있다.
- 급소패턴
  · 이상한 모양이 있으면 첫눈에 급소를 감지할 수 있어야 한다. 상대 모양과 내 기물 배치 된 모양과 조화를 이루고 있으면 팽팽한 힘의 균형을 이룬다.
  · 나쁜 모양이 응징을 받으면 순식간에 균형이 무너진다. 따라서 조화를 유지하면서 수비를 해야 하고 조화가 깨지도록 공격을 해야 한다

위협

고수는 위협을 통해 상대의 약점을 유도하거나 수비의 질서를 교란시킨다. 상대 기물을 위협하면서 기물을 진출시키면 그만큼 상대보다 더 시간을 벌게 되고 선수를 유지하는 행마를 하는 것이다. 이런 수를 계속 찾아서 경기의 흐름을 주도해야 한다.

집중적 공격

공격을 하는 기본 요령은 수비수의 수보다 더 많은 공격수의 수를 약한 부분에 집중시키는 것이다. 공격하는 기물들이 방어하는 기물보다 더 많으면 상대가 무너지게 되어 있으므로 약한 곳을 계속 집중 공격하라. 이렇게 하면 상대의 수비가 교란되어 수비수의 위치가 계속 돌돌 말려질 수 있다. 상대가 기물 진출에 뒤쳐져 있으면 이것을 응징하여 실수를 만회할 틈을 줘서는 안 된다. 따라서 평이한 수로는 응징을 할 수 없고 한시라도 모양의 통제를 늦추지 말고 상대가 반격할 겨를이 없게 만든다. 우수한 행마의 가치는 오로지 모양에 따라 평가된다.

기회 포착

　상대의 약점이 생겼다고 너무 서두르지 마라. 가능하면 원군이 올 때까지는 공격을 시작하지 말고 적이 반격할 기회가 있으면 철저히 검증한 후 선제 공격을 개시하라. 상대 기물을 공격하면서 템포를 벌어서 다른 지점으로 선수 이동하고 아군이 침투할 수 있는 거점을 통해 대기물들을 침투시켜라. 상대에게 약한 지점이 있어서 그곳에 기물을 정박시키면 상대가 이를 쫓아낼 방법이 없어서 공격이 유리해 진다. 공격의 첫 번째 단계는 상대편의 궁성에 약점을 만들어 내는 것이고 방어하는 기물들이 이탈하도록 강요하여 상대가 스스로 방어구조를 약화시키도록 유도하고 그 후에 그 약한 부분을 직접적인 공격대상이 되도록 한다. 만약 상대의 기물을 묶어둔 경우는 묶은 기물은 풀어주지 말고 계속 묶어 놓는 것이 좋다. 묶임을 당한 기물은 그저 움직일 수 없을 뿐 아니라 무력화되어서 중요 자리를 통제하지도 못하고, 공격 기물을 잡거나 막지 못하는 등 기능이 완전히 마비된다는 점을 이용하라.

상대 의도 파악

　상대가 방금 놓은 수가 무엇을 위협하고 있는가? 하는 생각을 항상 해야 한다. 상대가 의도하는 것을 간파하여 수비적 관점에서 적절히 대응을 해야 하고 가능하면 의도를 파악한 후 반격의 기회를 노려야 한다. 만약 아무런 반격을 하지 않으면 서서히 움츠러들어서 좁은 영역에 갇혀 숨막히게 될 것이기 때문이다.

　이제까지 2권의 전략편을 탐독해주신 독자들께 감사의 인사를 드리면서 마지막으로 연습문제를 끝으로 2권을 마감하겠습니다.

WORK BOOK
연습문제

워크북 : 연습문제

목 차

1. 포진 전략 : 문제1~문제8

2. 중반전투 전략 : 문제9~문제23

3. 종반전 전략 : 문제24~문제55

4. 포진 감각 기르기 문제 : 문제56~문제100

문제1 : 포진 전략 문제 (초차례)

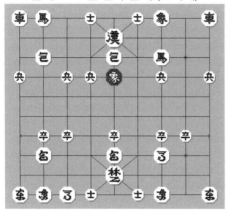

문제2 : 포진 전략 문제 (초차례)

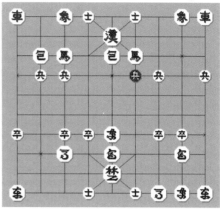

문제3 : 포진 전략 문제 (한차례)

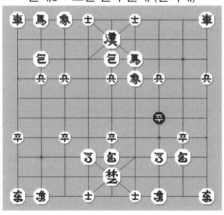

문제4 : 포진 전략 문제 (초차례)

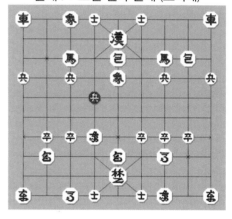

문제5 : 포진 전략 문제 (초차례)

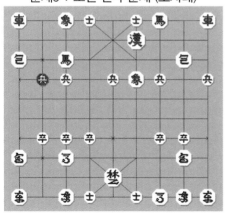

문제6 : 포진 전략 문제 (초차례)

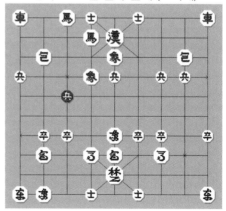

문제7 : 포진 전략 문제 (한차례)

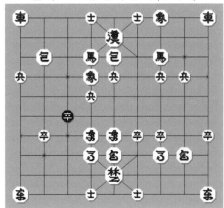

문제8 : 포진 전략 문제 (한차례)

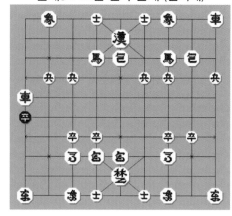

문제9 : 중반 전략 문제 (한차례)

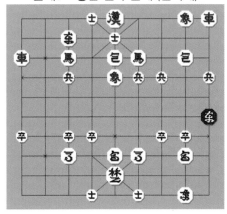

문제10 : 중반 전략 문제 (한차례)

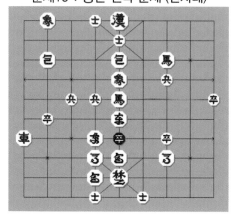

문제11 : 중반 전략 문제 (초차례)

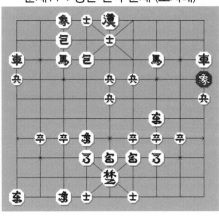

문제12 : 중반 전략 문제 (초차례)

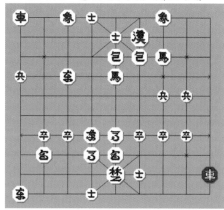

문제13 : 중반 전략 문제 (한차례)

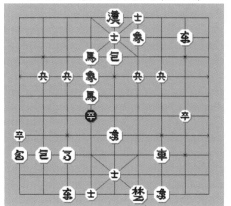

문제14 : 중반 전략 문제 (한차례)

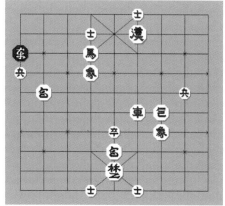

문제15 : 중반 전략 문제 (한차례)

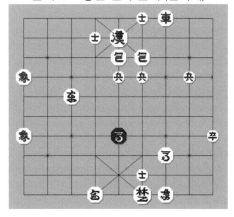

문제16 : 중반 전략 문제 (한차례)

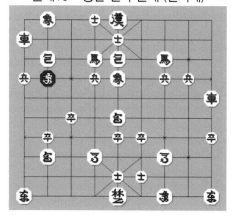

문제17 : 중반 전략 문제 (한차례)

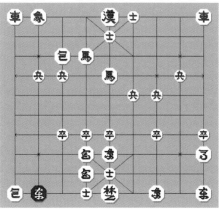

문제18 : 중반 전략 문제 (한차례)

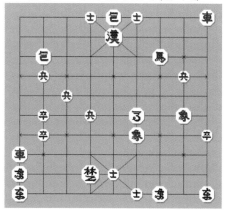

문제19 : 중반 전략 문제 (한차례)

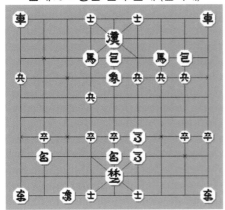

문제20 : 중반 전략 문제 (한차례)

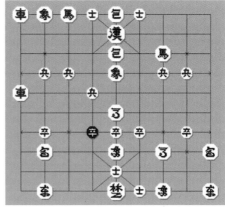

문제21 : 중반 전략 문제 (한차례)

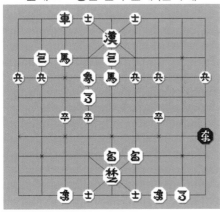

문제22 : 중반 전략 문제 (한차례)

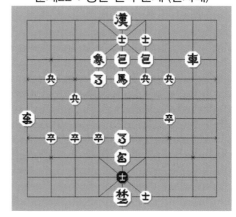

문제23 : 중반 전략 문제 (한차례)

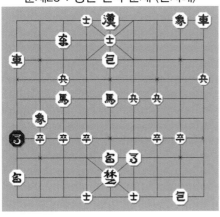

문제24 : 종반 전략 문제 (초차례)

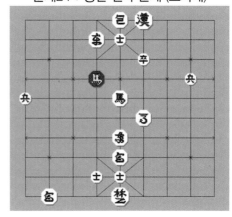

문제25 : 종반 전략 문제 (초차례)

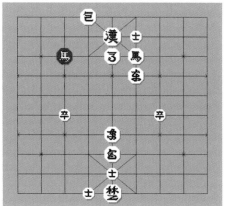

문제26 : 종반 전략 문제 (한차례)

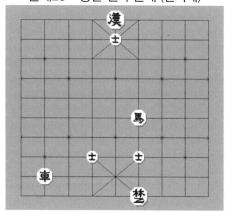

문제27 : 종반 전략 문제 (한차례)

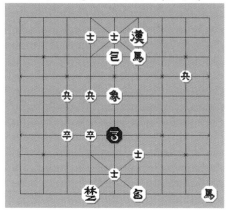

문제28 : 종반 전략 문제 (한차례)

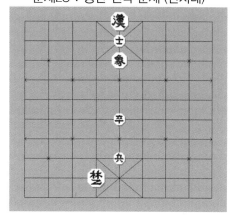

문제29 : 종반 전략 문제 (한차례)

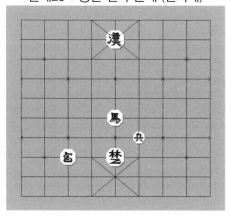

문제30 : 종반 전략 문제 (한차례)

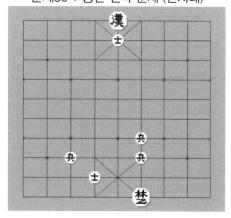

문제31 : 종반 전략 문제 (한차례)

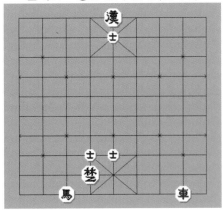

문제32 : 종반 전략 문제 (한차례)

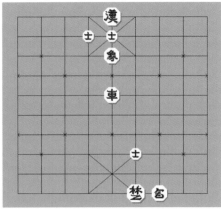

문제33 : 종반 전략 문제 (초차례)

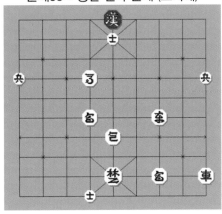

문제34 : 종반 전략 문제 (초차례)

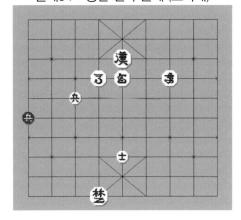

문제35 : 종반 전략 문제 (한차례)

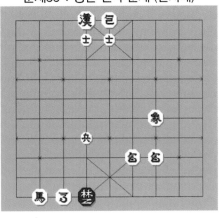

문제36 : 종반 전략 문제 (한차례)

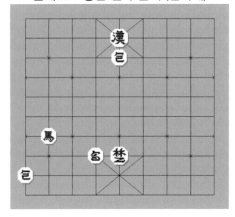

문제37 : 종반 전략 문제 (한차례)

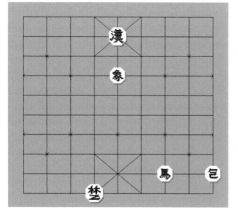

문제38 : 종반 전략 문제 (한차례)

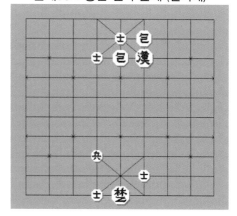

문제39 : 종반 전략 문제 (한차례)

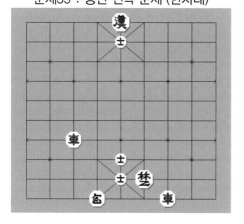

문제40 : 종반 전략 문제 (한차례)

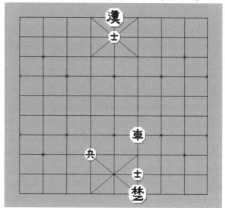

문제41 : 종반 전략 문제 (한차례)

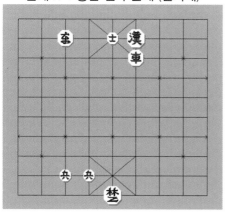

문제42 : 종반 전략 문제 (한차례)

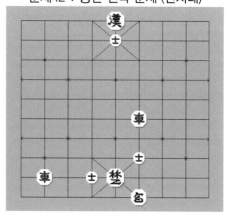

문제43 : 종반 전략 문제 (초차례)

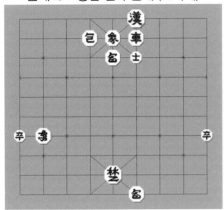

가장 빨리 이기는 수를 찾아라.

문제44 : 종반 전략 문제 (초차례)

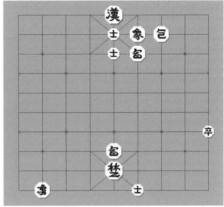

가장 빨리 이기는 수를 찾아라.

문제45 : 종반 전략 문제 (초차례)

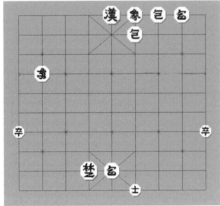

가장 빨리 이기는 수를 찾아라.

문제46 : 종반 전략 문제 (초차례)

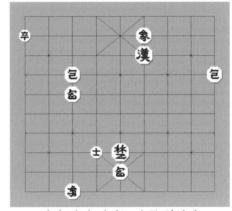

가장 빨리 이기는 수를 찾아라.

문제47 : 종반 전략 문제 (초차례)

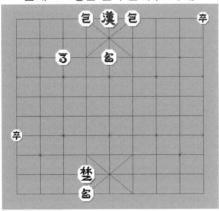

가장 빨리 이기는 수를 찾아라.

문제48 : 종반 전략 문제 (초차례)

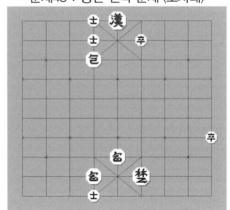

가장 빨리 이기는 수를 찾아라.

문제49 : 종반 전략 문제 (초차례)

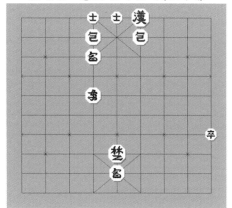

가장 빨리 이기는 수를 찾아라.

문제50 : 종반 전략 문제 (초차례)

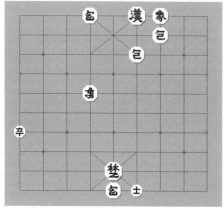

가장 빨리 이기는 수를 찾아라.

문제51 : 종반 전략 문제 (초차례)

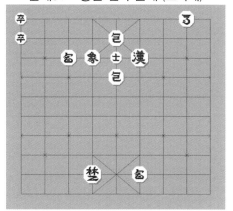

가장 빨리 이기는 수를 찾아라.

문제52 : 종반 전략 문제 (초차례)

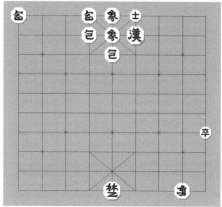

가장 빨리 이기는 수를 찾아라.

문제53 : 종반 전략 문제 (초차례)

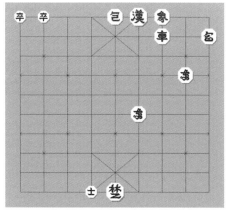

가장 빨리 이기는 수를 찾아라.

문제54 : 종반 전략 문제 (초차례)

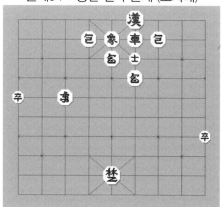

가장 빨리 이기는 수를 찾아라.

문제55 : 종반 전략 문제 (한차례)

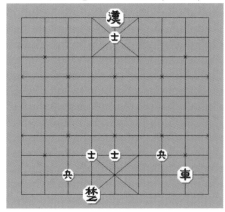

문제56 : 포진 감각 문제 (초차례)

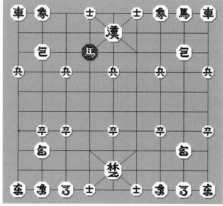

한의 실수는 무엇이고 초의 응징수는?

문제57 : 포진 감각 문제 (초차례)

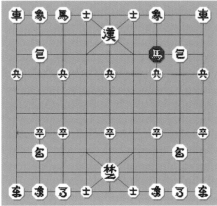

한의 실수는 무엇이고 초의 응징수는?

문제58 : 포진 감각 문제 (초차례)

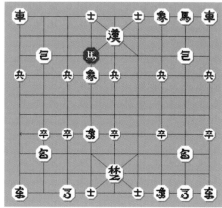

한의 실수는 무엇이고 초의 응징수는?

문제59 : 포진 감각 문제 (한차례)

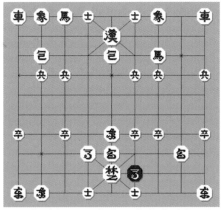

초의 실수는 무엇이고 한의 응징수는?

문제60 : 포진 감각 문제 (초차례)

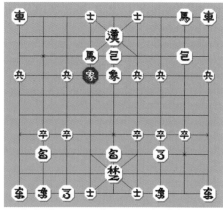

한의 의도는 무엇이고 초의 대응수는?

문제61 : 포진 감각 문제 (초차례)

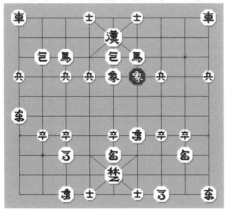

초의 노림수는?

문제62 : 포진 감각 문제 (한차례)

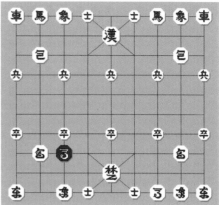

초의 실수는 무엇이고 한의 응징수는?

문제63 : 포진 감각 문제 (한차례)

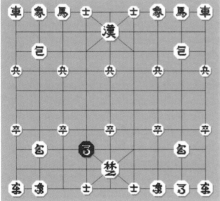

초의 실수는 무엇이고 한의 응징수는?

문제64 : 포진 감각 문제 (한차례)

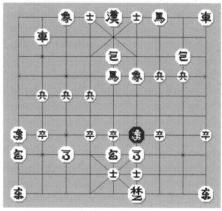

한의 노림수는?

문제65 : 포진 감각 문제 (한차례)

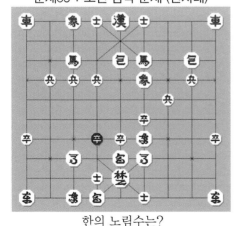

한의 노림수는?

문제66 : 포진 감각 문제 (초차례)

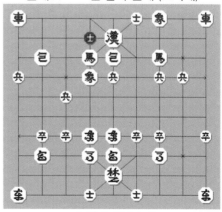

초의 노림수는?

문제67 : 포진 감각 문제 (한차례)

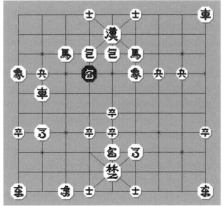

초의 실수는 무엇이고 한의 응징수는?

문제68 : 포진 감각 문제 (한차례)

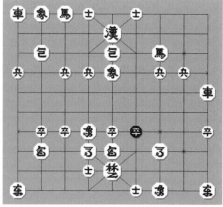

초의 실수는 무엇이고 한의 응징수는?

문제69 : 포진 감각 문제 (한차례)

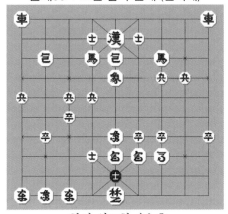

한이 의도한 수는?

문제70 : 포진 감각 문제 (한차례)

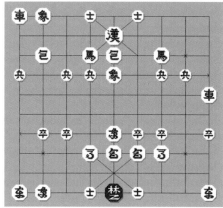

한이 의도한 수는?

문제71 : 포진 감각 문제 (한차례)

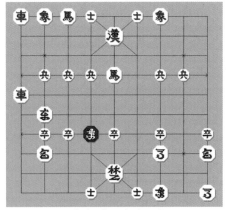

한이 의도한 수는?

문제72 : 포진 감각 문제 (한차례)

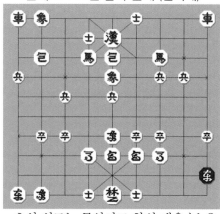

초의 의도는 무엇이고 한의 대응수는?

문제73 : 포진 감각 문제 (한차례)

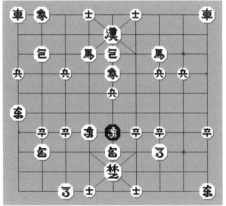

초의 실수는 무엇이고 한의 응징수는?

문제74 : 포진 감각 문제 (한차례)

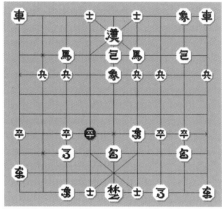

초의 의도는 무엇이고 한의 대응수는?

문제75 : 포진 감각 문제 (한차례)

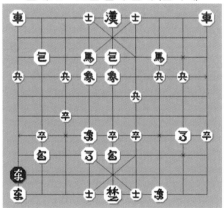

초의 의도는 무엇이고 한의 대응수는?

문제76 : 포진 감각 문제 (한차례)

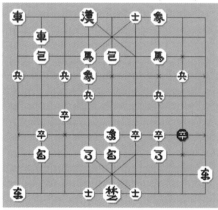

한의 약점은 무엇이고 한의 대비수는?

문제77 : 포진 감각 문제 (한차례)

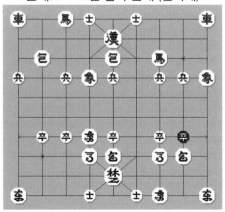

한의 약점은 무엇이고 한의 대비수는?

문제78 : 포진 감각 문제 (한차례)

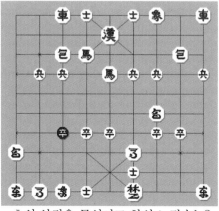

초의 약점은 무엇이고 한의 노림수는?

문제79 : 포진 감각 문제 (초차례)

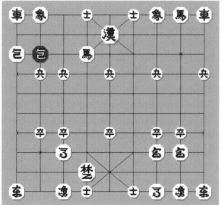

한의 노림수는 무엇이고 초의 대응수는?

문제80 : 포진 감각 문제 (초차례)

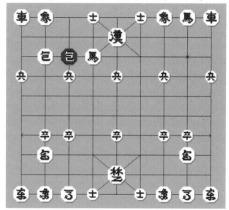

한의 의도는 무엇이고 초의 대응수는?

문제81 : 포진 감각 문제 (한차례)

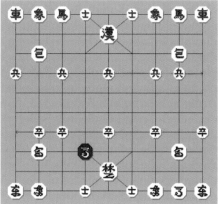

초의 의도는 무엇이고 한의 대응수는?

문제82 : 포진 감각 문제 (한차례)

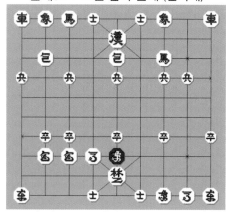

초의 실수는 무엇이고 한의 응징수는?

문제83 : 포진 감각 문제 (한차례)

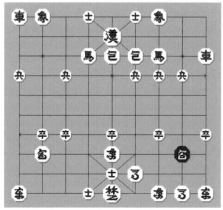

초의 실수는 무엇이고 한의 응징수는?

문제84 : 포진 감각 문제 (초차례)

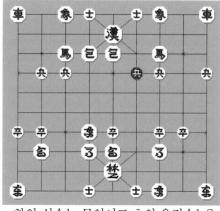

한의 실수는 무엇이고 초의 응징수는?

문제85 : 포진 감각 문제 (한차례)

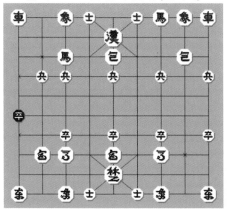

초의 실수는 무엇이고 한의 응징수는?

문제86 : 포진 감각 문제 (한차례)

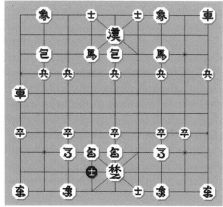

초의 실수는 무엇이고 한의 응징수는?

문제87 : 포진 감각 문제 (한차례)

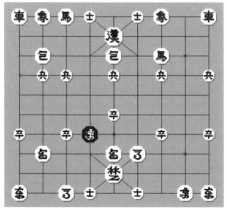

초의 약점은 무엇이고 한의 노림수는?

문제88 : 포진 감각 문제 (한차례)

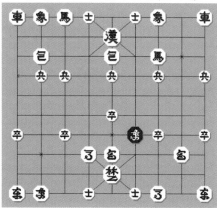

초의 약점은 무엇이고 한의 응징수는?

문제89 : 포진 감각 문제 (초차례)

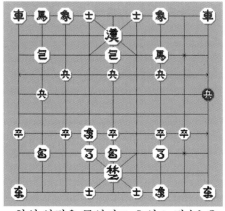

한의 약점은 무엇이고 초의 노림수는?

문제90 : 포진 감각 문제 (초차례)

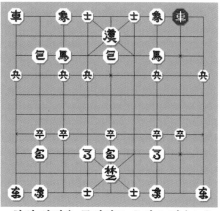

한의 약점은 무엇이고 초의 노림수는?

문제91 : 포진 감각 문제 (초차례)

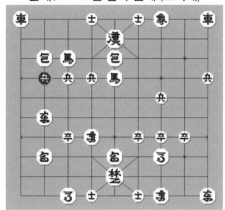

한의 의도는 무엇이고 초의 응징수는?

문제92 : 포진 감각 문제 (초차례)

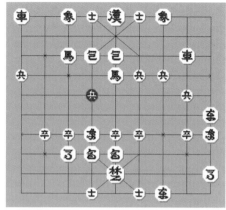

한의 약점은 무엇이고 초의 노림수는?

문제93 : 포진 감각 문제 (초차례)

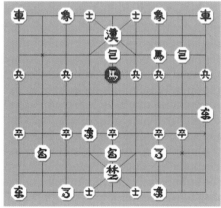

한의 실수는 무엇이고 초의 응징수는?

문제94 : 포진 감각 문제 (한차례)

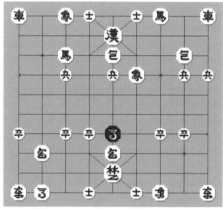

초의 실수는 무엇이고 한의 응징수는?

문제95 : 포진 감각 문제 (초차례)

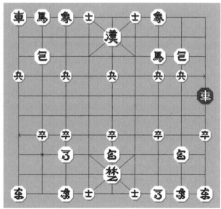

한의 실수는 무엇이고 초의 응징수는?

문제96 : 포진 감각 문제 (한차례)

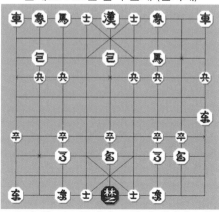

초의 의도는 무엇이고 한의 대응수는?

문제97 : 포진 감각 문제 (한차례)

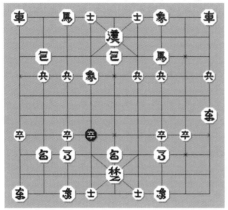

초의 의도는 무엇이고 한의 방어수는?

문제98 : 포진 감각 문제 (한차례)

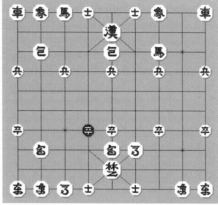

초의 실수는 무엇이고 한의 응징수는?

문제99 : 포진 감각 문제 (한차례)

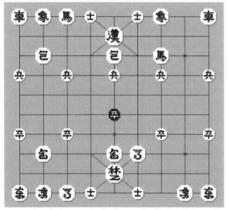

초의 실수는 무엇이고 한의 응징수는?

문제100 : 포진 감각 문제 (한차례)

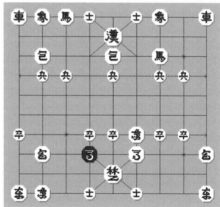

초의 약점은 무엇이고 한의 노림수는?

목   차

1. 포진 전략 연습문제

2. 중반전투 전략 연습문제

3. 종반전 전략 연습문제

4. 포진 감각 기르기 연습문제

문제1 : 초차례

이 상황은 귀마 대 원앙마 대국의 포진 단계에서 자주 나오는데 초가 둘 차례이다. a1초차가 한 진영의 g7병과 g8마의 급소를 노리면서 a5로 진출하는 첫수가 선수이고 한에서는 g병을 앞으로 미는 수가 정수이다. 초에서는 일단 상대의 응수를 타진하면서 중앙졸을 f줄로 밀어 합졸을 하면서 기물이 나갈 길을 확보하는 수가 좋은 수이고 만약 한의 4수 같은 악수가 나오면 귀마가 진출하여 양걸이 하는 수를 노리려 한다. 한에서 4,6수가 연속 실수이며 결국 면포로 마와 교환하는 불리한 교환을 하게 된다.

① a1초차a5 ② g7한병g6 ③ e4초졸f4 ④ c7한병c6 ⑤ c1초마d3 ⑥ b10한마c8 ⑦ d3초마e5 ⑧ e8한포Xe5마 ⑨ a5초차Xe5포

문제2 : 초차례

귀마 대 귀마 포진에서 나온 모양이다. 선수 귀마는 정형포진이고 후수 귀마는 구귀마 포진, 즉 귀마쪽 포를 면포로 사용한 장면이고 초에서는 중앙상이 이미 진출한 상태이다. 이때 기습적으로 초에서 선수 공격을 하는 수법이 있다. 우선 첫수로는 중앙상으로 좌측 c줄의 병을 때리면서 멱풀기 기술을 이용한다. 이어서 a줄의 초차가 b8포를 위협하면서 공격하는 것이 공격의 맥이다. 여기서는 여러 방어법이 있고 변화수가 다양한데 실전에서 17수까지의 진행된 수순은 아래 수순과 같다. 한 수, 한 수 음미하면 장기공격의 수법을 익힐 수 있다. 한에서 8수째 실수를 하였는데 이렇게 한 수라도 삐끗하게 되면 당장 기물의 손실을 입게 된다.

① e4초상Xc7병 ② b7한병Xc7상 ③ a1초차b1 ④ a10한차a9 ⑤ i1초차i5 ⑥ c7한병c6 ⑦ b1초차b7 ⑧ a9한차a10 ⑨ h1초상f4 ⑩ c6한병d6 ⑪ i5초차c5 ⑫ e8한포h8 ⑬ b7초차Xb8포 ⑭ e9한장f9 ⑮ e3초포a3 ⑯ c8한마e9 ⑰ b8초차Xf8마장군

문제3 : 한차례

문제의 상황을 살펴보면 우측에서 한의 병과 차가 초의 차에 묶여있다. 그런데 초에서 방금 g줄의 졸을 올린 수가 스스로 약점을 만든 수이다. 이 기회를 놓치지 않고 첫수로 한에서 역습을 하는 수가 g7병을 올리는 수이다. g줄에서 흠집을 만든 후 한의 우측 차가 g줄로 초졸과 마를 공략하면 초가 난감해 진다.

① g7병g6 ② h4졸g4 ③ g6병Xg5졸 ④ g4졸Xg5병 ⑤ i10차g10 ⑥ h3포f3 ⑦ g10차Xg5졸

문제4 : 초차례

문제의 상황은 한의 d줄 병을 올려 d4의 귀윗상을 위협하기 일보직전이다. 그런데 한에서도 g줄에 급소가 있어서 공격을 위해 먼저 차가 5선에 진출하는 것이 선수이다. 한에서는 g줄의 병을 올릴 수 없는 난감한 상황에서 먼저 상으로 공격을 해보지만 초의 차가 더 위협적이다. 다음 수순을 감상해보자.

① a1차a5 ② e7상Xc4졸 ③ a5차g5 ④ c8마e7 ⑤ g5차Xg7병 ⑥ d6병d5 ⑦ b4졸Xc4상 ⑧ d5병Xd4상 ⑨ c4졸Xd4병 ⑩ a7병b7 ⑪ g7차Xi7병 ⑫ i10차Xi7차

문제5 : 초차례

한에서의 약점은 g줄의 병이다. 우선 중앙으로 상이 진출하면서 병을 위협하는

것이 선수이다. 이처럼 선수로 위협을 하면서 기물 진출을 하는 수가 좋다. 그 후 한의 약점을 물고 늘어지면서 연속으로 공격하는 아래 수순을 감상해보자.
① c1상e4 ② g7병g6 ③ a3포f3장군 ④ g10마f8 ⑤ a1차a6

문제6 : 초차례
귀마 대 양귀마 면상 포진에서 나온 상황이다. 초에서 귀마가 한병을 위협하는척 하면서 고등마로 나오는 수가 아주 좋은 수이다. 3수째 초마가 상을 잡고, 5수째 포로 병을 잡는 연속 선수가 묘수이다. 만약 4수째 중앙병으로 마를 잡으면 중앙상이 뜨면서 a10의 차가 죽게 된다. 해답의 수순을 감상해보자.
① d3초마e5 ② i10한차i6 ③ e5초마Xd7상장군 ④ e9한장e10 ⑤ e3초포Xe7병장군 ⑥ f10한사e9 ⑦ e7초포Xa7병 ⑧ b8한포g8 ⑨ d7초마c9 ⑩ a10한차a9 ⑪ c9초마b7 ⑫ a9한차a10

문제7 : 한차례
후수인 한의 좌측의 병과 차가 묶인 상황에서 초가 스스로 자신의 약점을 만들어 c줄에 약한 졸이 생긴 상황이다. 한에서는 지금 이 묶인 기물을 풀 절호의 기회이다.

첫수로 a10차가 c줄의 졸을 위협하는 수가 좋다. 아래는 실전의 수순이다.
① a10차c10 ② b4졸c4 ③ d6병d5 ④ c5졸Xd5병 ⑤ c10차Xc4졸 ⑥ d5졸d6 ⑦ c4차Xd4상 ⑧ d6졸Xd7상 ⑨ d4차Xd7졸

문제8 : 한차례
졸에 의해 위협을 받은 한차를 이동시켜야 하는데 어디가 가장 좋은 위치일까? 차후에 상이 나올 것을 예상하여 g줄의 졸을 겨냥하는 것이 행마의 요령이다. 일단 타겟이 되는 곳을 1차 겨냥하고 연속해서 다른 공격수로 그 곳을 공략하는 것이 공격의 요령이다. 9수에서 한병을 밀면서 초차를 위협할 때 졸이 죽더라도 뒤로 후퇴를 해야 한다. 만약 10수에서 차를 h줄로 이동하면서 5선을 지키려 하면 11수~15수까지 수순으로 초차가 죽게 된다. 이처럼 장기는 지뢰밭을 걷는 기분으로 조심히 행마를 하고 한 수 한 수 깊게 생각을 해야 하는 것이다. 해답 수순은…
① a6차g6 ② i1차h5 ③ g10한상e7 ④ g4초졸g5 ⑤ g6한차c6 ⑥ a1초차a4 ⑦ d8한마e6 ⑧ d4초졸e4 ⑨ i7한병i6 ⑩ i5초차h5 ⑪ i6한병h6 ⑫ h5초차Xh6병 ⑬ e6한마f4장군 ⑭ e4초졸Xf4마 ⑮ c6한차Xh6차

---

2. 중반전투 전략 연습문제

문제9 : 한차례
이 문제는 한에서 어떻게 방어하는 것이 좋은가 묻는 문제이다. 우측의 초차가 나와서 g줄의 약점과 c줄의 약점을 공략할 것이 뻔한 상황이다. 가장 좋은 응수는 귀마를 활성화 시키도록 귀마의 길을 열어 놓는 것이 이 상황에서 가장 좋다. f7병을 f6으로 밀면 f8마가 e6에 나와 수비가 된

다. 다음 수로 초차는 피해야 한다.
① f7한병f6 ② i5초차c5 ③ f8한마e6

문제10 : 한차례
이 문제는 초의 차가 한포에 의해 잠재적으로 위협을 받을 모양을 하고 있어서 이를 이중위협으로 차와 다른 기물을 동시에 위협할 수 있는지 모색하는 문제이다.

그러기 위해서 중앙상의 멱을 막고 있는 아군의 병을 움직이는 것이 요령이다. 해답은 다음과 같다.
① c6병b6 ② b5졸c5 ③ e7상b5

문제11 : 초차례
초에서 기습적으로 포로 좌측의 차를 위협하여 기물 이득을 보는 문제이다. 해답은 다음과 같다.
① e3포a3 ② a8차b8 ③ f3포b3 ④ a7병b7 ⑤ b3포Xb7병

문제12 : 초차례
한에서 f줄의 묶여있는 초사를 공략하려고 하는 장면이다. 어떻게 이 위기를 모면하는지 알아보자. 우선 상대를 먼저 위협하면서 귀마의 멱을 푸는 것이 해결의 열쇠이다. 아래는 실전상황이다. 눈여겨봐야할 장면은 한의 포가 사를 잡을 때 뜰장기술을 이용하여 좌측의 포로 장군을 부르면서 초차를 잡는 장면이 인상적이다. 18수째 한에서 마가 궁에 궁중마로 들어간 것이 실수로 포장으로 어이없이 패하고 만다. 수순은 다음과 같다.
① b3초포b9장군 ② f9한장f10 ③ e3초포a3 ④ a7한병b7 ⑤ c7초차Xb7병 ⑥ e7한마d5장군 ⑦ e4초마d6 ⑧ e8한포e10장군 ⑨ e2초장d2 ⑩ f8한포Xf2사 ⑪ a3초포f3장군 ⑫ e9한사f9 ⑬ a1초차Xa10차 ⑭ f2한포b2장군 ⑮ d1초사e2 ⑯ c10한상e7 ⑰ d6초마e8장군 ⑱ g8한마e9 ⑲ f3초포f7장군#

문제13 : 한차례
이 문제는 교묘히 상대의 왕을 천궁으로 유인하는 과정을 보여주는 문제이다. 이런 수법을 익혀두면 실전에서 유용하게 쓸 수 있다. 아래 수순을 감상하기 바란다.

① b3포d3장군 ② f1장f2 ③ g3차g2장군 ④ f2장f3 ⑤ d3포b3장군 ⑥ c3마b1 ⑦ d6마b5 ⑧ d5졸c5 ⑨ b5마c3장군 ⑩ e2사d3 ⑪ c3마Xd1사장군 ⑫ c1차c3 ⑬ g2차f2장군#

문제14 : 한차례
첫수로 상이 장군을 쳐서 궁의 중앙을 장악한 후 그 다음 수로 차장으로 이기는 문제이다. 실전에서 자주 나오는 상황이다.
① d7상b4장군 ② e2장d2 ③ f5차d5장군#

문제15 : 한차례
첫수로 상이 궁의 사를 노리는 수가 성립한다. 만약 차가 상을 잡으면 포 양걸이로 차가 죽는다. 수순은…
① a7상c4 ② c6차Xc4상 ③ f8포f4장군 ④ f2사e2 ⑤ f4포Xc4차

문제16 : 한차례
한차례이다. 좌측에서 b4졸만 없다면 e7상에 의해 a1초차와 e1의 초왕이 양걸이에 걸릴 수 있는 상황이다. 한의 첫수로는 b8포로 과감히 b4졸을 치는 수이다. 그러면 차를 보호하기 위해 초차가 움직이고 포는 유유히 도망하게 되어 졸만 취하고 기물 이득을 본 결과가 된다. 해답 수순은 다음과 같다.
① b8포Xb4졸 ② a1차a4 ③ b4포b8 ④ c5졸b5 ⑤ d7병c7 ⑥ b7상d4 ⑦ e7상Xb5졸

문제17 : 한차례
상황을 분석해보면 초의 궁의 형태가 불안하여 포에 의해 외통을 당할 모양이다. 첫수로 포의 두 다리를 치워서 양포에 의한 외통위협을 하는 급소를 찌르면서 집요하게 공격을 할 수 있다. 해답 수순은

다음과 같다.
① c7병d7 ② e1장f1 ③ a1포c1장군
④ f1장f2 ⑤ c1포c7 ⑥ g4졸f4 ⑦ c8포f8
⑧ c4졸c5 ⑨ f6병e6장군 ⑩ d3포f3 ⑪
f8포b8 ⑫ f3포b3 ⑬ d7병d6 ⑭ c5졸d5
⑮ d6병Xd5졸 ⑯ d4졸Xd5병 ⑰ c7포f7장
군 ⑱ e2사f3 ⑲ a10차a3 ⑳ i1차h1 ㉑ a3
차X b3포 ㉒ b1차Xb3차 ㉓ b8포X b3차
㉔ e3상b5 ㉕ b3포X i3마

문제18 : 한차례
초의 왕 앞에 포가 없는 것을 이용하여 선
수로 공격한다. 첫수로 우선 포로 우측 초
차를 위협한 후 다시 넘어 초왕을 노린다.
해답 수순은…
① b8포i8 ② i1차h1 ③ i8포d8장군

문제19 : 한차례
이런 상황은 실전에서 자주 나온다. 한의
약점은 좌측의 병과 한차가 초차에 의해
묶여있는 상황이다. 이런 경우 한은 묶인
병을 푸는 것이 중요하다. 문제의 상황에
서 좌측의 한차가 상을 위협하면서 묶임
을 풀면 초차가 병을 잡을 수가 없어서 묶
임이 풀리고 우형이 해소된다.
① a10차c10 ② d1사d2 ③ a7병b7

문제20 : 한차례
초에서 길 잃은 기물들이 많다. 이것을 하
나씩 정확한 순서로 위협을 하면서 기물
이득을 얻을 수 있다. 첫수로 병으로 마를
쫓고, 상으로 좌측 졸을 위협하면서 계속
위협을 이어간다. 그 수순은 다음과 같다.
① d6병e6 ② e5마c4 ③ b10상d7 ④ b4
졸b5 ⑤ e6병f6 ⑥ c4마d2 ⑦ d7상Xf4졸
⑧ e4졸Xf4상 ⑨ e7상Xb5졸

문제21 : 한차례
초의 차가 우측의 한병을 위협하고 있는

상황이다. 여기서 한이 둘 차례인데 과연
한병을 지킬 것인지 아니면 좌측에서 전
투를 벌여 한차가 좌측으로 궁성에 침투
할 것인지 작전의 기로에 서 있다. 좌측에
있는 모든 에너지를 모아서 분출을 시키
려는 것이 좋은 전략이다. 그 공격수순은
다음과 같다. 첫수로 마를 희생하여 졸을
치는 수가 좋고, 9수에서 포로 사를 위협
하는 수는 아주 위력적이다.
① e7마Xd5졸 ② c5졸Xd5마 ③ c8마Xd6
마 ④ d5졸Xd6마 ⑤ c10차c2장군 ⑥ d1
사d2 ⑦ d7상Xg5졸 ⑧ i4차Xi7병 ⑨ b8
포b2

문제22 : 한차례
형세 판단을 해 보자. 초의 좌측에 졸이 3
개나 있어서 아주 튼튼해 보인다. 이 졸
의 장벽을 무너뜨리지 않으면 나중에 한
이 말리게 된다. 초의 마가 d줄에 있는 것
을 이용하여 이 마를 위협하면서 한의 귀
포를 d줄에 배치하고 이어서 병을 진격시
켜서 좌측을 부수는 전략을 쓸 수 있다.
① f8포d10 ② d7마e5 ③ c6병d6 ④ e5
마g4 ⑤ d6병d5 ⑥ g4마f2 ⑦ e7마c6
⑧ a5차a6 ⑨ b7병c7 ⑩ a6차b6 ⑪ d5
병Xd4졸 ⑫ c4졸Xd4병 ⑬ c6마Xd4졸 ⑭
e2사d3 ⑮ d4마c6 ⑯ b4졸c4 ⑰ c6마e7

문제23 : 한차례
이 예제는 마를 희생하여 튼튼해 보이는
초의 좌측 졸의 장막을 부수고 계속되는
선수로 적을 위협하면서 공격하는 전략을
보여준다. 18수에서 차가 포와 교환한 뒤
한의 포로 초의 사를 잡아 민궁으로 만든
후 차와 포의 합동작전을 도모한다. 수순
은 다음과 같다.
① c6마Xd4졸장군 ② e2장f2 ③ h10상f7
④ c9차c10 ⑤ a8차b8 ⑥ a2포a10 ⑦ i7
병h7 ⑧ f1사e2 ⑨ i10차i2장군 ⑩ f2장f1

⑪ d4마Xf3마 ⑫ e2사Xf3마 ⑬ b5상Xe3포 ⑭ f3사Xe3상 ⑮ e8포Xe3사 ⑯ c10차Xc7병장군 ⑰b8차b10 ⑱ a10포c10장군 ⑲ b10차Xc10포 ⑳ c7차Xc10차 ㉑ h1포Xd1사

3. 종반전 전략 연습문제

문제24 : 초차례

문제의 상황을 분석해 보자. 한에서는 차가 없고 외사이고 한궁 앞에 포의 공격에 약한 모양을 하고 있다. 첫수로는 우선 한궁을 민궁으로 만들고 약해진 궁을 포로 포격하면서 마를 전투에 투입하는 전략을 짠다. 9수 만에 이기는 외통수순이 있다. 초차가 9선을 장악하고 있고 왕 앞에는 포의 위협을 받고 있고 민궁이기 때문에 양마로 막기에는 역부족이다. 아래 수순을 보자.

① f8졸Xe9사장군 ② d7마Xe9졸 ③ b1포 f1장군 ④ e9마f7 ⑤ f5마g7장군 ⑥ f7마 e9 ⑦ e2사f2장군 ⑧ e9마f7 ⑨ g7마h9 장군#

문제25 : 초차례

일방적으로 초가 한을 공략하는 문제이다. 어떻게 효율적으로 13수 만에 이기는지 정확한 공격법을 익혀 볼 수 있는 문제이다. 우선 차로 마를 위협한 후 차가 10선에 가서 외통을 노리면 한의 궁이 천궁으로 갈 수 밖에 없고 궁성에 들어간 한마와 한궁이 부동의 상태가 되었을 때 초마와 포가 천궁되어 있는 한의 왕을 공략하면 된다. 방어를 하는 한마도 결국은 죽게 된다. 이기는 수순은 다음과 같다.

① f7차c7 ② c8마b10 ③ c7차c10 ④ e9장d8 ⑤ c10차Xd10포장군 ⑥ b10마d9 ⑦ e8마d6 ⑧ f8마e6 ⑨ e3포Xe6마 ⑩ 한수쉼 ⑪ e6포e3 ⑫ 한수쉼 ⑬ d6마f7장군#

문제26 : 한차례

일단 사 하나를 잡게 되면 차와 마로 쉽게 이긴다. 한의 마가 초궁의 우측에 침투하여 f1자리에 한마와 한차가 힘을 집중시켜서 f3의 사를 잡는 전략이다. 그 수순은 다음과 같다.

① f5한마g3장군 ② f1초장e1 ③ b2한차b1장군 ④ e1초장e2 ⑤ b1한차f1장군 ⑥ e2초장d2 ⑦ f1한차Xf3사 ⑧ d3초Xf사e3 ⑨ g3한마f1장군 ⑩ d2초장d3 ⑪ f3한차Xe3사장군#

문제27 : 한차례

종반전에 들어서면 기동력이 있는 뛰는 기물을 포로 잡는 전략이 중요하다. 본 문제에서는 첫수로 한의 포로 마를 잡는 수가 중요하다. 그 후에 한의 양마와 상으로 초를 공략하여 주도권을 잡고 우측에 있는 병이 궁의 우측으로 침투하는 전략을 짤 수 있다.

① e8포Xe4마 ② d4졸Xe4포 ③ f9장f10 ④ e4졸e5 ⑤ e6상h4 ⑥ f1포f4장군 ⑦ f8마g6 ⑧ f4포f2장군 ⑨ f10장e10 ⑩ e5졸f5 ⑪ g6마e7 ⑫ c4졸d4 ⑬ i1마h3 ⑭ f5졸e5 ⑮ h7병h6 ⑯ f2포d2 ⑰ h6병h5

문제28 : 한차례

한쪽에서 상/병이 있고 초에서 졸이 있는 경우는 졸로 병이 들어오지 못하게 막아야 하는데 본 문제에서는 병이 졸의 방비를 뚫고 이미 궁에 진입한 상황이다. 이러면 한에서 상길을 잘 만들어서 이길 수 있

다. 그 이기는 수순을 감상해보자.
① e8한상b6 ② e5초졸e6 ③ e3한병d3
장군 ④ d2초장d1 ⑤ b6한상e8 ⑥ e6초
졸e7 ⑦ e8한상h6 ⑧ d1초장e1 ⑨ h6한
상f3 ⑩ 한수쉼 ⑪ f3한상c5 ⑫ e1초장d1
⑬ d3한병e2장군#

문제29 : 한차례
이 문제는 마와 병으로 초의 궁에 입궁으
로 이기는 수순을 보여준다. 일단 병이 궁
성에 들어갈 수 있게 마와 병이 합세작전
을 벌여야 한다. 그리고 병이 궁성에 들어
간 후에 병으로 입궁했을 때 왕이 3선으
로 올라가는 것을 봉쇄하려면 마는 항상
초왕의 대각선(日) 위치에 있어야 이길 수
있는 점을 알아야 한다. 다음의 수순을 감
상해 보자. 이런 원리는 상과 병으로 초궁
을 공략할 때도 원리는 동일하다.
① f4한병e4장군 ② e3초장e2 ③ e9한장
d10 ④ 한수쉼 ⑤ e4한병d4 ⑥ e2초장f2
⑦ d4한병d3 ⑧ c3초포g3 ⑨ e5한마c6
⑩ f2초장f1 ⑪ c6한마d4 ⑫ f1초장f2 ⑬
d3한병e2장군#

문제30 : 한차례
이 문제는 초에서 외사가 있을 때 한의 3
개의 병으로 이기는 원리를 잘 보여준다.
3개의 병이 궁성에 붙으면 병 하나로 사
를 잡아 민궁으로 만들고 나머지 두 개의
병으로 이길 수 있다.
① f3한병e3 ② 한수쉼 ③ f4한병f3 ④ f1
초장e1 ⑤ c3한병d3 ⑥ d2초사Xd3병 ⑦
e3한병Xd3사

문제31 : 한차례
문제의 상황을 분석해 보자. 초에서 양사
가 있지만 한의 마와 차가 1선에 침투하
여 초에서 위태로운 모양을 하고 있다. 이
론상으로는 비기는 기물이지만 위치가 나

빠서 지게 된다. 일단 차가 궁성에 진입
하여 초왕의 행동을 제한하고 외통위협을
하면서 초왕을 불리한 위치로 몰면 이길
수 있다. 힘이 모이는 자리는 d3자리이
다. 이기는 수순은…
① h1한차e1 ② d3초사e2 ③ c1한마b3
장군 ④ d2초장d3 ⑤ e1한차a1 ⑥ e3초
사f3 ⑦ a1한차a3 ⑧ e2초사e3 ⑨ a3한
차a2 ⑩ e3초사e2 ⑪ b3한마c1장군 ⑫
d3초장e3 ⑬ a2한차a3장군 ⑭ e2초사d3
⑮ a3한차d3사장군#

문제32 : 한차례
항상 직선으로 한 라인 전체를 공격하는
라인 공격수와 몇개의 지점만 공략할 수
있는 포인트 공격수가 공격을 할 때는 궁
의 중앙(중앙줄 또는 중앙선)을 라인 공격
수로 장악하고 적왕을 측궁이 되도록 유
인한 후 포인트 공격수를 그 쪽으로 겨냥
하게 하는 전략을 구사한다. 본 문제에서
한에서는 상길을 잘 조정하여 초궁의 오
른쪽으로 위치하게 하고 한차로 궁 중앙
을 장악하면 이길 수 있다. 상이 e2와 f1
자리를 겨냥하게 하면 초에서는 사를 중
앙에 박을 수가 없어서 속수무책이 된다.
① e8한상h10 ② g1초포e1 ③ h10한상
f7 ④ 한수쉼 ⑤ f7한상h4장군 ⑥ f1초장f2
⑦ e6한차Xe1포

문제33 : 초차례
초의 차례이다. 한차가 초왕을 위협하지
만 초의 차, 마, 포의 합동작전으로 이기
는 수순이 있는데 그 수순이 아주 교묘하
다. 1수와 3수가 중요한 수이고 이어서
한왕을 e8에 가도록 강요한 후 f8자리에
마와 차의 힘을 모아 외통으로 이기는 것
이 중요하다. 차의 위치 선정과 마와 포의
역할이 아주 흥미롭다. 그 수순은 다음과
같다.

① g5차g10장군 ② e9사f10 ③ g10차g9 ④ e4포e1 ⑤ e2장d3 ⑥ i2차i3장군 ⑦ d3장d2 ⑧ i3차i5 ⑨ d7마f8장군 ⑩ f10사 f9 ⑪ g9차g10장군 ⑫ e10장e9 ⑬ f8마 d7장군 ⑭ e9장e8 ⑮ g10차g8장군 ⑯ f9 사f8 ⑰ g8차Xf8사장군#

문제34 : 초차례
이 문제는 대삼능 기물로 초가 한을 외통으로 이기는 전략을 보여주는 문제이다. 이런 경우 우선 면포로 중앙을 장악하고 5수처럼 적왕을 천궁으로 몬 후 9수의 상이 f8을 겨냥하여 도망갈 곳을 다 차단하고 빅장을 피하기 위해 왕이 궁중포 뒤에 숨는 전략을 짠다. 그 이기는 수순은 다음과 같은데 주목할 점은 9수에서 상이 f8 자리를 봉쇄하는 수순을 빼면 이기는 수순이 길어지기 때문에 이런 수는 꼼꼼히 챙겨야 한다.
① e7포e2장군 ② e8장d8 ③ d1장e1 ④ c6병d6 ⑤ d7마b8 ⑥ d6병e6 ⑦ b8마 c10장군 ⑧ d8장e8 ⑨ g7상i10 ⑩ a5병 a4 ⑪ e2포Xe6병 ⑫ a4병b4 ⑬ e6포e2 장군#

문제35 : 한차례
일방적으로 공격을 하더라도 정확한 전략을 짜서 가장 빠른 시간 안에 이기도록 연구를 해야 장기가 는다. 초에서 유일한 뛰는 기물이 마이기 때문에 한병과 마를 교환하는 전략이 좋다. 그 이후 부동으로 된 적왕을 한상길을 잘 조종해서 이기면 된다. 그 수순은…
① d4병d3 ② c1마Xd3병 ③ g5상Xd3마 ④ 한수쉼 ⑤ d3상a5 ⑥ 한수쉼 ⑦ a5상 d7 ⑧ 한수쉼 ⑨ d7상b4장군#

문제36 : 한차례
이 문제의 상황에서 가장 빨리 이기는 방법은 우선 중앙에 면포를 설치하여 초왕이 d줄이나 f줄로 이동하게 한 후 2선에 포와 마를 잘 위치선정하여 이기는 전략이다. 그 수순은 다음과 같다.
① b4한마c2장군 ② e3초장f3 ③ e8한포 e10 ④ d3초포i3 ⑤ c2한마d4장군 ⑥ f3 초장f2 ⑦ d4한마b3 ⑧ f2초장f1 ⑨ b3한 마d2장군#

문제37 : 한차례
2선이 포와 마로 차단이 되어 초궁에서는 이미 부동의 상태이다. 상을 현재 있는 위치인 e7에서 a4나 f4로 가도록 상길을 찾으면 된다. 그 수순은 다음과 같다.
① e7한상b5 ② 한수쉼 ③ b5한상e3 ④ 한수쉼 ⑤ e3한상c6 ⑥ 한수쉼 ⑦ c6한상 f4장군#

문제38 : 한차례
이 상황은 실전에서 자주 나오는 상황이다. 양포를 이용한 전략을 짜고 그 이후 양포로 이기면 된다. 그 수순은…
① d3한병e3장군 ② e1초장f1 ③ f9한포 f7장군 ④ f2초사e2 ⑤ e3한병f3장군 ⑥ e2초사f2 ⑦ f7한포Xf2사 ⑧ d1초사e2 ⑨ f2한포f4장군 ⑩ e2초사f2 ⑪ f4한포 Xf2사 ⑫ 한수쉼 ⑬ e8한포e10

문제39 : 한차례
이런 모양으로 측궁이 되어있는 경우는 실전에서 자주 나오는 상황이다. 가장 빨리 이기는 전략으로는 차 하나로 2선을 장악하고 나머지 차로 다른 선을 겨냥하여 호장을 하면 된다. 그러나 이 모양에서 조심해야 하는 점은 현재 1선에 있는 차를 이동하여 초궁이 1선으로 가면 포에 의해 보호가 되기 때문에 절대로 이길 수 없다. 첫수는 c4차를 h줄로 이동하여 2선을 겨냥하는 가위다리차 전략을 쓰면 된다. 그 수순은…
① c4한차h4 ② e3초사d3 ③ h4한차h2
장군 ④ f2초장f3 ⑤ g1한차g3장군#

문제40 : 한차례
이런 문제를 완벽히 풀면 차의 활용에 눈
이 활짝 펴게 된다. 우선 병을 e3에 놓고
차를 g줄~i줄에 놓으면 외통위협이 되어
초궁이 e줄로 이동해야 하고 이어서 차를
2선에 위치시키면 위협받은 사가 1선으로
내려 갈 수 밖에 없고 차가 2선을 통로로
삼아 오른쪽에서 왼쪽으로 이동하게 되면
초궁이 또 외통위협을 받아 d줄로 이동할
수 밖에 없다. 이때 병을 d줄로 이동하고
다음 장군수를 기다린 후 외통으로 이기
면 된다. 그 해답은…
① d3한병e3 ② 한수쉼 ③ f4한차g4 ④
f1초장e1 ⑤ g4한차g2 ⑥ f2초사f1 ⑦ g2
한차c2 ⑧ e1초장d1 ⑨ e3한병d3 ⑩ d1
초장e1 ⑪ c2한차c1장군#

문제41 : 한차례
초차가 있어서 이기는 것이 쉽지 않은 상
황이다. 여기서 한에게 묘수가 있다. 첫수
로 c2병을 c1에 내려 놓는 것이 묘한 수
이다. 다음에 d1로 붙어서 장군으로 이기
기 때문에 한에서는 기권할 수 밖에 없다.
① c2한병c1 ② 기권 한에서 다음 수에
c1한병d1장군# 으로 이기게 되기 때문에
초가 기권함.

문제42 : 한차례
양차합세를 하는 법을 잘 익힐 수 있는 문
제이다. 첫수로는 한차로 묶인 사를 집중
공격하면서 초포의 위치를 교란하고 그
후에 빠른 차의 기동력을 이용하여 이기
는 전략이다. 그 이기는 수순은 다음과 같
다.
① f5한차d5 ② f1초포d3 ③ d5한차c5 ④
d3초포d1 ⑤ c5한차c2 ⑥ e2초장e1 ⑦
c2한차Xd2사 ⑧ f3초사e3 ⑨ b2한차b4
⑩ 한수쉼 ⑪ b4한차e4 ⑫ e1초장f1 ⑬
e4한차Xe3사

문제43 : 초차례
부동수문제의 해법을 잘 살펴보면 적의
수비수를 꼼짝 못하게 묶는 기물을 그대
로 두고 나머지 움직일 수 있는 뛰는 기물
을 교묘히 이동하여 적을 꼼짝 못 하게 하
여 외통으로 이기는 전략을 구사하는 것
이 공통적이다. 본 문제에서 e8포는 적왕
을 움직이지 못하게 하는 일을 하고 있고
f1포는 한의 f줄에 있는 기물을 전부 움직
이지 못하게 하는 일을 한다. 여기서 움직
일 수 있는 기물은 초의 b4상이다. 이 상
이 i8위치에 가도록 동선을 모색하면 된
다. 이 문제가 독자들에게 가르쳐 주는 중
요한 교훈이 또 하나 있는데 상의 동선을
찾을 때 만약 자신의 기물이 그 동선을 방
해하는 요소로 작용한다면 과감히 자신의
기물이 길을 비켜주어야 한다는 점이다.
즉, 이기기 위해서는 적군이나 아군이 방
해가 되면 그 상황에서 제한적으로만 생
각하지 말고 과감히 자신의 기물도 움직
이는 것 같이 환경을 건드리는 사고를 해
야 한다. 이 문제의 해법의 첫수는 상의
길에 방해물이 되는 자신의 왕의 자리를
이동하는 것이다. 졸을 이용하여 이길 수
는 있으나 가장 빨리 이기기 위해서는 다
른 기물을 이용해야 하는 점에 주목하라.
그 수순은 다음과 같다.
① e2초장e1 ② 한수쉼 ③ b4초상e2
④ 한수쉼 ⑤ e2초상g5 ⑥ 한수쉼 ⑦ g5
초상i8장군#

문제44 : 초차례
이 문제는 전략을 잘못 짜면 한왕이 도망
갈 수 있어서 전략을 잘 구상해야 한다.

상황을 살펴보면 f8포는 한왕을 도피하지 못하게 묶는 역할을 하고 있고 e3포는 e 줄에 있는 초의 양사를 묶어두는 일을 하고 있다. 움직일 수 있는 기물은 초의 상 밖에 없는데 상의 동선을 구상하는데 가장 주의를 해야 하는 점은 상이 절대로 e 줄에 가면 안 된다는 점이다. 만약 그 줄로 가게 되면 사가 움직여서 f8포를 죽일 수 있게 된다. 그래서 이런 제약조건에서는 초의 상이 c7이나 b8에 가는 수를 강구해야 하는데 그 동선이 교묘하다. e3포가 사를 묶은 것을 이용하여 동선을 구상하면 b1-->d4-->a6-->c3-->f5-->c7이고 그 해답 수순은 다음과 같다. 물론 졸을 이용하여 이길 수는 있으나 가장 빨리 이기기 위해서는 다른 기물을 이용해야 하는 점에 주목하라.
① b1초상d4 ② 한수쉼 ③ d4초상a6 ④ 한수쉼 ⑤ a6초상d8 ⑥ 한수쉼 ⑦ d8초상f5 ⑧ 한수쉼 ⑨ f5초상c7장군#

문제45 : 초차례

부동수 문제를 풀다 보면 전략적 사고가 몸에 배게 된다. 그 문제를 푸는 과정은 1. 우선 상황을 잘 분석하여 각 구성 요소에 대한 역할을 이해하고 2. 쓸 수 있는 자원에 대한 분석과 3. 그 제한적 요소를 이해한 후 4. 가용기물을 잘 이용하여 외통으로 이기는 전략으로 가야 한다. 본 문제에서 적을 꼼짝 못 하게 묶어놓고 있는 기물은 초의 b7상으로서 한의 기물을 하나도 움직이지 못하게 하고 있다. 움직일 수 있는 기물은 e2포와 f1사인데 제한요소를 잘 이해하고 이 두 기물을 이용하여 장군을 불러야 한다. 만약 초사를 f1에서 f2로 이동하면 한의 f9포가 움직이게 되어 묶임이 풀리게 된다. 따라서 절대로 이 사를 움직이지 않도록 동선을 주의깊게 고려해야 한다. 우선 포를 이동시키고 포

가 있던 자리를 통해 사를 이동시키고 이 사를 포다리로 사용하는 발상의 전환이 필요하다. 이처럼 장기는 창의적인 아이디어를 필요로 하는 게임이다. 이기는 수순은 다음과 같다. 졸을 이용하여 이길 수는 있으나 가장 빨리 이기기 위해서는 다른 기물을 이용해야 하는 점을 주목하라.
① e2초포c2 ② 한수쉼 ③ f1초사e2 ④ 한수쉼 ⑤ e2초사e3 ⑥ 한수쉼 ⑦ c2초포e2장군#

문제46 : 초차례

상황을 살펴보면 한의 기물을 묶어놓고 있는 기물은 초의 e줄 포이다. 움직일 수 있는 기물은 c1상과 c6포인데 한의 왕이 f줄에 있는 모양을 이용하려면 c1상과 c6포를 f줄로 이동시키는 작전을 짜야 한다. 그 수순은 다음과 같다.
① c1초상a4 ② 한수쉼 ③ a4초상d6 ④ 한수쉼 ⑤ c6초포f6 ⑥ 한수쉼 ⑦ d6초상f3 ⑧ 한수쉼 ⑨ f6초포f2장군#

문제47 : 초차례

상황을 살펴보면 한의 기물을 묶어놓고 있는 기물은 초의 마이다. 움직일 수 있는 기물은 e8포와 d1포인데 이 기물들을 적절한 위치로 이동시키는 전략을 짜야 한다. 이 문제도 졸을 이용하여 이길 수는 있으나 가장 빨리 이기기 위해서는 다른 기물을 이용해야 하는 점에 주목하라. 그 수순은 다음과 같다.
① d2초장e2 ② 한수쉼 ③ e2초장f1 ④ 한수쉼 ⑤ d1초포g1 ⑥ 한수쉼 ⑦ g1초포e1 ⑧ 한수쉼 ⑨ e8초포b8 ⑩ 한수쉼 ⑪ c8초마e7장군#

문제48 : 초차례

이 문제는 적의 궁성에 진입한 졸을 이용하여 한궁을 e9자리로 유인하여 양포를

이용하는 전략으로 이기는 문제이다. 이를 위해서는 초궁의 사와 초궁에 있는 포의 자리를 재배치해야 한다. 이 문제도 졸을 이용하여 이길 수는 있으나 가장 빨리 이기기 위해서는 다른 기물을 이용해야 하는 점에 주목하라. 이기는 수순은 다음과 같다.

① d1초사e2 ② 한수쉼 ③ f2초장f3 ④ 한수쉼 ⑤ d2초포f2 ⑥ 한수쉼 ⑦ f9초졸f10장군 ⑧ e10한장e9 ⑨ e3초포e1장군#

문제49 : 초차례

이 문제는 d6상을 e줄과 f줄을 피하면서 상을 이동시켜 최종적으로 e9자리에 골인을 시켜 교묘한 모양으로 포장으로 이기는 문제이다. 이를 위해 상의 길을 잘 찾아야 하는데 상의 동선을 d6-->a8-->c5-->a2-->d4-->g6-->e9으로 이동하는 행로를 찾아야 한다. 이 문제의 해법도 졸을 이용하여 이길 수는 있으나 가장 빨리 이기기 위해서는 다른 기물을 이용해야 하는 점에 주목하라. 이기는 수순은 다음과 같다.

① d6초상a8 ② 한수쉼 ③ a8초상c5 ④ 한수쉼 ⑤ c5초상a2 ⑥ 한수쉼 ⑦ a2초상d4 ⑧ 한수쉼 ⑨ d4초상g6 ⑩ 한수쉼 ⑪ g6초상e9장군#

문제50 : 초차례

상황을 분석해 보면 e줄에 e1포가 한의 모든 기물을 움직이지 못하게 맥을 누르고 있는 모양이다. 이 문제는 d줄에 있는 포와 상을 이용하여 포를 h10에 이동시켜 g10에 있는 적군의 상을 이용하여 포장군으로 이기는, 상대 기물을 이용하는 전략 문제이다. 이기는 수순은 다음과 같다.

① d10초포d2 ② 한수쉼 ③ d2초포h2 ④ 한수쉼 ⑤ d6초상f3 ⑥ 한수쉼 ⑦ f3초상h6 ⑧ 한수쉼 ⑨ h2초포h10장군#

문제51 : 초차례

이 문제를 보자마자 어떤 전략으로 이겨야 하는지 방향을 설정하는 것이 쉽지 않다. 한가지의 해법만 존재하는데 f2포를 이용하여 가장 빠른 방법으로 d7상을 잡으면서 포장군을 불러서 이기는 문제이다. 포의 동선을 효율적으로 짜는 것이 중요하다. 그 동선은 f2--> f4--> i10-->d4-->d10-->d1-->d1Xd7상# 이 해법이다. 그 수순은 다음과 같다.

① f1초포f10 ② 한수쉼 ③ f10초포i10 ④ 한수쉼 ⑤ i10초포d10 ⑥ 한수쉼 ⑦ d10초포d3 ⑧ 한수쉼 ⑨ d3초포d1 ⑩ 한수쉼 ⑪ d1초포Xd8상장군#

문제52 : 초차례

이 문제는 졸을 이용하여 이길 수는 있으나 가장 빨리 이기기 위해서는 g1상을 이용해야 하는 점에 주목하라. 상을 h6으로 이동시켜 상장군으로 이기는 문제인데 이 때 행로를 막고 있는 적의 기물이 있는 경우 우선 e7포를 제거하고 그 후에 최종 목적지인 h6으로 가면 된다. 그 수순은 다음과 같다.

① h1초상f4 ② 한수쉼 ③ f4초상i2 ④ 한수쉼 ⑤ i2초상g5 ⑥ 한수쉼 ⑦ g5초상Xe8포 ⑧ 한수쉼 ⑨ e8초상h6장군#

문제53 : 초차례

이 문제를 풀기 위해서는 정확한 상황판단과 창의적인 발상이 필요하다. 상황을 분석해 보면 한의 차가 멀쩡히 있으면서 초상에게 묶여서 전혀 역할을 못하고 마비가 되어 있다. h7상의 역할은 차를 묶어놓고 있고 e9자리로 한궁이 도피하지 못하게 겨냥하고 있다. i9포는 한궁이 f9자리로 오지 못하게 봉쇄하는 일을 하고 있는데 만약 이 i9포를 쓰려면 f9자리를 봉쇄할 다른 기물이 대체되어야 이 포가 뜰 수 있다. f5상이 이 i9포의 일을 대신할 수 있는데 그러기 위해서는 c7자리로 가야 한다. 그 다음 i9--〉 9선 아무데나 간 후---〉 h9---〉 h6---〉 h10으로 가서 포장군을 부르면서 이기는 종합적 작전을 짤 수 있다. 이 문제는 묶기를 이용하는 전술적 요소와 위치를 잘 조정하여 적왕의 도피처를 봉쇄하는 위치적 요소가 결합되어 적의 기물을 이용하여 포장으로 이기는 전략과 전술이 혼합된 작전이다. 이기는 수순은 다음과 같다.

① f5초상c7 ② 한수쉼 ③ i9초포c9 ④ 한수쉼 ⑤ c9초포c2 ⑥ 한수쉼 ⑦ d1초사d2 ⑧ 한수쉼 ⑨ c2초포f2 ⑩ 한수쉼 ⑪ c7초상f5장군#

문제54 : 초차례

이 문제의 상황을 분석하자면 e8포와 f7포는 한의 모든 기물을 묶어두는데 유효하므로 이 두 기물은 전혀 건드려서는 안 되고 뛰는 기물인 c6상을 활용하는 문제이다. 그런데 상의 멱을 g9포가 막고 있어서 1) 우선 c6상을 이용하여 g9포를 제거하는 전략1과 2) g9상을 다시 자리 재배치하여 h7로 이동하여 상장군으로 이기

는 외통 전략2로 2단계 전략이 필요하다. 이 문제도 졸을 이용하여 이길 수는 있으나 가장 빨리 이기기 위해서는 다른 기물을 이용해야 하는 점에 주목하라. 이기는 수순은 다음과 같다.

① c6초상f4 ② 한수쉼 ③ f4초상i6 ④ 한수쉼 ⑤ i6초상Xg9포 ⑥ 한수쉼 ⑦ g9초상i6 ⑧ 한수쉼 ⑨ i6초상f4 ⑩ 한수쉼 ⑪ f4초상h7장군#

문제55 : 한차례

이 문제는 적왕을 아군 세력권으로 유도하는 전략이 필요한 문제이다. 우선 궁의 좌측과 우측에 각각 침투한 병을 이용하여 차가 적왕을 1. 궁의 f줄로 이동하도록 강요하는 전략과 2. f줄로 이동한 후 병으로 장군을 쳐서 외통으로 이기는 전략2로 총 2단계 전략으로 진행하면 된다. 1단계는 적왕을 병의 세력권으로 유도하는 것이라 이해하면 되고 그 다음 부동의 상태의 적왕을 병 장군으로 마무리 한다는 전략이다. 그 수순은 다음과 같다.

① c2한병c1장군 ② d1초장e1 ③ h2한차h1장군 ④ e1초장e2 ⑤ h1한차d1장군 ⑥ e2 초장f2 ⑦ g3한병g2장군#

<hr/>

4. 포진 감각 기르기 연습문제

문제56부터 문제100까지는 포진 단계에서 생길 수 있는 아마추어의 실수와 노림수를 감각적으로 찾는 문제를 다룬 것이다. 이 문제들을 다 풀다 보면 자연스럽게 포진 감각이 생기리라 생각이 든다. 이 문제의 대다수는 한이나 초에서 어떤 실수를 했는데 초나 한에서 가장 좋은 응징수나 대응수는 무엇인가를 찾는 문제들이다. 이런 것들은 실전에서 자주 접하는 상황이라서 기력향상에 아주 도움이 되리라

필자는 확신한다.

문제56 : 초차례

한이 병을 접지 않고 귀마 나간 것이 실수이고 초에서는 그 응징으로 우측 졸을 접어서 양차길을 열어야 한다.
③ i4졸h4

문제57 : 초차례

한이 병을 접지 않고 귀마 나간 수가 실수

이고 초에서는 우측 졸을 접는 수가 좋다.
③ i4졸h4

문제58 : 초차례
한이 병을 접지 않고 귀마 나간 수가 실수
이며 초에서는 양차길 여는 타이밍이다.
⑤ i4졸h4

문제59 : 한차례
초가 졸을 접지 않은 것이 실수이고 한에
서 양차길 여는 절호의 타이밍이다.
⑩ i7병h7

문제60 : 초차례
한의 상이 나가면서 병을 변 쪽으로 접으
려는 의도이므로 한의 상이 나가면 변으
로 병을 합병하지 못하게 초의 귀윗상이
나가는 것이 좋다.
⑪ b1상d4

문제61 : 초차례
한의 우측이 약하여 초차가 g줄로 가서
병을 위협하는 타이밍이다. 한은 그 병을
방어할 방법이 없다.
⑬ a5차g5

문제62 : 한차례
초의 선수 공격인데 변의 졸을 접지 않고
한에게 오히려 그 기회를 준 것이 실수이
다. 즉, 초가 졸을 접지 않고 마가 나간
것이 나쁘다. 초에서는 당연히 i줄의 병을
접는 타이밍이다.
② i7병h7

문제63 : 한차례
문제62와 동일한 실수를 초가 하였다. 초
가 졸을 접지 않은 것이 실수이고 한에서
병 접을 타이밍이다.
② a7병b7

문제64 : 한차례
상황을 잘 살펴보면 i줄에 있는 초의 졸이
한의 차에게 묶여 있으므로 한은 이 묶은
졸을 양차합세를 통하여 공짜로 잡을 타
이밍이다.
㉘ b9차i9

문제65 : 한차례
이 문제도 문제64와 동일한 상황이다. 한
에서 양차합세할 타이밍이다. 그러기 위
해서 10선의 한의 우측차를 9선으로 올리
고 9선을 통해 좌측에서 우측으로 이동하
여 양차합세로 i4졸을 잡는 전략이다.
⑳ a10차a9

문제66 : 초차례
이 문제도 앞의 두 문제와 비슷한 상황이
다. 이번에는 초에서 양차합세할 타이밍
이다. 그러기 위해 자신의 왕을 1선으로
내리고 그 2선을 통해 우측차를 오른쪽에
서 왼쪽으로 이동하여 양차합세로 a7병을
잡는 전략이다.
⑮ e2장e1 ⑯ c6병d6 ⑰ c4졸c5 ⑱ e9
장e10 ⑲ i1차i2 ⑳ f10사e9 ㉑ i2차a2 ㉒
e8포e6 ㉓ a2차Xa7병 ㉔ a10차Xa7차

문제67 : 한차례
초에서 포로 d7병을 잡은 장면이다. 한의
포가 떠서 차를 위협하면 귀마 멱이 풀린
다는 사실을 망각한 것이 실수이다. 한에
서는 농포로 차를 위협하여 그 포를 잡는
타이밍이다.
㉖ e8포i8

문제68 : 한차례
초에서는 한차가 나왔을 때 c줄의 양득위
협을 방지하기 위해 졸을 올렸어야 하는
데 이를 방치하였다. 한에서는 이 약점을
위협하면서 자연스럽게 a줄 병의 묶인 단

점을 보완할 수 있게 된다.
⑭ i6차c6 ⑮ a1차c1 ⑯ a7병b7

문제69 : 한차례
한에서는 좌측에 묶여 있는 병의 약점을
해소하고 좌측에서 초의 공격을 방어하기
위해 대차하는 것이 좋다.
㉚ a6병b6

문제70 : 한차례
한에서 좌측의 병이 묶인 것을 풀고 차후
공격을 위해 대차하는 것이 이득이다.
⑯ i6차a6

문제71 : 한차례
현재 한에서 차가 하나 더 있다. 한에서
대차를 하게 되면 편하게 게임을 할 수 있
다. 여기서는 대차하는 것이 이득이다.
㉒ a6차a5

문제72 : 한차례
초에서 우차를 좌측으로 이동하여 양차합
세를 하려 한다. 일단 한병을 밀어서 a병
을 6선으로 이동시켜 양차합세를 대비하
는 수로 방어를 한다. 굳이 초에서 양차합
세를 하려 하면 그 병은 죽게 되나 한포가
초상을 치는 반격수가 있어서 점수상으로
는 손해보지 않는다.
⑱ a7병a6

문제73 : 한차례
초에서 중앙상이 나온 것이 실수이다. 한
에서는 중앙병을 올려서 초포를 유인한
후 기습적으로 초포와 초차를 거는 양걸
이 역습 수단이 숨어있다.
⑭ e6병e5

문제74 : 한차례
초에서는 양차합세를 하려고 한다. 이때

는 한의 우측병을 보호하기 위해 한의 좌
측차가 와서 방어를 하는 타이밍이다.
⑭ a10차a6

문제75 : 한차례
초에서 양차합세를 하여 한의 a7병을 공
짜로 취하려 한다. 한에서는 이 병을 보호
할 방어 수단이 현재 없는 상황이다. 이때
한이 할 수 있는 것은 귀윗상으로 졸을 치
면서 난타전으로 유인하는 수법이 있다.
㉔ d7상Xf4졸 ㉕ e4졸Xf4상 ㉖ d8마e6 ㉗
a2차Xa7병 ㉘ a10차Xa7차 ㉙ a1차Xa7
차 ㉚ e6마Xc5졸 ㉛ f1사e2 ㉜ c5마Xb3
포 ㉝ e3포Xb3마 ㉞ e7상c4장군 ㉟ e1장
f1 ㊱ c4상Xa7차

문제76 : 한차례
한의 약점은 좌측의 묶인 병이고 한은 한
좌차를 한 칸 올려 대차를 시도하여 묶인
병을 해소할 타이밍이다.
㉖ a10차a9 ㉗ f1사e2 ㉘ a7병b7

문제77 : 한차례
76문제와 동일하게 이 문제의 한의 약점
도 좌측의 묶인 병이고 한은 한의 좌차를
한 칸 올려 대차를 시도하여 묶인 병을 해
소할 타이밍이다.
⑫ a10차a9 ⑬ a1차a5 ⑭ a7병b7

문제78 : 한차례
현재 초의 약점은 좌측에 기물이 몰려 있
어서 한포의 기습 농포공격작전에 취약하
다는 점이다. 한에서는 집요하게 포로 공
격할 수 있다.
㉔ c8포c6

문제79 : 초차례
이런 모양은 아마추어 하수들이 고수들에
게 자주 당하는 모양이다. 기본원칙은 항

상 자신의 차의 옆줄에 자신의 기물이 있으면 상대의 포가 넘어와서 자신의 차를 위협할 상태에 놓일 수 있으므로 반드시 차가 피할 곳을 마련해야 하는 것이다. 본 예제에서는 초의 우측차의 옆에 상이 있어서 그대로 내버려 두면 한의 포가 우측으로 날아와 차를 위협하면 초의 우측차는 죽게 된다. 이를 사전에 피하려면 초의 우측차가 한 칸 올라가는 것이 반드시 필요하다.
⑪ i1차i2

문제80 : 초차례
이 문제도 79번 문제와 동일한 상황이다. 이때는 초의 차가 한의 포에 의해 위협을 받기 전에 한 칸 올라가던지 아니면 주도권을 쥐기 위해 5선으로 나가 공격을 하는 것이 좋다.
⑤ i1차i5

문제81 : 한차례
초에서는 귀마가 나와서 초의 우측포를 좌측으로 이동하여 한의 병을 위협한 후 다시 우측으로 넘어가 한의 차를 위협하려 하고 있다. 이때는 차의 옆을 막고 있는 한의 마가 나가야 하는 타이밍이다.
이런 수에 아마추어 하수가 고수에게 초반부터 말려들어 가는 경우가 많다. 이럴 때 이런 마가 나가는 수를 잘 살펴서 농포 장난에 넘어가지 말아야 한다. 이 간단한 한 수가 실수하기 쉬운 수이고 승패에 아주 중요한 수이다.
④ h10마g8

문제82 : 한차례
한의 면포는 하시라도 초의 우측으로 넘어올 준비가 되어있는데 초에서는 우측차의 안전에 너무 안이하였다. 만약 면상을 하기 전에 먼저 농포공격을 하면서 포를

넘긴 후 면상을 하면 좋은데 성급히 면상을 놓은 것이 실수였다. 한에서는 이때를 놓치지 않고 초의 실수를 응징해야 한다. 이렇게 되면 초의 마와 차가 한포에 의해 묶여서 초반부터 조직이 마비되어 불리하게 된다.
⑧ e8포i8

문제83 : 한차례
초는 자신의 약점을 간과한 채 포를 의미 없이 우측으로 넘겼으나, 초의 사가 면상과 곁마를 보호하는 이중업무를 하고 있는 과부하 상태가 약점이므로 한에서는 이때를 놓치지 않고 귀포로 곁마를 치는 기습 공격을 할 타이밍이다.
⑯ f8포Xf2마 ⑰ e2사Xf2포 ⑱ e8포Xe3상

문제84 : 초차례
현재 한의 좌측의 병의 모양이 초의 공격수에게 당할 모양을 하고 있다. 급소는 c줄이므로 초 좌측차가 이 급소를 찌르고 한의 좌측으로 침투할 타이밍이다.
⑬ a1차c1

문제85 : 한차례
현재 초의 4선에 있는 c4, e4, g4졸이 합졸이 되어있지 않아서 다 약한 졸이다. 이때 한에서 중앙병을 접는 것이 선수이다. 중앙병을 접고 중앙상이 나오면 c4졸과 g4졸 중 하나는 양걸이 공격에 걸리게 되기 때문이다.
⑧ e7병d7

문제86 : 한차례
한에서 중앙병을 접는 것이 선수이다. 그후 중앙상이 나오고 차가 양득작전을 할 수가 있다.
⑫ e7병f7

문제87 : 한차례
한에서 중앙병을 접는 것이 선수이다. 그
후 중앙상이 나오면서 양걸이를 노릴 수
있기 때문이다.
⑧ e7병f7

문제88 : 한차례
한에서 중앙병을 접는 것이 선수이다.
⑧ e7병f7

문제89 : 초차례
87번,88번 문제와 비슷한 상황이다.초에
서 중앙졸을 접는 것이 선수이다. 그 후
중앙상이 나오면서 양걸이를 노릴 수 있
기 때문이다.
⑪ e4졸f4

문제90 : 초차례
한에서는 g줄에 병과 마의 모양이 초의
차공격에 취약한 모양인데 이를 보강하지
않고 한차가 진출하려한 것이 실수이다.
이때는 초의 좌측차가 나가서 공격하는
타이밍이다.
⑪ a1차a5

문제91 : 초차례
한의 포가 초의 좌측차를 위협한 상황이
다. 이때는 초의 좌측포를 희생하여 좌측
의 병 형태를 부수는 수법도 있다.
⑲ b3포Xb7병

문제92 : 초차례
한의 우측의 모양이 초의 양차와 귀윗상
에게 당할 수 있는 형태이다. 우선 우측차
로 기습 공격을 할 수 있는 수법이 있다.
차로 g줄 한상을 위협하면 한에서 기물
손실을 볼 수 밖에 없다.
㉛ i5차i10 ㉜ h8차g8 ㉝ d4상Xf7병

문제93 : 초차례
한에서는 좌측마가 중앙에 오는 것이 아
니고 우측마가 중앙에 와야 초의 차가 공
격을 해도 방어를 하는데 반대로 하는 실
수를 했다. 이때는 i줄차가 g줄로 가서 귀
윗상과 연계하여 공격을 해야 한다.
⑪ i5차g5

문제94 : 한차례
초에서는 한의 농포공격을 대비하여 좌측
차의 옆에 마를 치워 항상 차가 피할 곳을
마련해야 하는데 이를 등한시하여 한의
기습 공격에 노출된 상태이다. 이때는 한
의 면포로 초의 좌측차를 위협하여 우형
으로 만들면서 주도권을 잡는 것이 좋다.
⑭ e8포a8

문제95 : 초차례
이 문제도 94번 문제와 비슷하다. 초의
기습 농포공격 타이밍이다.
⑦ e3포a3

문제96 : 한차례
초의 우측차가 조기에 진출하여 한을 공
략하려 한다. 한에서는 이미 중앙병을 접
어서 하시라도 중앙상이 나올 수 있는 상
황이다. 우선 한의 좌측차가 나와 주도권
장악을 할 좋은 타이밍이다. 이때는 차가
6선에 진출하는 것이 좋다.
⑫ a10차a6

문제97 : 한차례
초에서 이미 우측차가 5선에 진출한 상태
이고 중앙상이 나오기 위해 중앙졸을 접
은 상태이다. 이를 방치하면 한에서 일방
적으로 양득작전에 말리게 된다. 이때는
한의 좌측차가 나와 양득작전을 방비하는
것이 좋다.
⑫ a10차a6

문제98 : 한차례
초에서 선수 공격을 하면서 아직도 차길
을 확보하지 않은 것이 실수이다. 초에서
선수의 권리를 포기한 것이므로 한에서는
그 권리를 빼앗을 수 있다. 이때가 한의
좌측병을 접는 타이밍이다.
⑥ a7병b7

문제99 : 한차례
양귀마 포진에서 귀마포진을 상대로 선수
공격을 할 때는 귀마포진의 귀윗상 쪽의
졸을 접는 것이 선수이다. 현재 그 쪽 차
길을 열지 않은 것이 초의 실수이므로 한
에서 빨리 좌측병을 접는 것이 좋다.
⑥ a7병b7

문제100 : 한차례
초에서 선수로 두었는데 좌측졸을 접지
않아서 후수인 한에게 좌측졸이 묶여 있
는 상태이다. 이때 한의 우측차가 나와서
양차합세로 위협을 하면서 주도권을 잡을
타이밍이다.
⑭ i10차i6